TUTELA JURISDICIONAL
DO DIRETO A ALIMENTOS

B669t   Boeckel, Fabrício Dani de
         Tutela jurisdicional do direito a alimentos / Fabrício Dani de Boeckel. –
         Porto Alegre: Livraria do Advogado Editora, 2007.
         159 p.; 23 cm.

         ISBN 978-85-7348-503-5

         1. Alimentos. 2. Alimentos: Tutela jurisdicional. I. Título.

                           CDU – 347.615

         Índices para o catálogo sistemático:

Alimentos
Alimentos: Tutela jurisdicional

(Bibliotecária responsável: Marta Roberto, CRB-10/652)

Fabrício Dani de Boeckel

TUTELA JURISDICIONAL DO DIREITO A ALIMENTOS

livraria
DO ADVOGADO
editora

Porto Alegre, 2007

© Fabrício Dani de Boeckel, 2007

Capa, projeto gráfico e diagramação
Livraria do Advogado Editora

Revisão
Betina Denardin Szabo

Direitos desta edição reservados por
Livraria do Advogado Editora Ltda.
Rua Riachuelo, 1338
90010-273 Porto Alegre RS
Fone/fax: 0800-51-7522
editora@livrariadoadvogado.com.br
www.doadvogado.com.br

Impresso no Brasil / Printed in Brazil

Aos meus pais, Emílio e Suzana
À minha amada Marcelle

Agradecimentos

Ao Professor Doutor Carlos Alberto Alvaro de Oliveira, pela sempre atenta e prestativa orientação fornecida ao longo do curso de Mestrado em Direito da Universidade Federal do Rio Grande do Sul, especialmente no que diz com a dissertação ora convertida em livro.

Aos demais Professores que, durante a Pós-Graduação, muito me fizeram agregar conhecimento, sem o que a presente obra dificilmente teria se concretizado.

Aos colegas da Pós-Graduação como um todo, mas em especial aos estudiosos de Processo, por incessantemente provocarem o debate, forçando a permanente reflexão sobre os mais variados temas, procurando sempre novas soluções para velhos problemas, nunca satisfeitos com simples "argumentos de autoridade".

A todos meus alunos da Faculdade de Direito da UFRGS, os quais provavelmente não saibam o auxílio que prestam ao desenvolvimento do Professor quando apresentam suas dúvidas, formulam perguntas, sempre obrigando o docente a estudar mais e mais, tentando estar preparado para solucionar as questões suscitadas.

Aos meus pais e à minha noiva, todos juristas, pelo afeto, compreensão e incansável ajuda na revisão do texto.

Prefácio

Nenhum tema se presta melhor, penso eu, para mostrar a íntima conexidade entre o direito processual e o direito material que o dos alimentos.

Quem quiser escrever a respeito deve, portanto, munir-se de amplos conhecimentos nesses dois domínios, pena de não alcançar seus objetivos de forma satisfatória.

Nesta obra, Fabrício Boeckel desincumbe-se de forma admirável de tarefa tão difícil, realizando um verdadeiro tratado atualizado sobre os alimentos.

Na primeira parte, examina o problema sob a ótica material, desde a definição do que sejam alimentos, as fontes da obrigação alimentar, o famoso binômio necessidades do alimentando e possibilidades financeiras do alimentante até às características da obrigação alimentar. Como todo trabalho verdadeiramente científico, não deixa de propor uma classificação adequada das várias espécies de alimentos, destacando ainda a condição de crédito especial da pensão alimentícia. Essa análise, impõe-se ressaltar, é realizada com acuidade e baseada na melhor doutrina, com exame de interessantes e importantes precedentes jurisprudenciais, a demonstrar o valor do livro para a prática do direito, aspecto essencial em qualquer obra de direito processual.

Na segunda parte, destinada à tutela jurisdicional, o jovem autor examina qual seria a mais adequada para conferir efetividade ao direito a alimentos, não deixando de ponderar, dentro de uma visão formalista-valorativa, o conflito daí decorrente com o valor da segurança jurídica. Tudo isso se passa dentro de um plano maior de classificação das tutelas jurisdicionais, esboçado de maneira absolutamente original. Desenvolve-se, então, ampla investigação sobre as tutelas preventiva, antecipatória e satisfativa. Preocupado com o valor efetividade, como se impunha, Fabrício Boeckel examina ainda, com singular profundidade, os procedimentos diferenciados no âmbito cognitivo e os meios executivos para tornar efetivo o direito alimentar.

Nascida da academia, como dissertação de mestrado, a que foi atribuída grau máximo, a obra de Fabrício Boeckel está destinada a servir como notável ferramenta para a prática forense, além de suscitar questões da mais alta relevância no plano dogmático, aspecto a merecer atenta consideração. Como professor orientador, que prega contra o dogmatismo e defende o método zetético, em que a pergunta é mais importante do que a resposta, e em que a crítica construtiva é considerada a tarefa mais importante do verdadeiro intelectual, as divergências que tenho em relação a algumas idéias defendidas no livro só me servem de estímulo à docência e demonstram a bondade do caminho pedagógico trilhado.

Carlos Alberto Alvaro de Oliveira

ProfessorTitular de Processo Civil da
Faculdade de Direito da UFRGS

Sumário

Introdução 13

Primeira Parte – O Direito Material a Alimentos 19
1. Definição de alimentos 21
2. Fontes da obrigação de prestar alimentos 26
3. Binômio necessidade-possibilidade 35
4. Características da obrigação alimentar 38
    4.1. Imprescindibilidade dos alimentos 39
    4.2. Irrepetibilidade dos alimentos prestados 39
    4.3. Retroatividade limitada 42
    4.4. Periodicidade 45
5. Alimentos provisórios, provisionais, temporários e definitivos 47
6. Mutabilidade e revogabilidade 52
7. A pensão alimentícia como crédito especial 61

**Segunda Parte – A Tutela Jurisdicional Adequada para Conferir Efetividade
ao Direito a Alimentos** 65
1. A tutela jurisdicional como uma das formas de tutela dos direitos .. 67
2. A tutela jurisdicional como resultado das exigências de direito material
associadas às técnicas disponibilizadas pelo processo 73
3. Conflito entre os valores da efetividade e da segurança jurídica quando em
pauta o direito a alimentos 80
4. A tutela do direito a alimentos sob a ótica temporal 87
    4.1. Tutela preventiva 87
    4.2. Antecipação de tutela 89
    4.3. Duração da tutela prestada 94
5. Tutela satisfativa e tutela cautelar 101
6. Tutela cognitiva e tutela executiva 111
7. Procedimentos diferenciados no âmbito cognitivo 117
8. Meios "executivos" para tornar efetivo o direito aos alimentos ... 125
    8.1. Desconto em folha de pagamento 127
    8.2. Prisão civil do alimentante inadimplente 133
    8.3. A execução por quantia certa mediante penhora e expropriação . 145

Conclusões 153

Referências bibliográficas 157

Introdução

É inquestionável o aprofundamento, e conseqüente avanço, dos estudos relacionados com a tutela jurisdicional nos últimos tempos. Muito embora a doutrina pátria não tenha sido a primeira a despertar interesse pelo assunto, sem dúvida hoje o tema recebe atenção especial por parte dos processualistas brasileiros, a ponto de se poder afirmar, sem qualquer exagero, que as reflexões dos juristas nacionais ultrapassaram significativamente o estágio alcançado pela grande maioria dos outros países.

O exame da tutela jurisdicional passou a representar, em verdade, uma nova maneira de visualizar as relações entre direito material e processo. Nessa perspectiva, que parte da identificação de um direito substancial carente de proteção para, com base nisso, buscar um instrumento adequado à resolução do problema, a tutela jurisdicional nada mais é do que o ponto de encontro entre esses dois campos (o material e o processual),[1] os quais até bem pouco vinham sendo tratados de modo estanque, sem a necessária tomada de consciência quanto aos aspectos que os aproximam.

Devido também à intensa pesquisa sobre o tema, é inevitável que os juristas acabem optando por rumos distintos na abordagem da matéria. Tal diversidade, aliás, é o que faz os estudos evoluírem, pois cada um traz à tona, com seus acertos e erros, novas perspectivas a serem examinadas. Contudo, na mesma medida em que isso é proveitoso para o desenvolvimento das pesquisas sobre a tutela jurisdicional, de outra parte o que se nota é um maior distanciamento entre essas linhas, tornando cada vez mais difícil encontrar algum ponto de contato.

Levando em consideração esse cenário, em que as diferentes classificações da tutela jurisdicional avançam e concomitantemente se distanciam, como se já não mais representassem *classificações de um mesmo objeto*, pareceu oportuno propor uma sistematização mais ampla da tutela jurisdicional, de forma a abranger as muitas facetas que possui, mas sem perder de vista a peculiaridade de cada uma delas, já que, como todo e qualquer

---

[1] MAFFINI, Rafael da Cás. *Tutela Jurisdicional: um ponto de convergência entre o direito e o processo*. In: *Revista AJURIS*, Porto Alegre, n. 76, dezembro de 1999, p. 263-288.

objeto complexo, também a tutela jurisdicional pode ser classificada sob múltiplos critérios, que não se excluem.[2]

A propósito dessa última observação, saliente-se que, se por um lado a tendência de os estudiosos centrarem suas atenções em apenas um desses vários prismas permite maior aprofundamento da pesquisa, por outro essa conduta acarreta um afastamento tão grande entre os diversos rumos seguidos que, ao final, torna-se extremamente difícil visualizar a relação entre eles, permitindo supor, inclusive, que uma dessas classificações é incompatível e conseqüentemente exclui as demais. É a árdua tarefa de tentar reaproximar (sem misturar) essas muitas perspectivas sob as quais a tutela jurisdicional pode ser analisada que move o presente estudo.

A respeito de cada uma das classificações possíveis acerca da tutela jurisdicional, vistas de modo isolado, provavelmente sejam poucas as contribuições inovadoras que este livro pode oferecer, pois a matéria tem sido exaustivamente esmiuçada por uma infinidade de trabalhos específicos, com focos mais restritos, circunstância que, por óbvio, permite uma visão mais detalhada das questões.[3] Mais proveito pode ter esta obra no que tange à análise das inter-relações entre as tantas espécies de tutela jurisdicional classificadas segundo critérios distintos, por procurar mostrar exatamente a possibilidade de co-existência entre elas, uma vez que não se excluem. Esse sim é um aspecto que pouco tem sido explorado pela doutrina nacional, merecendo maior realce.[4]

Em síntese, portanto, o estudo terá como principal escopo averiguar algumas das muitas classificações possíveis da tutela jurisdicional, delimitando o espaço próprio de cada uma das espécies de tutela encontrada a partir da aplicação de determinado critério classificatório, sem deixar de, num segundo momento, relacionar essas categorias com outras que decorram de classificações feitas sob perspectivas diferentes, que, exatamente por não serem *iguais* nem *opostas*, podem co-existir.

---

[2] ZAVASCKI, Teori Albino. *Reforma do Sistema Processual Civil Brasileiro e Reclassificação da Tutela Jurisdicional*. In: *Revista de Processo*, São Paulo, n. 88, outubro-dezembro de 1997, p. 173-178; BOECKEL, Fabrício Dani de. *Espécies de Tutela Jurisdicional*. In: *Genesis – Revista de Direito Processual Civil*, Curitiba, n. 37, julho-setembro de 2005, p. 432-469.

[3] Apenas para fornecer alguns exemplos: ALVARO DE OLIVEIRA, Carlos Alberto. *Formas de Tutela Jurisdicional no Chamado Processo de Conhecimento*. In: *Revista AJURIS*, Porto Alegre, n. 100, dezembro de 2005, p. 59-72; MARINONI, Luiz Guilherme. *Técnica Processual e Tutela dos Direitos*. São Paulo: Editora Revista dos Tribunais, 2004; BARBOSA MOREIRA, José Carlos. *Tutela Sancionatória e Tutela Preventiva*. In: *Revista Brasileira de Direito Processual*, São Paulo, v. 18, 1979, p. 123-132; BEDAQUE, José Roberto dos Santos. *Tutela Cautelar e Tutela Antecipada: tutelas sumárias e de urgência (tentativa de sistematização)*. São Paulo: Malheiros, 1998.

[4] Há, sem dúvida, algumas importantes obras destacando que determinadas espécies de tutela jurisdicional decorrem de classificações feitas segundo critérios distintos, como é o caso da tutela antecipatória e da cautelar, por exemplo (FABRÍCIO, Adroaldo Furtado. *Breves Notas sobre Provimentos Antecipatórios, Cautelares e Liminares*. In: *Revista AJURIS*, Porto Alegre, n. 66, março de 1996, p. 05-18). Contudo, não se encontra quem tente sistematizar um grande número de classificações, relacionando as espécies a partir daí obtidas.

Evidente que a tarefa é espinhosa, inclusive por abranger conteúdo bastante extenso, o que exige abordagem menos específica, mais geral, às vezes um tanto quanto superficial. Entretanto, o propósito visado parece justificar a assunção de tais riscos, uma vez que a análise do tema de modo mais amplo não é, salvo melhor juízo, menos importante que o exame isolado de qualquer dos diversos prismas que compõem esse todo.

Seguindo a linha exposta acima, considerou-se apropriado desenvolver a pesquisa de um modo segundo o qual a relação entre direito material e processo pudesse ser devidamente ressaltada. Afinal, conforme aqui se sustenta, a tutela jurisdicional é o ponto de encontro entre esses dois campos do ordenamento jurídico.

A quase infinita variedade de situações materiais, porém, inviabiliza que sejam consideradas todas elas, uma por uma, para indicar, caso a caso, a tutela jurisdicional mais adequada na espécie. Foi necessário, então, escolher um direito material em específico, e talvez nenhum outro tema de direito substancial seja tão rico como o dos alimentos para o estudo da tutela jurisdicional, principalmente quando se pretende abordá-la num sentido amplo, segundo os mais variados aspectos que a caracterizam. Assim se justifica a opção pelo "direito aos alimentos" como subsídio para a análise do objeto central do trabalho, relacionado com as formas de tutela jurisdicional. Enfim, dentro do enfoque que se pretende adotar, é fundamental frisar que, por trás da tutela, há sempre um direito, e é com base nas peculiaridades deste último que aquela deve ser prestada.

Partindo do que foi dito acima, resta evidenciada a importância de, num primeiro momento, investigar as características próprias do direito material em tela, para somente depois averiguar qual a resposta adequada a ser fornecida pelo Poder Judiciário para resolução do conflito,[5] análise essa que será realizada sob o ponto de vista das técnicas empregadas (meios) e do resultado a ser obtido.[6] Em razão disso, toda a Primeira Parte do livro enfocará o direito material aos alimentos, com ênfase nos aspectos relevantes para o posterior exame da tutela jurisdicional. Assim sendo, indubitavelmente alguns pontos característicos dos alimentos deixarão de ser abordados, como forma de não desviar o rumo do trabalho, que pretende chegar à *tutela jurisdicional do direito a alimentos*, sem necessariamente passar por outros temas, ainda que com reflexos processuais, mas sem repercussão sobre a forma de tutela a ser prestada. É o caso, por exemplo, da transmissibilidade da obrigação alimentar, que possui fundamental impor-

---

[5] Conforme ensina Luiz Guilherme Marinoni, "[...] para analisar a efetividade do processo no plano do direito material e, assim, sua concordância com o direito fundamental à tutela jurisdicional efetiva, é imprescindível tomar consciência das necessidades que vêm do direito material, as quais traduzem diferentes desejos de tutela" (MARINONI, Luiz Guilherme. *Técnica Processual e Tutela dos Direitos*. São Paulo: Editora Revista dos Tribunais, 2004, p. 147-148).

[6] YARSHELL, Flávio Luiz. *Tutela Jurisdicional*. São Paulo: Atlas, 1998, p. 189.

tância no que diz com a legitimidade processual, mas em nada auxilia para determinar o modo pelo qual o Estado-Juiz deve prestar a tutela.

Sem pretender induzir ao raciocínio de que a tutela jurisdicional do direito alimentar decorrente das relações familiares mereça maior atenção que os alimentos provenientes de outras fontes, essencial consignar que a ênfase do texto terá por objeto a obrigação alimentar oriunda do Direito de Família.

Na Segunda Parte, quando já conhecidas as peculiaridades do direito material escolhido como subsídio para o estudo da tutela jurisdicional, poderá esta ser dissecada de modo compatível com esse direito a alimentos que se tem em vista. Por óbvio, antes de mais nada será necessário delimitar o que se entende por *tutela jurisdicional*, distinguindo-a das demais formas de tutela dos direitos. O próximo passo será fixar a extensão da idéia de tutela jurisdicional com que se irá trabalhar, para somente a partir daí começar a propor classificações relativas a esse objeto, sempre levando em conta o permanente conflito entre os valores da efetividade e da segurança jurídica, fator determinante para estabelecer a tutela adequada ao caso.

Conforme já salientado, dentro dessa intenção de classificar a tutela jurisdicional se procurará oferecer os mais variados critérios classificatórios, de forma a ressaltar que as tantas espécies de tutela obtidas a partir de uma classificação não se misturam nem se contrapõem às categorias descobertas através da aplicação de outros critérios.[7] Exatamente por isso, apenas uma análise conjunta de todos os aspectos relevantes que compõem a tutela jurisdicional pode oferecer uma resposta suficiente sobre a maneira pela qual deve ser prestada a tutela em cada caso.[8] Nessa linha, acredita-se ser absolutamente insuficiente responder, por exemplo, que a proteção jurisdicional foi preventiva ou repressiva. Também não bastaria dizer que houve declaração, constituição, condenação, mandamento ou execução. Igualmente pobre a resposta no sentido de que foi prestada uma cautela ou que houve satisfatividade, o mesmo ocorrendo se a tutela concedida fosse classificada unicamente como antecipada ou final. Em suma, será indispensável unir essas diferentes espécies obtidas a partir de classificações diversas para que se possa perquirir toda a amplitude da tutela jurisdicional prestada, aferindo então a respectiva adequação ao direito material em comento.

Nos últimos Capítulos da Segunda Parte o tema a ser abordado corresponderá ao grau de importância que os procedimentos variados podem ter

---

[7] YARSHELL, Flávio Luiz. *Tutela Jurisdicional*. São Paulo: Atlas, 1998, p. 164.

[8] "De qualquer modo, não se pode esquecer que as classificações nada mais são que tentativas de agrupar fenômenos segundo determinado ponto de vista, com o objetivo de melhor compreendê-los. Elas variam, portanto, segundo o ângulo de análise. Por isso, além do cuidado com a homogeneidade de critérios a serem adotados, necessário não elegermos determinada classificação como sendo a única admissível – conclusão incompatível com a visão científica do direito processual". (BEDAQUE, José Roberto dos Santos. *Efetividade do Processo e Técnica Processual*. São Paulo: Malheiros, 2006, p. 510).

na busca de uma tutela mais adequada às peculiaridades da relação jurídica submetida à apreciação judicial, tanto no âmbito cognitivo quanto no executivo. E então a justificativa para a escolha do direito a alimentos como substrato ao desenvolvimento da pesquisa mais uma vez se faz presente. Afinal, que outro direito material dispõe de tantas vias para seu reconhecimento e realização como ocorre com os alimentos?[9]

É imperioso referir que a divisão da obra em duas "Partes" não tem por finalidade *segmentar* o exame do tema, mas sim *organizá-lo* da melhor maneira possível. Inevitavelmente temas de direito processual surgirão ao longo da Primeira Parte,[10] enquanto o direito material será a todo momento revisitado na Segunda Parte. Essa "contaminação", todavia, não preocupa o autor, já que a idéia de *inter-relação entre o direito substancial e o processo* é exatamente o que ilumina o presente estudo.[11]

Essencial consignar, ainda, que o livro tem como objetivo a análise da tutela jurisdicional do direito a alimentos dentro da realidade brasileira, bastante peculiar não somente no que tange ao avançado desenvolvimento do estudo atinente às formas de tutela, mas também em relação à cultura e ao limitado poder econômico da maioria da população. Assim, ao aproveitar os ensinamentos da doutrina estrangeira ao longo do trabalho, será tomado um especial cuidado para que não haja a importação de institutos e técnicas que só servem para realidades sociais, econômicas e culturais distintas. A propósito, desde que adequadamente interpretado e utilizado, o manancial de instrumentos fornecidos pelo direito pátrio já se mostra suficiente para resolver as questões relacionadas com o direito material a alimentos, estágio que ainda não se alcançou em relação a outros direitos substanciais.

---

[9] No que tange especificamente à variedade de procedimentos "executivos" (entendidos em sentido amplo: execução direta e indireta), vale reproduzir as palavras de Araken de Assis: "Foi pródiga a disciplina legal em relação aos meios executórios da obrigação de prestar alimentos. Três mecanismos tutelam a obrigação alimentar: o desconto (art. 734 do CPC), a expropriação (art. 646) e a coação pessoal (art. 733). O legislador expressou, na abundância da terapia executiva, o interesse público prevalente da rápida realização forçada do crédito alimentar". (ASSIS, Araken de. *Da Execução de Alimentos e Prisão do Devedor.* 6ª ed. São Paulo: Editora Revista dos Tribunais, 2004, p. 147).

[10] Exemplificando: a mutabilidade e a revogabilidade ínsitas à obrigação alimentar não podem ser examinadas sem uma simultânea apreciação do instituto da coisa julgada, indiscutivelmente processual; do mesmo modo, para demonstrar a natureza especial do crédito alimentar é necessário adentrar em assunto de índole processual, como é o caso da penhorabilidade ampliada no que tange a créditos dessa espécie.

[11] Em matéria de tutela jurisdicional, essa inter-relação é ainda mais evidente: "[...] Ed allora è facile concludere che se, da una parte, la sanzione non può essere determinata senza riferimento al mezzo di tutela (che a sua volta si referisce alla situazione sostanziale e alla peculiarità della violazione di questa), dall'altra parte, il mezzo di tutela non può essere a sua volta determinato senza riferimento alla situazione di restaurazione determinata dall'incidere della violazione sulla situazione sostanziale anteriore [...]" (MANDRIOLI, Crisanto. *L'Azione Esecutiva: contributo alla teoria unitaria dell'azione e del processo.* Milão: Dott. A. Giuffrè, 1955 p. 513).

Primeira Parte

O Direito Material
A Alimentos

1. Definição de alimentos

A Constituição de 1988 explicitamente consagrou a proteção da dignidade humana como fundamento da República Federativa do Brasil (art. 1º, III),[12] definindo como um dos objetivos básicos desta última a construção de uma sociedade solidária (art. 3º, I). Além disso, atribuiu ao direito à vida, assegurado aos brasileiros e estrangeiros residentes no País, o caráter de "direito fundamental" (art. 5º, *caput*). É nesse contexto que está inserido o direito a alimentos, destinado a prover o sustento de quem, por conta própria, não tem condições de fazê-lo, colocando em risco sua subsistência ou ainda seu pleno desenvolvimento como pessoa.[13]

A abrangência dessa noção de "sustento", diretamente relacionada com a extensão a ser conferida aos alimentos, depende de inúmeros fatores a serem analisados mais adiante, dentre os quais é possível ressaltar as condições econômicas dos sujeitos vinculados pela obrigação alimentar, o grau de responsabilidade imputável ao alimentante no que tange à manutenção do alimentando e a culpa deste último pela situação em que se encontra, ou seja, sem recursos ou rendimentos suficientes para prover sua própria subsistência.

Independentemente do exame das hipóteses que ensejam maior ou menor pensionamento, assunto que ficará relegado para momento poste-

---

[12] Além da dignidade da pessoa humana, são fundamentos da República: a soberania, a cidadania, o pluralismo político, os valores sociais do trabalho e da livre iniciativa.

[13] "Funda-se o dever de prestar alimentos na solidariedade humana reinante nas relações familiares e que têm como inspiração fundamental a preservação da dignidade da pessoa humana, de modo a garantir a subsistência de quem não consegue sobreviver por seus próprios meios, em virtude de doença, falta de trabalho, idade avançada ou qualquer incapacidade que a impeça de produzir os meios materiais necessários à diária sobrevida". (MADALENO. Rolf Hanssen. *Renúncia a Alimentos*. In: *Revista Brasileira de Direito de Família*, São Paulo, v. 6, n. 27, dezembro de 2004 – janeiro de 2005, p. 147). Ainda sobre a solidariedade familiar como fundamento da obrigação de prestar alimentos: OLIVEIRA SANTOS, Frederico Augusto de. *Alimentos Decorrentes da União Estável*. Belo Horizonte: Del Rey, 2001, p. 66 e seguintes; FARIAS, Cristiano Chaves de. *Prisão Civil por Alimentos e a Questão da Atualidade da Dívida à Luz da Técnica de Ponderação de Interesses (Uma Leitura Constitucional da Súmula nº 309 do STJ): o tempo é o senhor da razão*. In: *Revista Brasileira de Direito de Família*, Porto Alegre, v. 8, n. 35, abril-maio de 2006, p. 137-138.

rior, desde já se pode abordar quais as despesas do alimentando que, em regra, estariam compreendidas pela verba alimentar.

Diante da inexistência de norma expressa no novo Código Civil que delimite a extensão das despesas a serem sustentadas pelo alimentante para a generalidade dos casos, o único parâmetro disponível consiste na regra do art. 1.920 de tal Diploma, relativa ao legado de alimentos.[14] Estabelece o dispositivo em pauta:

> Art. 1.920. O legado de alimentos abrange o sustento, a cura, o vestuário e a casa, enquanto o legatário viver, além da educação, se ele for menor.

Essa definição demonstra que o significado conferido pela lei a "alimentos" extrapola o sentido atribuído a essa mesma palavra na linguagem comum (não-jurídica),[15] segundo a qual representa mero sinônimo de "comida". Para o Direito, portanto, o termo "alimentos" ganha contornos mais amplos, envolvendo outras necessidades básicas do ser humano, como habitação, saúde, roupa e educação.

Na realidade, porém, o conteúdo da obrigação alimentar não se esgota no atendimento das necessidades arroladas no artigo supracitado. Tais despesas correspondem somente ao que se convencionou chamar de "alimentos naturais", isto é, aqueles destinados a suprir as necessidades mais prementes da vida humana. Denominam-se "alimentos civis" (ou "côngruos"), de outra parte, os que abrangem, além dessas necessidades primárias, também as "intelectuais e morais, variando conforme a posição social da pessoa necessitada".[16]

---

[14] Essa também a opção legislativa constante do Código Civil de 1916, em que apenas o art. 1.687, referente ao legado, abordava a extensão das despesas cobertas pela verba alimentar.

[15] É o que ensina Pontes de Miranda: "A palavra 'alimento' tem, em direito, acepção técnica. Na linguagem comum significa o que serve à subsistência animal; juridicamente, os 'alimentos' compreendem tudo que é necessário ao sustento, à habitação, à roupa [...]" (PONTES DE MIRANDA, Francisco Cavalcanti. *Tratado de Direito de Família*, v. III. 3ª ed. São Paulo: Max Limonad, 1947, p. 197). No mesmo sentido Louis Josserand: "La obligación de alimentos no tiende a procurar al acreedor únicamente alimentos, es decir, la comida propiamente dicha, sino todo lo que necesita para la vida – o para la muerte – los vestidos, la habitación, los cuidados médicos o quirúrgicos, los cuidados de hospitalización, y hasta una inhumación decente; la terminologia consagrada, es, por consiguiente, inexacta y engañadora; pero se disipa toda duda, respecto al particular por la tradición a que se conforma constantemente nuestra jurisprudencia". (JOSSERAND, Louis. *Derecho Civil (La Familia)*, tomo I, v. II, revisado e completado por André Brun, traduzido para o espanhol por Santiago Cunchillos y Manterola. Buenos Aires: Ediciones Jurídicas Europa-America, 1952, p. 316).

[16] GONÇALVES, Carlos Roberto. *Direito Civil Brasileiro (Direito de Família)*, v. VI. São Paulo: Saraiva, 2005, p. 442. Semelhante a definição oferecida por Nelson Nery Junior e Rosa Maria de Andrade Nery: "[...] os alimentos podem ser naturais ou civis. Os primeiros, também denominados necessários, destinam-se a prover as necessidades básicas do alimentado; os segundos, também denominados côngruos, visam a manter, dentro de determinados padrões, a qualidade de vida do alimentando, até igualá-lo ao patamar que se reputa desejável à recuperação e à conservação de seu status social". (NERY JUNIOR, Nelson; NERY, Rosa Maria de Andrade. *Código de Processo Civil Comentado e Legislação Extravagante*. 9ª ed. São Paulo: Editora Revista dos Tribunais, 2006, p. 962).

Integram o conteúdo dos "alimentos civis" o lazer, a cultura, o transporte, os cuidados com higiene e beleza, afora as despesas básicas antes mencionadas. Enfim, incluem-se nessa espécie de alimentos todos os gastos normais realizados por pessoas de condição social similar à do credor e à do devedor, não apenas os anseios mais elementares relativos à mera subsistência.

Examinadas as necessidades do alimentando a serem atendidas pelo alimentante, resta analisar a forma segundo a qual a obrigação deve ser cumprida. Nesse ponto, são basicamente duas as possibilidades que se abrem: o pensionamento pode ser prestado em dinheiro, calculando-se o valor necessário para cobrir as despesas com o sustento do credor, ou mesmo *in natura*, atribuindo-se ao devedor a obrigação de fornecer os próprios itens de que precisa o alimentando, conforme faculta o art. 1.701 do novo Código Civil. Permite-se, então, que o alimentante disponibilize hospedagem e sustento ao credor, assim arcando diretamente com o atendimento das próprias necessidades que, em caso contrário, seriam custeadas com os valores pagos ao alimentando.

Evidente, contudo, que a prestação *in natura* de todos os itens imprescindíveis ao sustento do credor nem sempre é possível, hipótese em que o atendimento de parte da obrigação de forma direta (proporcionando ao alimentando alguns dos benefícios compreendidos pelo pensionamento) não exclui a obrigatória complementação pecuniária, em valor suficiente para cobrir as despesas relativas às necessidades não atendidas diretamente pelo devedor.[17]

Destaque-se apenas que, uma vez fixada a forma de prestação dos alimentos, seja por acordo entre as partes, seja por determinação judicial, o modo estabelecido para cumprimento da obrigação será imperativo para ambos os envolvidos (credor e devedor),[18] embora sujeito a alteração em

---

[17] Merece registro Acórdão do Tribunal de Justiça de Minas Gerais, segundo o qual os julgadores entenderam ser inconveniente a forma híbrida de prestação dos alimentos: "ALIMENTOS – REVISIONAL – FORMA HÍBRIDA DE PRESTAÇÃO – DESCONSTITUIÇÃO – A forma híbrida de prestação alimentícia deve ser evitada, devendo, sempre que possível, ser fixado pagamento em espécie, o que diminui a possibilidade de tergiversação sobre o tema. Outrossim, em não se comprovando nos autos que o alimentante tenha experimentado melhora em suas condições financeiras, mostra-se inoportuno majorar-se, sobremaneira, a pensão a seu encargo, sendo cabível, contudo, pequeno aumento, considerando-se que, quando da delimitação do importe de tal prestação, o beneficiário possuía tenra idade e, com o passar dos anos, seus gastos foram aumentados, mormente no que tange ao custeio da educação. Recurso parcialmente provido". (Apelação Cível nº 1.0024.02.703469-3/001, 7ª Câmara Cível do TJMG, Rel. Des. Pinheiro Lago, DJMG 17.08.2005. In: *Revista Brasileira de Direito de Família*, Porto Alegre, v. 7, n. 32, outubro-novembro de 2005, Ementa 3041, p. 119-120). A parte final da Ementa, porém, apresenta conflito com seu início. Ora, fosse a pensão fixada com base nas utilidades a serem propiciadas ao menor, incluindo pagamento direto ao estabelecimento de ensino (e não em pecúnia entregue ao credor), possivelmente se mostraria despiciendo alterar os alimentos já estabelecidos, pois o aumento da mensalidade escolar implicaria automática majoração dos valores a serem desembolsados pelo alimentante, com idêntico proveito em favor da criança.

[18] "EXECUÇÃO DE ALIMENTOS – PAGAMENTOS IN NATURA – 1. Os alimentos devem ser pagos na forma pactuada, sendo descabida a alteração unilateral na forma de pagamento. 2. Se os valores alcançados *in natura* não dizem respeito a itens essenciais para o sustento da parte, como saúde, alimen-

demanda posterior. Para que haja dita modificação, todavia, é necessário o consenso entre as partes, ou a demonstração de que a maneira pela qual os alimentos vêm sendo prestados não atende às necessidades do alimentando, ou tornou-se excessivamente onerosa para o devedor, que poderia oferecer os mesmos benefícios ao credor sem realizar tamanha despesa.

Fundamental abordar, ainda, o entendimento manifestado por boa parte da doutrina nacional no sentido de que haveria uma completa impossibilidade de cumprimento da obrigação na modalidade *in natura* quando não houvesse concordância do alimentando a esse respeito, sendo descabido compeli-lo a residir com o alimentante, por exemplo. Apesar de correta a última afirmativa, deve-se perceber que a prestação dos alimentos *in natura* não significa necessariamente co-habitação, como pressupunha o art. 403 do Código Civil de 1916: "A pessoa obrigada a suprir alimentos poderá pensionar o alimentando, ou dar-lhe em casa hospedagem e sustento". A referência de que a hospedagem e o sustento deviam ser prestados na residência do alimentante ensejava críticas que redundaram no art. 25 da Lei 5.478/68, estabelecendo a obrigatória anuência do alimentando capaz como condição para que o juiz pudesse determinar o cumprimento da obrigação por essa forma não pecuniária.[19] O novo Código Civil, porém, no art. 1.701, não estabeleceu que a prestação alimentícia *in natura* deva ser prestada necessariamente "na casa" do alimentante, pois deixou de repetir tais palavras no dispositivo em questão. Diante da maior flexibilidade conferida pela legislação de 2002, deve-se entender que a necessidade de concordância do credor fica restrita à co-habitação com o devedor, não condicionando a prestação *in natura* fornecida em outro local.

Assim, ao invés de o devedor suportar despesas com aluguel de casa para o alimentando, pode perfeitamente disponibilizar ao credor um imóvel seu que esteja sem utilidade (é claro, desde que a localização e o padrão do bem estejam de acordo com a condição social que o alimentante deve proporcionar ao alimentando). Pode, também, fornecer diretamente os gêneros alimentícios (*stricto sensu*) de que necessita o credor, forma de prestação que se mostrará extremamente adequada, *v. g.*, quando o alimentante for produtor rural.[20] Do mesmo modo, não teria sentido que o devedor fosse

---

tação e moradia, constituem mera liberalidade, não devendo ser abatido do cálculo da dívida. Recurso desprovido". (Apelação Cível nº 70008975484, 7ª Câmara Cível do TJRS, Rel. Des. Sérgio Fernando de Vasconcellos Chaves, DOERS 29.09.2004. In: *Revista Brasileira de Direito de Família*, Porto Alegre, v. 6, n. 27, dezembro-janeiro de 2005, Ementa 2690, p. 127).

[19] Dispõe a referida norma: "Art. 25. A prestação não pecuniária estabelecida no art. 403 do Código Civil só pode ser autorizada pelo juiz se a ela anuir o alimentando capaz".

[20] Outros exemplos são apresentados por João Claudino de Oliveira e Cruz: "Se o alimentante é comerciante, no gênero, *v. g.*, nada impede que preste o mesmo parte dos alimentos em mercadorias alimentícias, a parte destinada ao sustento. Igualmente quando o alimentante é sócio de sociedade cooperativa ou de organizações que lhe forneçam mantimentos mediante desconto mensal, hipóteses não raras na prática e que lhe permitem apreciável economia". (OLIVEIRA E CRUZ, João Claudino de. *Dos Alimentos no Direito de Família*. 2ª ed. Rio de Janeiro: Forense, 1961, p. 98).

obrigado a pagar todas as consultas médicas realizadas pelo alimentando se a mesma vantagem poderia ser concedida através da inclusão do credor como dependente no plano de saúde do obrigado, tornando sensivelmente menos onerosa a obrigação para este último.

Por todas essas razões, e tendo em vista uma maior adaptabilidade às circunstâncias do caso concreto levado à apreciação do Judiciário, a lei confere ao juiz, no art. 1.701, parágrafo único, do Código Civil, o poder de fixar o modo pelo qual a obrigação deverá ser cumprida.

2. Fontes da obrigação de prestar alimentos

A obrigação alimentar pode ter origem em variadas situações, diversidade essa que é levada em conta pela legislação processual civil ao estabelecer a forma de tutela adequada a cada uma delas. Portanto, assume fundamental importância examinar as possíveis fontes dessa espécie de obrigação, ressaltando suas peculiaridades, como único modo de entender claramente as diferenciações refletidas no âmbito do processo.

Desconsideradas, por enquanto, possíveis subdivisões, tem-se que a obrigação de prestar alimentos, segundo o ordenamento jurídico brasileiro, possui basicamente três fontes distintas: a relação familiar, o negócio jurídico e o ato ilícito causador de dano. Predomina entre os autores nacionais, contudo, outra nomenclatura: a) alimentos legais ou legítimos; b) alimentos voluntários (contratuais e testamentários); c) alimentos indenizatórios ou originados de ato ilícito.[21] Entretanto, o conteúdo da obrigação em nada difere, independentemente da denominação utilizada.

A principal justificativa para não seguir a nomenclatura tradicional está no fato de gerar certa confusão quanto à verdadeira fonte de cada tipo de obrigação alimentar. É o caso de separar as obrigações provenientes de ato ilícito daquelas que decorrem da lei, como se fosse possível ver outra origem para a indenização por ato ilícito que não a própria lei. A propósito, insuficiente a solução adotada por Belmiro Pedro Welter, que denomina a terceira espécie acima mencionada (letra "c") como resultante "de sentença judicial condenatória do pagamento de indenização para ressarcir danos provenientes de ato ilícito".[22] A mudança de foco, transferido da *lei* para a *sentença condenatória*, absolutamente não resolve a questão. Em todos os casos de obrigações alimentares não reconhecidas voluntariamente haverá

---

[21] Nesse sentido: ASSIS, Araken de. *Da Execução de Alimentos e Prisão do Devedor.* 6ª ed. São Paulo: Editora Revista dos Tribunais, 2004, p. 127; GONÇALVES, Carlos Roberto. *Direito Civil Brasileiro (Direito de Família)*, v. VI. São Paulo: Saraiva, 2005, p. 443; CAHALI, Yussef Said. *Dos Alimentos.* 4ª ed. São Paulo: Editora Revista dos Tribunais, 2002, p. 22.

[22] WELTER, Belmiro Pedro. *Alimentos no Código Civil.* 2ª ed. São Paulo: IOB-Thomson, 2004, p. 30-31.

a necessidade de buscar, através do processo, uma sentença condenatória,[23] a despeito de em última instância a obrigação resultar da lei. Enfim, impossível imaginar alguma hipótese em que os alimentos não fossem "legais" ou "legítimos". Ou haveria alimentos "ilegais", "ilegítimos"? Evidentemente a resposta só pode ser negativa.

A distinção entre as fontes apresentadas no presente trabalho torna-se mais clara quando da análise individualizada de cada uma delas. Por "obrigação alimentar decorrente das relações familiares" pretende-se caracterizar aquela que tem origem em normas jurídicas de ordem pública, protetivas de membro(s) de uma entidade familiar dentro de seu próprio âmbito, não condicionada à manifestação de vontade das partes envolvidas (alimentante e alimentando). Embasa-se na presunção de que haja entre os sujeitos da obrigação um relacionamento marcado pela afetividade, embora a eventual inexistência desse sentimento por parte do devedor seja insuficiente para desobrigá-lo,[24] pois moral e juridicamente reprovável esse distanciamento entre os membros da entidade familiar. Abarca os alimentos decorrentes da relação de parentesco (não necessariamente "sangüíneo", como no caso da adoção), do casamento e da união estável.

Hoje em dia, aliás, proliferam-se as vozes no sentido de, com base na analogia e no princípio constitucional da igualdade, ampliar a possibilidade de concessão de alimentos para alcançar outras situações também marcadas pelo traço da afetividade, apesar de não especificamente protegidas pela lei posta, omissão por muitos autores caracterizada como verdadeira inconstitucionalidade.[25] É o caso, por óbvio, das relações homoafetivas, que guardam certa semelhança com a união entre pessoas de sexos opostos, mas cuja aceitação no meio social ainda encontra profunda resistência.[26]

Não é objeto do presente trabalho analisar a possibilidade ou a impossibilidade de concessão de alimentos aos integrantes (ou ex-integrantes) de um relacionamento homoafetivo duradouro, sério, contínuo, público, marcado pelo objetivo de constituição de família. Embora a grande dificuldade em aceitar obrigações alimentares decorrentes dessa fonte pareça estar centrada na última característica acima apontada (possibilidade de "constituição de família" por parceiros de mesmo sexo), é certo que a discussão deve ser travada no contexto das obrigações alimentares decorrentes do Direito

---

[23] Afora outras cargas que também podem integrar o conteúdo da mesma sentença, conforme será visto de modo mais detido na Segunda Parte deste livro.

[24] PEREIRA, Caio Mário da Silva. *Instituições de Direito Civil (Direito de Família)*, v. V. 11ª ed. Rio de Janeiro: Forense, 1998, p. 279.

[25] Por todos: FARIAS, Cristiano Chaves de. *Reconhecer a Obrigação Alimentar nas Uniões Homoafetivas: uma questão de respeito à Constituição da República*. In: *Revista Brasileira de Direito de Família*, Porto Alegre, v. 6, n. 28, fevereiro-março de 2005, p. 26-44.

[26] WELTER, Belmiro Pedro. *Alimentos no Código Civil*. 2ª ed. São Paulo: IOB-Thomson, 2004, p. 176 e seguintes.

de Família. Isso porque os alimentos somente serão concedidos ao companheiro de mesmo sexo quando o entendimento adotado for no sentido de ressaltar as semelhanças entre esse tipo de relacionamento e o mantido por pessoas de sexos opostos, identificando no caso a constituição de uma família ou, no mínimo, entidade similar a ser tratada de forma análoga.[27] Em outras palavras: é fora de dúvida que, havendo obrigação alimentar entre parceiros homossexuais, será ela decorrência de um relacionamento considerado idêntico ou assemelhado ao familiar, em hipótese alguma sendo possível definir como fonte desses alimentos a vontade das partes envolvidas (fonte contratual ou testamentária), muito menos a ocorrência de ato ilícito.[28] Por outro lado, não reconhecido o direito a alimentos entre os parceiros homoafetivos, ficaria completamente prejudicada a controvérsia acerca da fonte da obrigação, pois esta última inexistiria.

A obrigação de prestar alimentos originada do relacionamento familiar comporta subdivisões importantes. A primeira e mais essencial diz respeito à diferenciação entre o vínculo obrigacional decorrente do parentesco e o que nasce como conseqüência do casamento ou da união estável. Os laços parentais surgem com o nascimento e não se desfazem jamais, salvo em caso de adoção; casamento e união estável, ao contrário, são vínculos que, em regra, somente se criam entre pessoas já adultas, além do que são passíveis de ruptura, por estarem logicamente condicionados à presença de amor, respeito e afetividade mútuos.

É natural ao ser humano que, rompida a ligação familiar, sinta-se ele inteiramente desinteressado em relação ao futuro do outro. Não havendo essa possibilidade de separação entre os parentes, costuma ser aceita de forma mais serena a obrigação alimentar daí resultante. Note-se, a propósito, que na única hipótese em que o parentesco com a família sangüínea pode ser extinto (adoção), a própria obrigação alimentar existente entre tais familiares terá fim.

O mesmo não ocorre em relação ao casamento e à união estável, nos quais a obrigação de prestar alimentos perdura ainda após o encerramento do convívio e do rompimento dos laços, quando a afetividade já cessou. Justificar a existência de uma relação obrigacional de natureza alimentícia, nesses casos, é mais complicado: primeiro, em razão das frustrações e dos traumas decorrentes da quebra de um planejamento de vida; segundo, pelo

---

[27] Negando peremptoriamente a possibilidade de se falar em direito a alimentos entre parceiros de mesmo sexo, devido à ausência de suporte legal para tanto: RIZZARDO, Arnaldo. *Direito de Família: Lei nº 10.406, de 10.01.2002.* 2ª ed. Rio de Janeiro: Forense, 2004, p. 923.

[28] Ainda sobre a caracterização das uniões homoafetivas como "entidades familiares", deve-se reproduzir a ponderação feita por Maria Goreth Macedo Valadares: "[...] o que caracteriza uma família não é a diversidade de sexo entre o casal, mas, sim, a *affectio maritallis*, elemento constitutivo e definidor das novas relações familiares" (VALADARES, Maria Goreth Macedo. *Famílias Homoafetivas: vencendo a barreira do preconceito.* In: *Revista Brasileira de Direito de Família*, Porto Alegre, v. 8, n. 35, abril-maio de 2006, p. 42).

freqüente rancor nutrido por um dos (ou por ambos os) conviventes em face do outro que o decepcionou; terceiro, pela divisão de um patrimônio que antes era usufruído pelo casal em sua totalidade, bem como pelo normal acréscimo de despesas com sustento próprio surgido a partir da separação, fatores responsáveis pelo aumento da litigiosidade entre o casal; quarto, pelo distanciamento de um dos pais em relação aos filhos porventura existentes, motivo de ciúmes e desentendimentos entre os ex-cônjuges; quinto, em virtude do desejo de um ou de ambos de cortar definitivamente qualquer ligação com o outro, buscando cicatrizar de vez as feridas causadas durante ou ao final da união; sexto, pela normal procura de um próximo parceiro capaz de completar a pessoa separada ou divorciada, busca que, quando exitosa, também gera profundo ciúme e desconforto no antigo companheiro, situação que se agrava ainda mais nas hipóteses em que o novo parceiro exige, geralmente por insegurança, completo afastamento, falta de diálogo e de entendimento entre os ex-cônjuges ou ex-companheiros. Todas essas circunstâncias, afora tantas outras que deixam de ser aqui arroladas, determinam alto grau de descontentamento por parte daquele consorte que, ao final da vida em comum, é obrigado a prestar alimentos a quem não mais vive consigo. Conforme assinala Luiz Edson Fachin, o casamento ou a união estável terminam, mas a obrigação alimentar insiste em lembrar o casal acerca da relação frustrada, mantendo as amarras de que tanto pretendem ser libertados.[29]

Em função dessas peculiaridades, a doutrina gradualmente vem atenuando a obrigação de prestar alimentos entre pessoas separadas ou divorciadas, tendência também justificada pelos sensíveis avanços sociais obtidos pelas mulheres nas últimas décadas. É raro, hoje em dia, a mulher abandonar os estudos ou a vida profissional pelo simples casamento, o que decorre não só da necessidade de aumento da renda familiar, mas também da independência feminina, a impor sua inserção no mercado de trabalho em condições de igualdade em relação aos homens.[30]

Ainda não se pode olvidar inteiramente, porém, a existência de famílias organizadas segundo o modelo antigo, centradas na figura do cônjuge varão, mantenedor de todos os demais membros, exigindo da mulher o abandono de sua vida profissional para dedicação aos filhos e aos cuidados com a casa, por vezes ficando ela sujeita a mudanças de domicílio em razão de transferências do marido, assim inviabilizando definitivamente que

---

[29] "A fixação alimentar após a dissolução matrimonial 'presentifica', mês a mês, o elo partido. A descontinuação da vida em comum, rompendo laços e projetos, perdura na alça da obrigação alimentar. Da vida em comum, um resquício. De cônjuge companheiro a provedor à distância". (FACHIN, Luiz Edson. *Elementos Críticos do Direito de Família: curso de direito civil*. Rio de Janeiro: Renovar, 1999, p. 277-278).

[30] A propósito do tema: BANNURA, Jamil Andraus Hanna. *Pela Extinção dos Alimentos entre Cônjuges*. In: *Direitos Fundamentais do Direito de Família*, coordenadores Belmiro Pedro Welter e Rolf Hanssen Madaleno. Porto Alegre: Livraria do Advogado, 2004, p. 121-138.

exerça atividade remunerada e alcance sua completa independência financeira. De qualquer forma, cada vez mais excepcional se torna a ocorrência de tais situações.

Enfim, diante de todas as circunstâncias aludidas, a doutrina e a jurisprudência têm diferenciado sensivelmente as conseqüências das obrigações alimentares decorrentes do parentesco daquelas resultantes do casamento ou da união estável, distinções essas que serão analisadas no corpo da presente obra somente na medida em que gerem significativas repercussões atinentes à forma de tutela jurisdicional do direito a alimentos.

Examinada, portanto, a fonte consubstanciada nas normas do Direito de Família, passa-se agora ao estudo das obrigações alimentares decorrentes de negócios jurídicos, também chamados de "alimentos voluntários", por serem fruto de livre manifestação de vontade, e não de normas jurídicas pré-estabelecidas (ao menos nesse primeiro momento de "criação" do vínculo obrigacional).

Os alimentos podem ser estipulados *inter vivos*, por meio de contrato, ou *causa mortis*, neste último caso obrigatoriamente pela via testamentária. Em ambas as hipóteses, permite-se que as conseqüências e a abrangência da obrigação sejam livremente estabelecidas,[31] desde que não violem normas de ordem pública.

Sendo objeto de declaração de última vontade, a obrigação alimentar assume a natureza de um *encargo* sob o ponto de vista da pessoa a quem o testador imputou a posição de alimentante. Além disso, os efeitos da obrigação alimentar prevista em testamento estão sujeitos a uma condição suspensiva, qual seja, a morte do testador quando ainda vivos o alimentante e o alimentário. Tal disposição testamentária consistirá em legado, uma vez que não se trata de inserir herdeiro no rol de pessoas habilitadas a concorrer sobre a universalidade dos bens deixados, limitando-se a participação do legatário aos alimentos que lhe foram especificamente conferidos.

Outra peculiaridade da obrigação alimentar resultante de legado diz respeito à possibilidade de o sucessor a quem foi atribuído o encargo renunciar à herança ou ao legado, assim restando desobrigado a prestar alimentos em favor do legatário. Por outro lado, também a renúncia por parte do beneficiado é juridicamente viável, ao contrário do que ocorre em relação aos alimentos resultantes do Direito de Família, conforme será analisado no momento oportuno.

Possui imensa importância para a conceituação e a definição da abrangência dos alimentos a norma contida no art. 1.920 do novo Código Civil,

---

[31] "Tanto os alimentos resultantes de disposição testamentária, sob a modalidade de legado, como os alimentos contratuais, regem-se pelos mesmos princípios jurídicos. Sua característica fundamental repousa na livre manifestação de vontade em constituir o encargo, consoante princípios gerais dos negócios jurídicos. [...]" (MARMITT, Arnaldo. *Pensão Alimentícia*. Rio de Janeiro: Aide, 1993, p. 58-59).

relativa ao legado, único dispositivo em que o legislador pátrio referiu quais as despesas a serem levadas em conta para a delimitação do *quantum* alimentar. Segundo tal regra, o legado de alimentos abrange "o sustento, a cura, o vestuário e a casa, enquanto o legatário viver, além da educação, se ele for menor". A norma em pauta é utilizada como referencial para a fixação de alimentos decorrentes de qualquer origem.

Quanto à fonte contratual (convencional) da obrigação alimentar, necessário referir que sua natureza em muito se aproxima de uma "promessa de doação"[32] sempre que o acordo de vontades não estipular uma contraprestação a cargo do alimentário. O diferencial em relação a qualquer outra espécie de doação está centrado no fato de que a obrigação alimentar se projeta para o futuro, em geral devendo ser prestada de forma periódica.

A obrigação alimentar pode também surgir como conseqüência imposta pela lei a determinado contrato, espécie de "cláusula implícita",[33] presente nas doações, por exemplo. Nesse caso, pode-se dizer que a fonte da obrigação de prestar alimentos possui natureza mista (legal e contratual), na medida em que nasce independentemente de ser pactuada pelos contratantes, embora atrelada ao negócio jurídico que é condição para a sua existência. Nada impede, contudo, que a obrigação alimentar seja expressamente referida no contrato, viabilizando inclusive um maior detalhamento de suas conseqüências jurídicas (fixação do valor do pensionamento, especificação da periodicidade das prestações, etc.), que não ficam necessariamente restritas à mínima proteção conferida pela lei (art. 557, IV, do novo Código Civil[34]). Havendo estipulação expressa no contrato, a cláusula que impõe a obrigação alimentar assume a forma de um verdadeiro *encargo*.

O ponto mais importante a ser aqui destacado diz respeito à impossibilidade de cobrança forçada de alimentos originados dessa fonte, seja através da chamada "cláusula implícita", seja mediante a expressa pactuação desse encargo, pois a conseqüência legalmente prevista para qualquer dessas hipóteses é a permissão no sentido de que a doação seja revogada, conforme dispõe o art. 555 do Código Civil. Essa conclusão não se aplica, porém, às obrigações pactuadas como *objeto principal do negócio jurídico*, em que o inadimplemento permite a efetiva cobrança dos valores devidos, não tendo como conseqüência a mera revogação do ato.

---

[32] Foge aos limites do presente trabalho analisar a controvertida figura jurídica da "promessa de doação", motivo pelo qual mostra-se preferível indicar ao leitor a obra a seguir, que aborda a questão de forma apropriada: SANSEVERINO, Paulo de Tarso Vieira. *Contratos Nominados II*. São Paulo: Editora Revista dos Tribunais, 2005, p. 77 e seguintes.

[33] A expressão é utilizada por: GOMES, Orlando. *Direito de Família*. 10ª ed., revista e atualizada por Humberto Theodoro Júnior. Rio de Janeiro: Forense, 1998, p. 428.

[34] "Art. 557. Podem ser revogadas por ingratidão as doações: [...] IV – se, podendo ministrá-los, recusou ao doador os alimentos de que este necessitava".

Como terceira e última fonte da obrigação alimentar tem-se a responsabilidade civil por atos ilícitos, também decorrente da lei, mas sem vinculação com o Direito de Família. Os alimentos daí oriundos possuem natureza nitidamente indenizatória, visando a reparar prejuízos causados à vítima do ilícito ou às pessoas que dela dependiam economicamente. Reconhecer sua função reparatória, todavia, não significa retirar da obrigação o caráter alimentar, mas apenas acrescentar a ela essa destinação indenizatória. Afinal, quando subtraídas de alguém, pela prática de ato ilícito, as possibilidades de prover seu próprio sustento, a reparação através da prestação de alimentos possui ambas as características: é indenizatória e também alimentar.[35]

Assim, não merece aplauso a total diferenciação quanto às vias processuais que se abrem ao reconhecimento e à cobrança de alimentos resultantes de ato ilícito, comparadas aos meios disponibilizados aos credores de alimentos com origem no Direito de Família, a despeito de certas peculiaridades exigirem atenta observação e soluções em parte diferenciadas, mas sem esquecer que o núcleo de ambas as obrigações é o mesmo.[36]

Saliente-se que o art. 475-Q[37] do Código de Processo Civil estabelece algumas notas distintivas acerca da forma de cumprimento da sentença condenatória relativa a alimentos decorrentes de ato ilícito. O dispositivo

---

[35] Sustentando o oposto, afirma Nilton Ramos Dantas Santos: "As prestações sucessivas para o futuro, no caso de indenização por atos ilícitos, são chamadas erroneamente de alimentos. A base em que se funda a indenização é a reparação do dano, o que não se coaduna com o instituto dos alimentos, cuja base é o dever legal ou contratual, recíproco ou de mútua assistência". (SANTOS, Nilton Ramos Dantas. *Alimentos: técnica e teoria*. Rio de Janeiro: Forense, 1997, p. 9-10). O aspecto central do conflito entre o posicionamento adotado na presente obra e a lição recém transcrita mostra-se óbvio, estando ligado à possibilidade ou impossibilidade de alimentos terem *também* caráter indenizatório. Cumpre apenas salientar que a parte final do trecho reproduzido acima não contém, salvo melhor juízo, uma explicação suficiente para justificar a tese defendida pelo mencionado jurista. A ausência de reciprocidade ou de mútua assistência absolutamente não é capaz de desqualificar a natureza da obrigação alimentar decorrente de atos ilícitos, pois essa característica presente em algumas poucas obrigações alimentares não é essencial ao conceito de alimentos, bem como dificilmente (ou melhor: raríssimamente) passa de uma ficção: salvo no caso de cônjuges e companheiros, em que é possível visualizar um sustento recíproco, em quais outros casos há uma simultaneidade de prestações de uma parte à outra e vice-versa? O que na verdade ocorre é uma mera *reciprocidade potencial*, quase nunca real, pois quem presta alimentos o faz porque tem condições para tanto, e quem recebe presumivelmente está necessitado. Há como identificar em alguém as condições necessárias para que seja, ao mesmo tempo, devedor e credor de alimentos? E mais: tal indivíduo teria que ser devedor e credor de uma única pessoa, sujeito este que assumiria, concomitantemente, as mesmas posições (embora invertidas) na relação obrigacional. De tudo quanto foi dito, a conclusão ora oferecida é no sentido de que tal reciprocidade não é encontrada na realidade, existindo apenas como uma remota *possibilidade* de, uma vez alterada substancialmente a situação financeira de ambas as partes, quem era devedor deixar de sê-lo para transformar-se em credor do ex-alimentando.

[36] Aduz Luiz Guilherme Marinoni: "É sabido que aquele que tem direito a alimentos possui a necessidade de tutela jurisdicional célere. Não se pode esperar para receber dinheiro. Mas isso não ocorre apenas em relação aos alimentos legítimos. Aquele que sofreu dano, e necessita urgentemente de dinheiro para suprir necessidade dele decorrente, também possui direito a alimentos, que então são ditos indenizativos". (MARINONI, Luiz Guilherme. *Técnica Processual e Tutela dos Direitos*. São Paulo: Editora Revista dos Tribunais, 2004, p. 608).

[37] Acrescentado pela Lei 11.232/2005, em substituição ao art. 602, que foi revogado.

em pauta permite que o juiz ordene ao praticante da ilicitude que constitua um capital, cuja renda assegure o pagamento do valor mensal da pensão, dessa forma evitando um posterior processo de execução forçada, uma vez que em tese garantida a satisfação dos alimentos. Logo, desnecessário seria enquadrar a obrigação alimentar daí decorrente em alguma das formas de execução prevista no Capítulo V, do Título II, do Livro II, do Código de Processo Civil.

Entretanto, caso não constituído o capital cuja renda garantiria o cumprimento da obrigação alimentar, não devem ser fechadas ao credor as portas da "execução de prestação alimentícia", seja através de desconto em folha de pagamento,[38] seja por meio de penhora seguida de expropriação, seja ainda pela ameaça de prisão civil. Essa conclusão é a que se chega a partir da constatação de que a natureza indenizatória desses alimentos não exclui sua destinação a suprir as necessidades mais básicas do credor, devendo os meios executórios viabilizar a satisfação do alimentando de forma efetiva e urgente, sob pena de privação do próprio direito à vida. Assim também se posiciona Marcelo Lima Guerra:

> Realmente, não se vê como a simples natureza indenizatória da prestação alimentícia imposta por condenação pela prática de ato ilícito poderia justificar que a ela não fossem aplicáveis os meios executivos diferenciados, principalmente a coerção pessoal. É que esses meios não são instituídos pelo ordenamento em razão de um suposto caráter 'não-indenizatório' da prestação alimentícia. Esses meios especiais são preordenados pelo legislador, dentro de uma certa margem de discricionariedade, como uma maneira de proteger determinados valores e fins considerados relevantes.
>
> [...]
>
> Ora, o propósito dessa tutela executiva diferenciada e privilegiada, que o ordenamento assegura aos créditos alimentares, já foi exaustivamente fixado em doutrina e jurisprudência. Com efeito, a razão de ser dessa proteção especial reconhecida aos alimentos repousa na própria finalidade da prestação alimentícia, a qual se destina a garantir a própria subsistência e a manutenção da vida do alimentado. Essa finalidade específica dos alimentos faz com que a sua satisfação coativa revista-se de um caráter urgente, de maneira a exigir, para uma adequada e efetiva tutela executiva, a utilização de meios enérgicos e mais ágeis que o moroso procedimento da execução por quantia certa.[39]

Imagine-se, por exemplo, a hipótese de pessoa vítima de ilícito culposo que, em função do dano a ela causado, fica impedida de trabalhar e de auferir a renda indispensável à sua mantença. Quando impossível a constituição de capital ou o desconto em folha, seria razoável impedir o manejo de execução sob ameaça de prisão civil em casos de tamanha gravidade,

---

[38] O § 2º do novo art. 475-Q do CPC (ao contrário do art. 602, que era omisso a esse respeito) inclusive faculta expressamente ao juiz que substitua "a constituição do capital pela inclusão do beneficiário da prestação em folha de pagamento de entidade de direito público ou de empresa de direito privado de notória capacidade econômica, ou, a requerimento do devedor, por fiança bancária ou garantia real, em valor a ser arbitrado de imediato pelo juiz".

[39] GUERRA, Marcelo Lima. *Execução Indireta*. São Paulo: Editora Revista dos Tribunais, 1998, p. 227-228.

TUTELA JURISDICIONAL DO DIREITO A ALIMENTOS

em que a necessidade do alimentando não é inferior nem menos urgente do que a do credor de alimentos decorrentes do Direito de Família? Pelo contrário, o exemplo analisado constitui hipótese de gravidade muito superior em relação aos alimentos devidos entre cônjuges, colaterais ou em favor de filhos maiores, sempre que estes tenham alguma possibilidade de exercer qualquer profissão minimamente rentável, diversamente da vítima de ato ilícito, de quem foi retirada, através de conduta reprovável, a oportunidade de prover o próprio sustento.

A melhor interpretação, portanto, parece corresponder àquela segundo a qual a constituição de capital é comparada ao desconto em folha de pagamento[40]. Efetivado qualquer desses meios executivos, por óbvio descabida a intimação do devedor para *adimplir o que já foi pago, sob pena de penhora ou de prisão civil*. Todavia, quando o desconto em folha é frustrado (*v. g.*, pela demissão do alimentante), nem por isso se impede o exercício do direito através dos demais "meios executivos" previstos em lei. A lógica é a mesma no que diz com os alimentos originados de ato ilícito, com a agravante de que nesta última hipótese a conduta do devedor é ainda mais reprovável por corresponder a uma ilicitude.

Registre-se, por fim, depois de expostas as várias fontes da obrigação alimentar, que o presente trabalho versará apenas sobre os alimentos decorrentes das relações familiares.

---

[40] Como já sublinhado, o art. 475, § 2º, do Código de Processo Civil, deixa clara a possibilidade de o julgador optar por uma ou outra dentre essas providências.

3. Binômio necessidade-possibilidade

A concessão de alimentos pressupõe, de início, a *necessidade* de uma pessoa ter o seu sustento provido por outrem, diante da impossibilidade de fazê-lo por conta própria.[41] O grau de necessidade, contudo, é variável, pois o alimentando muitas vezes exerce atividade minimamente rentável ou mesmo aufere valores de outras fontes que não o seu labor, casos em que a pensão alimentícia terá a função de apenas complementar seus rendimentos até o montante que se mostrar suficiente para o atendimento de suas despesas com a própria mantença.

A determinação do *quantum* a ser prestado também depende da espécie de alimentos da qual se trata. Como já visto, a lei brasileira diferencia os alimentos *civis* dos *naturais*, não restando dúvida de que, para a satisfação dos primeiros, o valor da pensão deve ser significativamente maior, por levar em conta despesas não computadas no âmbito dos alimentos naturais, ou seja, incluir também os gastos (quiçá voluptuários) realizados para que o alimentando mantenha seu padrão social.

O outro elemento do binômio, também fundamental para a fixação da verba alimentar, diz com a *possibilidade* da pessoa obrigada a suportá-la. Afinal, seria profundamente conflitante exigir de alguém que contribuísse com a mantença de outrem se com isso prejudicasse seu próprio sustento. Caso assim não fosse, a obrigação alimentar geraria situação oposta àquela em virtude da qual foi criada, pois estaria subtraindo do alimentante o direito à vida, simplesmente transferindo-o ao alimentário.

Entretanto, nem sempre as escassas possibilidades do alimentante serão motivo suficiente para liberá-lo da prestação alimentar. É o que ocorre na relação entre os pais e os filhos menores, na qual o vínculo existente é mais do que "obrigacional"; há um "dever" de sustento dos genitores para

---

[41] "La obligación alimentaria o de alimentos es el deber impuesto jurídicamente a una persona de asegurar la subsistencia de otra persona; como toda obligación, implica la existencia de un acreedor y de un deudor, con la particularidad de que el primero está, por hipótesis, en necesidad, y de que el segundo está en condiciones de ayudarle". (JOSSERAND, Louis. *Derecho Civil (La Familia)*, tomo I, v. II, revisado e completado por André Brun, traduzido para o espanhol por Santiago Cunchillos y Manterola. Buenos Aires: Ediciones Jurídicas Europa-America, 1952, p. 303).

com sua prole, esta última presumivelmente impossibilitada de auferir os recursos mínimos necessários à sua sobrevivência durante a menoridade.

Importantes setores da doutrina entendem que, havendo um "dever" entre as partes (ou seja, mais do que uma "obrigação"), a *impossibilidade* do alimentante jamais poderia ser analisada.[42] Ao que parece, todavia, essa afirmação contém uma meia-verdade. Perceba-se, antes de mais nada, que o *dever* de prestar alimentos é atribuído aos pais em relação aos filhos menores, além do que caracteriza a relação matrimonial (ou de união estável) enquanto perdurar o convívio. As duas situações, contudo, mostram-se essencialmente diversas: na primeira, existe um liame de dependência, sendo de fato presumível (não obstante essa presunção possa estar equivocada) que os filhos menores ainda não dispõem de recursos financeiros próprios, nem possuem capacitação profissional suficiente para ingressarem no mercado de trabalho e suportarem integralmente o respectivo sustento; na segunda hipótese, por outro lado, existe uma presumível igualdade entre os cônjuges ou companheiros (às vezes também não verificada efetivamente no caso concreto), ao menos no que diz com a possibilidade de exercerem atividade remunerada, ainda que não a mais rentável possível.

O raciocínio examinado parte de presunções que, como destacado, podem não corresponder à realidade, tornando-se injusto atribuir a um pai miserável o dever de prestar alimentos a um filho menor que exerce profissão bem remunerada, por atentar contra o direito fundamental à vida do primeiro, sem que esse mesmo direito da prole esteja em risco. Isso já seria o bastante para demonstrar que nem sempre a existência de um "dever alimentar" é suficiente para dispensar a análise relativa às "possibilidades" do alimentante.[43] Porém, mesmo que se admitisse como inteiramente corretas as presunções supramencionadas (da dependência do filho menor em relação aos pais e da igualdade entre os conviventes – cônjuges ou não), fica

---

[42] Bem ilustra esse posicionamento a lição de Orlando Gomes a seguir reproduzida: "Cumpre estabelecer uma distinção de capital importância para a delimitação do assunto, distinção indispensável à exata fixação do conceito de obrigação de prestar alimentos. Não se deve, realmente, confundir tal obrigação com certos deveres familiares, de sustento, assistência e socorro, como os que tem o marido em relação à mulher e os pais para com os filhos, enquanto menores – deveres que devem ser cumpridos incondicionalmente. [...]" (GOMES, Orlando. *Direito de Família*. 10ª ed., revista e atualizada por Humberto Theodoro Júnior. Rio de Janeiro: Forense, 1998, p. 428). Em outro sentido manifesta-se Frederico Augusto de Oliveira Santos: "[...] A concepção arraigada na doutrina de atribuir aos alimentos natureza jurídica de dever apegou-se à literalidade da Lei, que trata os alimentos prestados ao menor incapaz como um dever diverso da relação obrigacional. [...]" Mais adiante complementa o autor: "A conceituação dos alimentos como obrigação é de rigor, porque segue os traços fisionômicos, dessa figura jurídica. A orientação dos alimentos fundados no pátrio poder como dever *stricto sensu* parece se pautar pela origem legal dos alimentos. O fato de esta obrigação emergir diretamente da Lei, evidenciando o interesse público subjacente à matéria alimentar, não desloca essa relação para o âmbito dos deveres *stricto sensu*. [...]" (OLIVEIRA SANTOS, Frederico Augusto de. *Alimentos Decorrentes da União Estável*. Belo Horizonte: Del Rey, 2001, p. 75-76).

[43] "[...] Há uma dupla condicionalidade, da parte de quem presta (possibilidade) e de quem recebe (necessidade pela impossibilidade de auto-sustento)". (FACHIN, Luiz Edson. *Elementos Críticos do Direito de Família: curso de direito civil*. Rio de Janeiro: Renovar, 1999, p. 272).

claro que, ao menos entre as duas situações enfocadas, existe significativa diferença, em regra geral a exigir que os genitores sustentem incondicionalmente os filhos menores, idêntica solução não se aplicando aos conviventes, pois neste caso existe um dever recíproco entre eles, e não uma relação de dependência.

Parece mais adequado, então, verificar sempre as condições tanto do alimentante quanto do alimentário, ainda que para concluir, em determinados casos, que os recursos insuficientes deverão ser divididos pelos dois.

Deve-se ressaltar, ainda, que o binômio "necessidade-possibilidade",[44] consagrado no § 1º do art. 1.694 do novo Código Civil,[45] é um dos principais fatores a justificar a modificabilidade do valor dos alimentos. Afinal, a necessidade do alimentando e a possibilidade do alimentante não são fixas, imutáveis, mas sim variáveis, às vezes passageiras, por esse motivo dando ensejo à alteração do *quantum* anteriormente estabelecido, para aumentá-lo ou diminuí-lo.

Além disso, a circunstância aludida no último parágrafo supra também influencia a duração do pensionamento a ser prestado, devendo o mesmo ser temporário sempre que destinado a suprir necessidades momentâneas ou transitórias do alimentando. Esse tema, contudo, será examinado de forma mais detida no Capítulo 5, infra, quando os alimentos serão enfocados especificamente sob o aspecto de sua duração.

---

[44] O Tribunal de Justiça do Rio Grande do Sul vem decidindo que na verdade haveria um "trinômio necessidade-possibilidade-proporcionalidade", e não o simples "binômio" ora versado. Todavia, como ressalta o Desembargador Luiz Felipe Brasil Santos, em voto proferido na condição de Revisor, cujos termos coincidem integralmente com a linha adotada no presente livro, "[...] a PROPORCIONALIDADE, ao contrário da possibilidade e da necessidade, não é PRESSUPOSTO da obrigação, mas, sim, critério de aferição do equilíbrio de seus pressupostos. Não se deve, pois, confundir o que conceitualmente é diverso". (Apelação Cível nº 70017857566, 7ª Câmara Cível do TJRS, Relª. Desª. Maria Berenice Dias, j. 14.02.2007, disponível em http://www.tj.rs.gov.br, acessado em 19.03.2007).

[45] "Art. 1.694. [...] § 1º. Os alimentos devem ser fixados na proporção das necessidades do reclamante e dos recursos da pessoa obrigada. § 2º. Os alimentos serão apenas os indispensáveis à subsistência, quando a situação de necessidade resultar de culpa de quem os pleiteia".

4. Características da obrigação alimentar

Imprescindível estudar previamente as características da obrigação alimentar para, depois disso, examinar a espécie de tutela jurisdicional mais adequada à satisfação dos alimentos em cada circunstância. Afinal, como acertadamente explica Francesco Carnelutti, "tra diritto e processo esiste un rapporto logico circolare: il processo serve al diritto, ma affinché serva al diritto, deve essere servito dal diritto".[46]

Desde já convém salientar, porém, que várias características da obrigação alimentar possuem pouca relevância para a análise da tutela jurisdicional adequada. Importante esclarecer que esse fato em nenhuma hipótese pode ser interpretado como se tornasse completamente irrelevante, para o âmbito processual, determinados aspectos inerentes aos alimentos. Exemplificando: a transmissibilidade da obrigação aos sucessores do alimentante falecido é de capital importância no que diz com a legitimidade para ser parte em ação de natureza alimentar; a circunstância de a obrigação de prestar alimentos não ser solidária permite ao demandado que, havendo outras pessoas responsáveis pelo fornecimento de verba ao demandante, as chame para integrar a lide, no caso de o autor não as ter incluído, de início, no pólo passivo.[47]

Enfim, em maior ou menor grau, todas as características da obrigação alimentar acabam gerando algum tipo de repercussão no processo.[48] A abordagem realizada a seguir, contudo, será direcionada primordialmente aos aspectos mais relevantes para o exame específico da *tutela jurisdicional do direito a alimentos*.

---

[46] CARNELUTTI, Francesco. *Profilo dei Rapporti tra Diritto e Processo*. In: *Rivista di Diritto Processuale*, Padova, v. XV, 1960, p. 544-545.

[47] Art. 1.698, *in fine*, do novo Código Civil.

[48] Novamente as palavras de Francesco Carnelutti ajudam a elucidar o que aqui é afirmado: "[...] il diritto processuale entra in azione quando nel meccanismo del dirrito materiale accade qualcosa che ne impedisce il normale svolgimento. Era naturale che l'attenzione si dovesse svolgere a questo qualcosa. Invero il diritto processuale serve a trovare il remedio, il quale permetta di ristabilire la normalità di quello svolgimento; ma per conoscere l'azione del farmaco occorre studiare, anzitutto, la malattia. [...]" (CARNELUTTI, Francesco. *Profilo dei Rapporti tra Diritto e Processo*. In: *Rivista di Diritto Processuale*, Padova, v. XV, 1960, p. 546).

4.1. Imprescindibilidade dos alimentos

Consoante mencionado de início, o direito a alimentos é exigência que se impõe como decorrência do próprio direito fundamental à vida, pois traz em si o fornecimento daquilo que é essencial para a subsistência de determinada pessoa.

Sem dúvida, os alimentos podem superar o estritamente necessário à vida (os chamados "alimentos naturais"), atendendo também a necessidades relacionadas com o desenvolvimento do ser humano ("alimentos civis"), mas a obrigação alimentar sempre preservará sua característica de *imprescindibilidade*. Afinal, os *alimentos civis* não começam somente onde acabam os *naturais*: ambos têm origem nas necessidades mais prementes do alimentando, com a diferença de que os primeiros vão mais longe, abrangendo despesas que excedem as compreendidas pelos últimos.

A vida, como já dito, é direito fundamental, constitucional, inafastável. Os alimentos, enquanto verba destinada à preservação daquela, obviamente são imprescindíveis quando reunidas as condições ensejadoras de seu cabimento.

Essa característica da obrigação alimentar tem íntima relação com inúmeras outras, entre as quais se pode mencionar, exemplificativamente, as constantes do art. 1.707 do novo Código Civil: irrenunciabilidade, impossibilidade de cessão, compensação ou penhora do pensionamento. Deve-se ainda ressaltar a estreita ligação da característica abordada no presente Capítulo com a imprescritibilidade do direito a alimentos[49] e com a irrepetibilidade das prestações já fornecidas, aspectos que serão analisados ao longo do texto apenas na medida em que possuam relevância para determinar a forma de tutela jurisdicional mais adequada à proteção do direito alimentar.

4.2. Irrepetibilidade dos alimentos prestados

A irrepetibilidade própria da obrigação alimentar significa a impossibilidade de restituição dos alimentos prestados, independentemente da cau-

---

[49] A prescrição só atinge as prestações vencidas há mais de dois anos, não o direito a alimentos em si, conforme ensina Arnaldo Rizzardo: "O direito a alimentos é imprescritível. A todo tempo o necessitado está autorizado a pedir alimentos. Unicamente os alimentos devidos prescrevem no prazo de dois anos, que inicia no vencimento de cada prestação [...]". E mais adiante complementa: "De modo que a prescrição de dois anos refere-se unicamente à prestação periódica que está fixada em sentença ou convencionada em acordo. Opera-se em relação a cada prestação que se encontra vencida, mantendo-se o direito de exigir as demais". (RIZZARDO, Arnaldo. *Direito de Família: Lei nº 10.406, de 10.01.2002.* 2ª ed. Rio de Janeiro: Forense, 2004, p. 733).

sa que originou o respectivo fornecimento. Toda a prestação de natureza alimentar, portanto, é insuscetível de repetição,[50] ainda que resultante de decisão judicial não definitiva ou de pagamento realizado por quem não estava obrigado a fazê-lo. A conseqüência disso é que, mesmo sendo revogado o pensionamento concedido em caráter provisório,[51] o alimentante não poderá exigir de quem recebeu a prestação que efetue o ressarcimento dos valores satisfeitos a esse título, nem a restituição dos gêneros alimentícios fornecidos de modo direto, isto é, *in natura*.

São evidentes os motivos que impõem a irrepetibilidade dos alimentos, embora essa característica da obrigação possa levar a enormes injustiças em determinados casos, se interpretada de forma demasiadamente rígida. Para fundamentar a regra geral da irrepetibilidade, basta referir que os alimentos já satisfeitos, destinados à subsistência do alimentando, presumivelmente são consumidos desde logo, por representarem aquilo que é necessário à vida do credor, não tendo ele como restituir o que foi essencial à sua mantença.[52] Além disso, a fim de não estimular o descumprimento da obrigação estabelecida provisoriamente, o devedor pode ser compelido a pagar as prestações que se vencerem até a modificação da decisão e não tiverem sido satisfeitas oportunamente,[53] mesmo que cobradas somente

---

[50] A propósito do tema, conveniente reproduzir jurisprudência do Tribunal de Justiça do Estado de São Paulo: "ALIMENTOS – Pleito de restituição das prestações alimentícias pagas a quem se provou não ser filho do alimentante. Descabimento. Obrigação alimentar que se mostrava legítima até o julgamento definitivo da ação negatória de paternidade. Inocorrência, ademais, de enriquecimento sem causa do alimentando, cuja boa-fé é inarredável". (Apelação Cível nº 287.912-4/1, 6ª Câmara de Direito Privado do TJSP, Rel. Sebastião Carlos Garcia, j. 13.05.2004. In: *Revista Brasileira de Direito de Família*, Porto Alegre, v. 6, n. 28, fevereiro-março de 2005, Ementa 2783, p. 132).

[51] Importante salientar que o vocábulo "provisório" é aqui utilizado com o significado de "não definitivo", deixando-se para abordar de forma mais detida a identidade, semelhança ou diferença entre os alimentos provisórios, temporários e provisionais em Capítulo específico.

[52] Nessa linha: ZAVASCKI, Teori Albino. *Antecipação da Tutela*. 2ª ed. São Paulo: Saraiva, 1999, p. 53.

[53] Farta a jurisprudência do Superior Tribunal de Justiça nesse sentido: "ALIMENTOS. MEDIDA CAUTELAR. ALIMENTOS PROVISIONAIS. PRESTAÇÕES VENCIDAS E NÃO PAGAS. SENTENÇA DEFINITIVA FAVORÁVEL AO ALIMENTANTE. EXECUÇÃO (POSSIBILIDADE). Tendo a mulher obtido a concessão de alimentos provisionais, através de medida cautelar, a superveniência de sentença favorável ao alimentante, na ação principal de separação judicial não lhe afeta o direito de executar as prestações vencidas e não pagas. A característica de antecipação provisória da prestação jurisdicional, somada à de irrepetibilidade dos alimentos garantem a eficácia plena da decisão concessiva dos alimentos provisionais. Do contrário, os devedores seriam incentivados ao descumprimento, aguardando o desfecho do processo principal. Recurso não conhecido". (Recurso Especial nº 36.176/ SP, 4ª Turma do STJ, Rel. Min. Ruy Rosado de Aguiar, j. 13.06.1994, DJ 01.08.1994, p. 18.655, disponível em http://www.stj.gov.br, acessado em 14.11.2005); "DIREITO DE FAMÍLIA. ALIMENTOS PROVISIONAIS FIXADOS NO CURSO DO PROCESSO DA AÇÃO CAUTELAR. PEDIDO JULGADO IMPROCEDENTE NA SENTENÇA. EXECUÇÃO DE ALIMENTOS REFERENTES A PERÍODO ANTERIOR E POSTERIOR À SENTENÇA. – O direito ao recebimento de alimentos provisionais, fixados por decisão judicial que produziu efeitos imediatos, já integrou o patrimônio da recorrida, e a sentença que desconstitui esse direito não tem efeito retroativo. – Decorrendo de decisão judicial (concessiva de liminar) a obrigação do recorrente ao pagamento de alimentos provisionais, a revogação dessa decisão na sentença, acarreta, por conseguinte, o desaparecimento dessa obrigação, motivo pelo qual o recorrente somente está obrigado ao pagamento de alimentos referentes ao período

após a revogação do pensionamento, pois presume-se que o credor tenha contraído dívidas para garantir seu sustento com a legítima expectativa de, através do processo de execução, receber os valores em atraso e assim quitar os compromissos assumidos.

A irrepetibilidade dos alimentos, então, gera conseqüências diretas na forma pela qual deve ser prestada a tutela jurisdicional, exigindo do processo que, além de oferecer meios adequados e céleres para a concessão do pensionamento necessário à sobrevivência do credor, também disponibilize mecanismos aptos a reverter com urgência eventual decisão tomada de afogadilho, baseada em alegações fáticas inverídicas lançadas pelo autor, ou ainda sem o conhecimento de circunstâncias relevantes demonstradas pelo réu. Em outras palavras, a característica da irrepetibilidade dos alimentos representa, por si só, perigo de dano irreparável ao alimentante,[54] circunstância que será melhor analisada em outra parte do presente estudo.

Por outro lado, há casos em que escandalosamente se percebe o verdadeiro enriquecimento ilícito do alimentando, causado por decisão tomada com base em alegações cuja falsidade eram do pleno conhecimento do autor ou de seu representante legal. Quando isso ocorrer, o julgador não pode fechar os olhos diante da escancarada má-fé do demandante, devendo confrontar o princípio da irrepetibilidade da verba alimentar com a vedação ao enriquecimento ilícito. Conforme visto acima, a irrepetibilidade decorre da imprescindibilidade que está na base do direito a alimentos, pois não há como o alimentando devolver aquilo que despendeu para custear sua sobrevivência. Contudo, se os valores absolutamente não se destinavam à alimentação do credor, e sim a seu enriquecimento indevido e de má-fé, deve haver restituição.[55]

Yussef Said Cahali traz um exemplo em que a repetição se impõe:

---

compreendido entre a concessão de liminar e a sentença. Recurso especial parcialmente conhecido e provido". (Recurso Especial nº 555.241/SP, 3ª Turma do STJ, Relª. Minª. Fátima Nancy Andrighi, j. 02.12.2004, DJ 01.02.2005, p. 542, disponível em http://www.stj.gov.br, acessado em 14.11.2005).

[54] "AGRAVO DE INSTRUMENTO – EXONERAÇÃO DE ALIMENTOS – TUTELA ANTECIPADA – INDEFERIMENTO – PROVA INEQUÍVOCA – PERIGO DE DANO IRREPARÁVEL OU DE DIFÍCIL REPARAÇÃO – IRREPETIBILIDADE – VEROSSIMILHANÇA DAS ALEGAÇÕES – RECURSO PROVIDO – Se, à época da fixação da pensão, a alimentanda não trabalhava, o documento que comprova que hoje a mesma exerce atividade remunerada, auferindo renda mensal significativa, constitui prova inequívoca da alegada alteração de sua situação financeira. O risco de dano irreparável ou de difícil reparação decorre da irrepetibilidade dos alimentos". (Agravo de Instrumento (C. Cíveis Isoladas) nº 1.0024.03.143810-4/001, 4ª Câmara Cível do TJMG, Rel. Des. Moreira Diniz, DJMG 01.02.2005. In: *Revista Brasileira de Direito de Família*, Porto Alegre, v. 7, n. 30, junho-julho de 2005, Ementa 2932, p. 77).

[55] Aduz Teori Albino Zavascki, sobre um necessário temperamento do princípio da irrepetibilidade dos alimentos: "[...] tal princípio certamente não prevaleceria se, por exemplo, além de demonstrado que o autor não é titular do afirmado direito a alimentos, ficasse também comprovado que ele, ao pleiteá-los provisionalmente, agira de má-fé, dado que deles não era necessitado e, ademais, detinha condições econômicas muito mais privilegiadas que as do seu alimentante". (ZAVASCKI, Teori Albino. *Antecipação da Tutela*. 2ª ed. São Paulo: Saraiva, 1999, p. 53).

Não será, porém, de excluir-se eventual repetição de indébito se, com a cessação *ope legis* da obrigação alimentar, a divorciada oculta dolosamente seu novo casamento, beneficiando-se ilicitamente das pensões que continuaram sendo pagas: Com o novo casamento, a divorciada perde, automaticamente, o direito à pensão que vinha recebendo do ex-marido, sem necessidade de ação exoneratória; as pensões acaso recebidas a partir do novo casamento deixam de ter caráter alimentar e, resultando de omissão dolosa, sujeitam-se à repetição.[56]

Belmiro Pedro Welter, de outra parte, adota posicionamento mais radical, sustentando verdadeira abolição do princípio da irrepetibilidade dos alimentos, já que seu "endeusamento [...] fomenta a indústria do enriquecimento sem causa", invertendo valores e muitas vezes fazendo uma decisão provisória, alicerçada em cognição superficial, prevalecer sobre a sentença proferida ao fim do calvário processual.[57]

O entendimento defendido por Belmiro Pedro Welter, todavia, não possibilita sejam sopesados os valores em conflito, por desconsiderar que os alimentos são indispensáveis à vida e diante dessa circunstância são consumidos em breve, não ficando guardados e sujeitos a posterior devolução. Eventual ressarcimento ameaçaria o mínimo necessário à subsistência futura de quem recebeu a pensão. Assim, além de indevidos, é fundamental que os alimentos não tenham servido ao sustento do alimentando para que, somente então, fiquem sujeitos à repetição.

Nos demais casos, em que se reconhece não ser do pagador a obrigação de prestar alimentos, a este apenas caberá o direito de exigir ressarcimento perante aquele que efetivamente devia sustentar o credor, desse modo não restando prejudicada a subsistência do alimentando em função do reembolso a quem indevidamente foi compelido a fornecer-lhe pensionamento. Compatibiliza-se, portanto, o direito à vida com o direito à repetição do indébito, atribuindo-se o encargo ao verdadeiro sujeito passivo da obrigação alimentar.

4.3. Retroatividade limitada

Estabelece o art. 13, § 2º, da Lei 5.478/68, que os alimentos fixados judicialmente retroagem à data da citação. Ocorre que a demanda pode ter variada configuração, envolvendo mera condenação a prestar alimentos ou, ainda, revisão de pensionamento anteriormente estabelecido, aqui incluídas as hipóteses de majoração, redução ou exoneração. A (ir)retroatividade deve ser analisada segundo as peculiaridades de cada uma dessas situações.

---

[56] CAHALI, Yussef Said. *Dos Alimentos.* 4ª ed. São Paulo: Editora Revista dos Tribunais, 2002, p. 126.

[57] WELTER, Belmiro Pedro. *Alimentos no Código Civil.* 2ª ed. São Paulo: IOB-Thomson, 2004, p. 33-34.

Quanto às demandas "não-revisionais", justifica-se o termo inicial acima mencionado por representar o momento em que o devedor inquestionavelmente tomou ciência da necessidade experimentada pelo alimentando. É claro, porém, que, havendo obstrução da atividade jurisdicional pela atitude proposital do demandado, a demora para que a citação seja realizada não pode beneficiar o infrator, caso em que o termo *a quo* deve ser estabelecido com base na primeira tentativa de citação frustrada por culpa do devedor.[58]

A retroatividade limitada até a data de citação também encontra embasamento na própria natureza do direito alimentar e no fato de que a solicitação tardia de proteção judicial é imputável exclusivamente a quem deixou de exercer sua pretensão no momento oportuno. De acordo com o consagrado brocardo *in praeteritum non vivitur*, se o credor sobreviveu até a propositura do feito sem o auxílio do pensionamento, não há porque conferir a ele direito a receber prestações correspondentes a períodos anteriores, verba que obviamente não servirá ao "sustento pretérito" do alimentando. Diante disso, inadmissível reconhecer a necessidade de alimentos em ocasião anterior à propositura da demanda, pois difícil imaginar que alguém realmente necessitado deixasse de exercer imediatamente seu direito à vida, pedindo o fornecimento dos gêneros ou valores indispensáveis à sua subsistência. Em outras palavras, a prestação alimentar destina-se a possibilitar que o alimentando viva, no presente, segundo determinadas condições sociais; uma vez passado o tempo sem que o credor exerça seu direito, os alimentos perderão seu fundamento no que tange a esse período já transcorrido, tornando-se inúteis, além de inidôneos para a produção do resultado a que deveriam servir.[59]

Desde a propositura do feito, todavia, o credor já está dando os primeiros sinais de que efetivamente tem necessidades a serem atendidas. Não apenas por esse motivo, mas também porque a demora na prestação jurisdicional não pode beneficiar o devedor derrotado, os alimentos devem retroagir até a citação, data a partir da qual o credor presumivelmente deixou de ter condições para suportar as despesas alusivas ao seu sustento, muitas vezes contraindo dívidas a fim de suprir tais necessidades, na esperança de poder quitar os compromissos assumidos com a verba alimentar fixada em caso de procedência da demanda.

---

[58] Com idêntica preocupação, porém chegando a conclusão diversa, aduz Sérgio Gischkow Pereira: "Os alimentos provisórios e provisionais são devidos desde a data do despacho que os fixou. Até há algum tempo entendi que o débito surgia com a citação; repensando a matéria, reformulo minha opinião. As peculiaridades especialíssimas da prestação alimentícia exigem assim se resolva o assunto, posto se lidar com obrigação relacionada à própria sobrevivência do ser humano. De qualquer forma, a citação deve ser providenciada com urgência; se delongas sofrer, muitas vezes o será por manobras sub-reptícias do devedor, em sua ânsia de fugir à citação". (PEREIRA, Sérgio Gischkow. *Ação de Alimentos*. 3ª ed. Porto Alegre: Sergio Antonio Fabris Editor, 1983, p. 50).

[59] Sintetiza Arnaldo Rizzardo: "No entanto, se os alimentos visam assegurar a vida, parece claro que descabem os mesmos correspondentemente ao passado. É que o alimentando já viveu, ou não precisou que fosse sustentado naquela época. Era seu dever reclamar o direito oportunamente [...]" (RIZZARDO, Arnaldo. *Direito de Família: Lei nº 10.406, de 10.01.2002*. 2ª ed. Rio de Janeiro: Forense, 2004, p. 728).

A questão da retroatividade mostra-se mais tormentosa no que diz com demandas revisionais, principalmente naquelas destinadas à redução ou exoneração da obrigação, uma vez que em tais casos a matéria deve ser examinada em conjunto com o princípio da irrepetibilidade dos alimentos prestados. Afinal, quanto às verbas satisfeitas durante o curso do feito, de nada adiantará ao devedor uma sentença que o exonere da obrigação alimentar por reconhecer sua total incapacidade de continuar a fornecer alimentos ao antigo credor. Como já visto, as prestações pagas não serão restituídas ao alimentante, ao passo que as mensalidades não adimplidas que se venceram antes da decisão exoneratória continuam sendo devidas e podem ser cobradas pelo alimentando.[60]

A única forma de diminuir a distorção em pauta sem estimular o descumprimento das decisões judiciais anteriormente proferidas parece apontar na direção da antecipação de tutela,[61] fazendo com que a obrigação alimentar passe a estar regida por outra decisão, mais consentânea com a atual situação econômica das partes.[62]

Quanto à majoração de alimentos, inexiste esse óbice imposto pelo princípio da irrepetibilidade. O grande problema que se põe está relacionado com a gritante diferença de tratamento conferido à majoração se comparada à redução ou à exoneração. Seria admissível que no primeiro caso a alteração imposta pela sentença retroagisse à data de citação[63] e no segun-

---

[60] Tratando de hipótese análoga, afirma Maria Berenice Dias: "O encargo vigora da data da fixação liminar até a decisão que libera o réu do pagamento. Não pode o alimentante, ainda que vitorioso na ação, buscar a repetição dos pagamentos feitos. Os alimentos são irrepetíveis. Mesmo que não esteja pagando os alimentos fixados provisoriamente e venha a 'ganhar a ação', o devedor não pode ser dispensado do pagamento a que estava obrigado sob pena de premiar o inadimplente. Assim, o dever de pagar os alimentos existe desde a data de sua fixação, e no montante fixado. Ainda que a obrigação venha a ser afastada na sentença, durante esse lapso temporal os alimentos permanecem". (DIAS, Maria Berenice. *Alimentos Provisórios e Provisionais, Desde e Até Quando?* In: *Revista AJURIS*, Porto Alegre, n. 96, dezembro de 2004, p. 195).

[61] Rolf Madaleno aponta outra solução, consistente em o alimentante pedir de modo expresso, na inicial da ação exoneratória, a "restituição das pensões pagas a contar da citação, com fulcro no enriquecimento sem causa" (MADALENO, Rolf Hanssen. *Direito de Família: aspectos polêmicos*. Porto Alegre: Livraria do Advogado, 1998, p. 58). Ocorre que essa sugestão, cujo propósito é indiscutivelmente louvável, não alcança os mesmos níveis de efetividade proporcionados pela antecipação de tutela, segundo a qual o alimentante (talvez em situação de carência, o que justificaria a exoneração) poderia desde logo ser dispensado dos pagamentos que não mais se mostrassem razoáveis, não sendo adequado obrigá-lo a pagar alimentos para que somente depois pudesse exigir restituição, com todas as dificuldades que por certo encontraria para cumprimento (ou "execução") do julgado.

[62] "AÇÃO REVISIONAL – ALIMENTOS – REDUÇÃO LIMINAR – POSSIBILIDADE – SIGNIFICATIVA DIMINUIÇÃO DA CAPACIDADE FINANCEIRA DO ALIMENTANTE – REDUÇÃO DEFERIDA – A redução provisória da verba alimentar, nas ações de revisão de pensão alimentícia, é admitida em casos excepcionais, desde que o alimentante demonstre o desequilíbrio do binômio possibilidade/necessidade. Estando comprovada a sensível minoração da capacidade financeira do alimentante, após terem sido os alimentos acordados, cabível a revisão da verba em sede liminar". (Agravo de Instrumento nº 2004.00.2.005679-6, 2ª Turma do TJDF, Relª. Desª. Carmelita Brasil, DJU 19.04.2005. In: *Revista Brasileira de Direito de Família*, Porto Alegre, v. 7, n. 31, agosto-setembro de 2005, Ementa 2931, p. 121).

[63] Registre-se o entendimento divergente de Áurea P. Pereira, sustentando que o termo *a quo* de vigência do novo pensionamento, em caso de majoração, deve corresponder à data da sentença que elevou a

do apenas produzisse efeitos para o futuro, isto é, para depois da decisão? Essa diferenciação sem dúvida não se mostra coerente: se por um lado o alimentando contrai dívidas para suprir suas necessidades ao longo do procedimento destinado à majoração dos alimentos, por outro o alimentante endivida-se enquanto não é reduzida a verba anteriormente fixada, que agora se mostra excessiva diante da atual situação econômica das partes.

O direito material, porém, não oferece solução satisfatória para diminuir os inconvenientes dessa desigualdade. Segundo a atual conjuntura, é ao processo civil que cabe a missão de atenuar eventuais injustiças provenientes dessa diferenciação, em especial viabilizando a tomada de decisões céleres, ainda que não definitivas, destinadas a alterar os alimentos que já não mais se mostram adequados à situação das partes. Os mecanismos disponibilizados pelo processo para realizar esse objetivo são variados e complexos, razão pela qual o respectivo exame será feito mais adiante, principalmente na Segunda Parte deste livro.

4.4. Periodicidade

Os alimentos devem ser fornecidos de maneira periódica[64] fundamentalmente em função de três fatores. Primeiro, porque destinados a garantir a subsistência do credor (e também o atendimento de outras necessidades secundárias do mesmo, em se tratando de alimentos civis), sendo recomendável o pagamento periódico como forma de assegurar que os valores fornecidos não serão em grande parte despendidos com excesso de futilidades, o que tende a ocorrer se for entregue ao alimentando elevada quantia de uma só vez. Além disso, ficaria o devedor sujeito a, no futuro, arcar com novo pensionamento em favor do credor, como única forma de garantir a este último o direito à vida quando sua subsistência restasse ameaçada pela má administração dos recursos auferidos a título de alimentos.[65]

Em segundo lugar, deve ser considerada a situação sob a ótica do alimentante, que em geral aufere renda periodicamente, não tendo condições

---

quantia a ser prestada pelo alimentante (PEREIRA, Áurea Pimentel. *Alimentos no Direito de Família e no Direito dos Companheiros*. Rio de Janeiro: Renovar, 1998, p. 193). Tal posicionamento não é aqui adotado por conflitar frontalmente com o disposto no art. 13, § 2º, da Lei 5.478/68.

[64] Ensina Clóvis Beviláqua: "A obrigação de alimentar, se cumpre por meio de prestações periódicas de uma certa soma, cuja fixação se determina, judicialmente, segundo os recursos do devedor e as necessidades do credor". (BEVILÁQUA, Clóvis. *Direito da Família*. 8ª ed., atualizada por Isaías Beviláqua. Rio de Janeiro: Freitas Bastos, 1956, p. 391).

[65] "[...] Porém, não se admite que um valor único seja o pago, nem que o período seja longo, anual ou semestral, porque isso não se coaduna com a natureza da obrigação. O pagamento único poderia ocasionar novamente a penúria do alimentando, que não tivesse condições de administrar o numerário". (VENOSA, Sílvio de Salvo. *Direito Civil (Direito de Família)*, v. 6. 3ª ed. São Paulo: Atlas, 2003, p. 381).

de prestar alimentos por antecipação ao credor[66], pela mesma razão que o impede de, no início de cada ano, fazer um rancho no supermercado para suprir as necessidades dos doze meses seguintes, tendo que efetuar suas compras na exata medida em que vai obtendo rendimentos. Contudo, note-se que mesmo prestações anuais são "periódicas". A entender que a obrigação alimentar não fosse caracterizada pela periodicidade das prestações, seria necessário calcular, num único momento, o valor total a ser atendido pelo alimentante, provavelmente inviabilizando o adimplemento, afora a desvantagem analisada no próximo parágrafo.

A terceira justificativa para que os alimentos sejam satisfeitos periodicamente (e com intervalos não muito longos entre as prestações) resulta da variabilidade da obrigação alimentar, estando ela sempre sujeita a eventuais alterações que a qualquer tempo ocorram no binômio necessidade-possibilidade. Entretanto, a obrigação pode cessar em decorrência de outros motivos não vinculados diretamente com a necessidade e a possibilidade das partes envolvidas, e sim com a superveniência de casamento, união estável ou concubinato do alimentando, nos casos em que restar configurada a indignidade, bem como diante da morte do credor[67]. Todos os fatores mencionados são capazes de ensejar substancial modificação (em alguns casos, inclusive exonerar o devedor) da obrigação. Como, então, fixar de uma única vez o valor total a ser prestado a título de alimentos, se todas as circunstâncias futuras são incertas, ao menos quanto à data em que ocorrerão? Outra solução não há exceto aceitar a periodicidade da obrigação alimentar como uma característica necessária, caso contrário a própria natureza variável dessa relação obrigacional e o indispensável respeito à condição econômica das partes seriam completamente desconsiderados.

---

[66] O pagamento antecipado, isto é, ao início de cada período, é providência que se impõe pelo simples motivo de que a sobrevivência do alimentando não pode esperar determinado lapso temporal para começar a ser atendida. A fixação da verba alimentar supõe já exista uma necessidade colocando em risco a vida ou o desenvolvimento do alimentando, que por motivos óbvios deve ser suprida com a máxima rapidez. Observe-se, nesse diapasão, a regra constante do art. 1.928, parágrafo único, do Código Civil.

[67] Arnaldo Marmitt lista uma série de causas extintivas da obrigação alimentar, não cabendo aqui reproduzir o rol por ele elaborado: MARMITT, Arnaldo. *Pensão Alimentícia*. Rio de Janeiro: Aide, 1993, p. 39-40.

5. Alimentos provisórios, provisionais, temporários e definitivos

O tema que agora se passa a examinar possui estreita relação com o processo civil, uma vez que a duração dos alimentos fixados depende não apenas da situação econômica das partes, mas também do grau de cognição exercido antes da respectiva concessão. Tendo em vista essa circunstância, o assunto não será esgotado no presente Capítulo, deixando-se para complementar sua análise na Segunda Parte da obra, onde o enfoque processual terá predominância. Por ora, basta averiguar as peculiaridades do direito material a alimentos e as exigências daí resultantes no que tange à adequação da tutela jurisdicional, inevitavelmente já abordando alguns aspectos processuais que se façam necessários a tanto, sem contudo exaurir a matéria.

A obrigação alimentar consiste numa relação de natureza continuativa, ou seja, que se prolonga no tempo, ficando sua duração condicionada a vários fatores, dentre eles a necessidade do alimentando, a possibilidade do alimentante, a constituição de nova família por parte do credor, a prática de atos que caracterizem indignidade, a aptidão do alimentando para o trabalho, sua idade, além de inúmeros outros.

Considerando que esses fatores não são estáticos, bem como levando em conta a impossibilidade de prever, desde logo, a data na qual algum deles poderá sofrer alteração, em regra mostra-se inviável estabelecer, de início, um termo final para a obrigação alimentar. De outra parte, também o valor do pensionamento está sujeito a modificações ao longo do tempo, não se podendo determinar com exatidão até quando o montante fixado será compatível com a condição econômica das partes. Assim, os alimentos jamais serão "definitivos" no sentido estrito e literal da palavra, porque sua duração é sempre incerta.[68] A referência a "alimentos definitivos", então,

---

[68] A respeito da "definitividade" em matéria alimentar: FACHIN, Luiz Edson. *Elementos Críticos do Direito de Família: curso de direito civil*. Rio de Janeiro: Renovar, 1999, p. 277; ARAÚJO, Francisco Fernandes de. *Algumas Questões sobre Alimentos Provisionais, Provisórios e Definitivos*. In: *Revista dos Tribunais*, São Paulo, n. 634, agosto de 1988, p. 24.

deve ser interpretada segundo o prisma processual, como *pensionamento estabelecido por decisão inalterável enquanto perdurarem as mesmas circunstâncias presentes no momento em que proferida.* Alterando-se, porém, qualquer dos fatores que influem na obrigação alimentar, o pensionamento pode ser revisto, pois era "definitivo" *apenas diante da situação que antes se apresentou.* Chama-se de "alimentos definitivos", portanto, aqueles definidos ao *final* do processo, sem estipulação de prazo de duração, mesmo que idênticos aos concedidos através de liminar. Em outros termos, toma-se o momento processual em que os alimentos são fixados para determinar sua duração.

"Temporários", de outra parte, são os alimentos cujo termo final é determinado desde o instante em que são reconhecidos em favor do credor. Normalmente destinam-se a prover o sustento do alimentando durante o tempo necessário a que consiga emprego, quando é certo que o credor tem condições de se inserir no mercado de trabalho. É o caso da ex-esposa, com curso superior, relativamente jovem, que abandonou o emprego para dedicar-se à família, tendo qualificação suficiente para arranjar ocupação rentável, embora isso não ocorra do dia para a noite, isto é, imediatamente após o início da separação de fato.

A fixação de alimentos temporários é, sem dúvida, um grande desestímulo à ociosidade, conseqüência natural do pensionamento sem data prevista para acabar, em que o alimentando geralmente não se vê compelido a batalhar pelo próprio sustento, por estar ciente de que a pensão lhe será prestada enquanto dela necessitar.[69] Já quando existe um termo final pré-determinado para a obrigação de prestar alimentos, o credor temporário corre contra o calendário, sabendo que a cada dia está mais próxima a data em que passará a arcar sozinho com sua mantença.

Conforme mencionado acima, no entanto, não há como prever até quando os fatores levados em conta para definir o pensionamento continuarão presentes, sendo possível alterar a determinação anterior quanto ao termo final, à forma de prestação e ao valor a ser pago. Isso ocorre, em primeiro lugar, porque os alimentos são irrenunciáveis. Em segundo, porque não se admite continuem sendo prestados alimentos em favor do ex-cônjuge que, por exemplo, contrai novo casamento ou comete indignidade contra o alimentante, hipóteses em que os alimentos não mais serão devidos, pouco importando o prazo inicialmente estabelecido para sua duração. Em terceiro, porque as circunstâncias podem se alterar sensivelmente, *v. g.*, o

---

[69] Sobre os alimentos devidos entre ex-cônjuges, afirma Jamil Bannura: "O que não se pode admitir é a fixação definitiva de alimentos, incentivando a acomodação de pessoa que pode trabalhar normalmente como qualquer outra, especialmente nos casos de ausência de prole menor que pudesse limitar seu tempo ou espaço". (BANNURA, Jamil Andraus Hanna. *Pela Extinção dos Alimentos entre Cônjuges.* In: *Direitos Fundamentais do Direito de Família,* coordenadores Belmiro Pedro Welter e Rolf Hanssen Madaleno. Porto Alegre: Livraria do Advogado, 2004, p. 130).

alimentando conseguindo emprego rentável e o devedor sendo despedido, caso em que a manutenção do pensionamento colocará em risco o direito fundamental à vida do alimentante, sem qualquer ameaça à sobrevivência do credor.[70]

Diante de tais considerações, conclui-se pela possibilidade de alteração dos elementos componentes da obrigação alimentar, em circunstâncias excepcionais, ainda quando estipulado um termo final certo para sua cessação.[71] Todavia, a modificação em pauta somente pode ser realizada quando houver profunda mudança nas condições que eram previsíveis à época em que fixados,[72] pois muitas vezes o pensionamento é objeto de acordo entre as partes, abrindo mão o alimentante de discutir o cabimento da pensão por confiar que alguns meses ou anos depois estará definitivamente livre do encargo.

A polêmica maior gira em torno dos alimentos "provisórios" e dos chamados "provisionais". Na doutrina, tem sido majoritário o posicionamento de que existem significativas diferenças entre essas duas espécies. Cabe analisar se o entendimento predominante encontra sustentação lógica, começando a análise sob o ponto de vista do direito material.

Costuma-se denominar "provisórios" os alimentos estipulados *initio litis* segundo o procedimento previsto na Lei 5.478/68. "Provisionais", de outra parte, seriam aqueles concedidos através de processo cautelar, mais especificamente com base no art. 852 e seguintes do Código de Processo Civil. A diferença concernente ao rito no qual são fixadas tais espécies de alimentos acarretaria uma outra distinção: os "provisionais" teriam natureza cautelar, meramente assecuratória, enquanto os "provisórios" seriam satisfativos, isto é, proporcionariam ao credor a fruição direta/imediata do próprio direito visado. Tais afirmativas, porém, não encontram sustentação no direito material, nem mesmo sendo compatíveis com a natureza e a destinação dos alimentos. Existiria um pensionamento capaz de suprir imediatamente as carências do credor e outro que ficaria limitado a assegurar o futuro gozo dos bens necessários ao seu sustento? Óbvio que não. A

---

[70] Situação inversa também pode ocorrer: se estabelecido que a pensão seria prestada pelo prazo de dois anos, tempo considerado suficiente para que o alimentante conseguisse emprego, mas antes desse termo final o credor é acometido por doença grave que o impede de exercer qualquer atividade, obviamente persistirá a obrigação alimentar por tempo indeterminado.

[71] Em sentido contrário: "[...] o término do prazo fixado nos alimentos transitórios ou temporários importa em renúncia, e por conseqüência, em carência de ação. Renúncia que pode ser firmada através do acordo de alimentos temporários, pois ao se determinar termo final da obrigação, expressamente estão os cônjuges renunciando à verba após o período fixado". (BANNURA, Jamil Andraus Hanna. *Pela Extinção dos Alimentos entre Cônjuges*. In: *Direitos Fundamentais do Direito de Família*, coordenadores Belmiro Pedro Welter e Rolf Hanssen Madaleno. Porto Alegre: Livraria do Advogado, 2004, p. 130-131).

[72] Poder-se-ia simplesmente falar em aplicação da "teoria da imprevisão" ou da "base objetiva" do negócio jurídico, embora um estudo mais aprofundado sobre o tema ultrapasse os limites propostos para esta obra.

natureza dos alimentos não se modifica em razão do procedimento adotado, sempre servindo para extirpar desde logo a carência experimentada pelo respectivo credor. Não há, sob o prisma do direito substancial, alimentos com conseqüências diferentes: ambos são igualmente capazes de nutrir o credor, de proporcionar-lhe abrigo, educação, saúde, etc.[73]

A função dos alimentos "provisórios" e dos "provisionais", conseqüentemente, é a mesma. Satisfazem o alimentando desde logo, proporcionando o atendimento de suas necessidades atuais, não se restringindo a garantir futura possibilidade de fruição. Afinal, o gozo futuro depende da sobrevivência do credor até então.

De outra banda, o princípio da irrepetibilidade é aplicável a toda e qualquer espécie de alimentos, não havendo espaço para buscar restituição do que já foi prestado. A irrepetibilidade decorre da presumível destinação conferida à verba alimentar, objetivando prover o sustento do credor, vantagem que não mais lhe pode ser subtraída depois do respectivo fornecimento. Também sob esse aspecto a distinção entre os alimentos "provisionais" e os "provisórios" é irrelevante, pois, uma vez prestados, ambos são definitivos (no plano dos fatos), irreversíveis,[74] no sentido de que não podem ser objeto de repetição.

---

[73] Observa Luiz Edson Fachin: "Quanto à configuração os alimentos podem ser provisórios ou definitivos. Provisionais são ambos, provisórios ou definitivos, considerando o gênero 'provisão' oriundo de 'prover'. [...]" (FACHIN, Luiz Edson. *Elementos Críticos do Direito de Família: curso de direito civil.* Rio de Janeiro: Renovar, 1999, p. 276). Veja-se, ainda, a lição de Carlos Alberto Alvaro de Oliveira, a demonstrar que o conceito de "provisional" pode equivaler a "provisório" (naturalmente impedindo diferenciação entre esses dois termos) ou mesmo a algo mais amplo, significando "ato ou efeito de prover", hipótese esta em que a distinção dos alimentos "provisionais" em relação aos "provisórios" igualmente ficaria despida de sentido, pois ambos correspondem a "provisões": "Aliás, a própria palavra 'provisional' exibe, na língua, sentido ambíguo e equívoco, pois é relativo a provisão (antes de tudo provimento, ato ou efeito de prover) e, também, à qualidade de provisório. A primeira acepção, ligada a prover e, assim, tomar providências, regular, ordenar, fornecer, já detectada no século XIII, é bem mais antiga que a segunda, dicionarizada somente no século XIX, derivada do latim medieval *provisorius*". (ALVARO DE OLIVEIRA, Carlos Alberto. *A Tutela de Urgência e o Direito de Família.* São Paulo: Saraiva, 1998, p. 29).

[74] Discorda-se, portanto, da fundamentação desenvolvida no julgado a seguir transcrito, do Tribunal de Justiça do Estado do Rio Grande do Sul: "[...] De outro lado, o requisito da não irreversibilidade do provimento não se aplica aqui, uma vez que, em verdade, não se trata de antecipação de tutela, mas de verdadeira medida cautelar (alimentos provisionais) inserida no bojo da ação principal. Entender na linha do que sustenta o agravante significaria simplesmente a impossibilidade, em qualquer hipótese, de conceder alimentos em caráter liminar, o que, por óbvio, não é viável. Desproveram o agravo". (Agravo de Instrumento nº 70004843017, 7ª Câmara Cível do TJRS, Rel. Des. Luiz Felipe Brasil Santos, j. 18.09.2002, disponível em http://www.tj.rs.gov.br, acessado em 14.11.2005). Ao invés de analisar as peculiaridades do direito material *sub judice*, demonstrando que tanto a concessão de alimentos como o indeferimento da tutela antecipada podem causar prejuízo irreparável (sendo ambas as soluções irreversíveis por natureza), o raciocínio defendido no Acórdão nega a existência de antecipação de tutela, caracterizando a medida como cautelar para fugir do óbice criado pelo art. 273, § 2º, do CPC. Em realidade, porém, a decisão ora criticada nada mais faz do que *antecipar a concessão dos alimentos*, pouco importando a denominação atribuída ("antecipação de tutela" ou "cautelar"), pois seus efeitos no caso concreto serão idênticos. A mera alteração do "rótulo" para deixar de atender aos pressupostos exigidos pela lei não representa, salvo melhor juízo, uma alternativa recomendável. Deve-se, isto sim, reconhecer que a irreversibilidade não pode ser invocada para impedir a concessão de alimentos antes

Quanto à extensão de um e de outro, igualmente não há diferença. Os alimentos serão sempre fixados com base no binômio necessidade-possibilidade, sejam eles definitivos, temporários, provisórios ou provisionais. É da essência da obrigação alimentar que assim o seja, em virtude dos fins aos quais se destina, e não característica peculiar de determinada modalidade em especial. O ordenamento jurídico brasileiro jamais atribui maior ou menor extensão aos alimentos em razão do tipo de procedimento no qual são estabelecidos. E nem poderia ser de outra forma: é o rito que deve se adequar ao direito material carente de tutela, não o contrário.

· Diante do exposto, percebe-se que inexiste diferença funcional entre os alimentos "provisórios" e os "provisionais". O direito material a alimentos, enfim, não fornece motivo para diferenciações. Resta, ainda, examinar a matéria sob o ângulo estrutural, mais intimamente ligado aos meios técnicos utilizados para efetivação do direito substancial.[75] Isso será feito, todavia, apenas na Segunda Parte do presente estudo.

---

da decisão final, em razão da importância do direito material em questão, restando seriamente ameaçado o direito à vida do alimentando se for obrigado a esperar o trânsito em julgado para receber as verbas destinadas a seu sustento.

[75] Antecipando, em parte, o tema que será abordado mais adiante, salienta-se que a principal diferença identificada pela doutrina entre os alimentos "provisórios" e os "provisionais" reside exatamente nesse ponto, isto é, no aspecto procedimental, estrutural. Nessa linha: "Se o procedimento seguido for o da Lei 5.478, a hipótese é de alimentos ditos provisórios, conforme o artigo quarto daquele diploma legal. Se for o ordinário, é a de alimentos provisionais, como ação cautelar típica, preceituada nos artigos 852 a 854 do CPC. A diferenciação entre as duas espécies é apenas terminológica e procedimental; em essência, em substância, são idênticas, significam o mesmo instituto, a saber, prestações destinadas a assegurar ao litigante necessitado os meios para se manter na pendência da lide". (PEREIRA, Sérgio Gischkow. *Ação de Alimentos*. 3ª ed. Porto Alegre: Sergio Antonio Fabris Editor, 1983, p. 49). Carlos Alberto Alvaro de Oliveira, mesmo sustentando a distinção entre as duas espécies, afirma: "Além disso, é importante ressaltar que, enquanto cautelar, a concessão de alimentos provisionais não está facultada à parte que dispuser do meio específico assegurado pela Lei n. 5.478/68. É que, nessa hipótese, se alcançaria o mesmo resultado para tutela do interesse ameaçado com o emprego da lei especial, pela possibilidade de liminar contida em seu art. 4º. Faltaria, dessa forma, interesse legítimo para admissão de cautela com idêntico objetivo" (ALVARO DE OLIVEIRA, Carlos Alberto. *A Tutela Cautelar Antecipatória e os Alimentos 'Initio Litis'*. In: *Revista AJURIS*, Porto Alegre, n. 41, novembro de 1987, p. 241). Analisando os trechos reproduzidos, evidencia-se que, *se* alguma diferença existe entre os alimentos "provisórios" e os "provisionais", não está ela situada no âmbito do direito material, e sim na esfera processual.

6. Mutabilidade e revogabilidade

Conforme já abordado, a obrigação alimentar está essencialmente ligada ao volume de recursos de que dispõe o alimentante e às carências atuais do alimentando. Assim, qualquer alteração no binômio possibilidade-necessidade torna imperioso seja revisada a pensão estabelecida, sob pena de os alimentos deixarem de servir ao fim a que se destinam, seja por onerarem excessivamente quem os presta, seja por se mostrarem insuficientes para suprir as necessidades de quem os recebe.[76]

Quando os alimentos são fixados, portanto, leva-se em consideração as circunstâncias então existentes, sendo humanamente impossível prever a probabilidade de continuação ou modificação futura das condições relevantes para o arbitramento da verba alimentar, muito embora a obrigação em análise seja essencialmente continuativa. Diante disso, é da essência da fixação dos alimentos a cláusula *rebus sic stantibus*, ou seja, o reconhecimento de que a pensão estabelecida é a mais adequada tendo em vista as circunstâncias verificadas no momento em que proferida a decisão, estando sujeita a revisão caso haja mudança nesse suporte fático. Adroaldo Furtado Fabrício, com propriedade, destaca:

> O processo e a sentença apanham sempre, como se fotografassem, imobilizando, determinado momento da relação jurídica [...]. Tudo o que venha a ocorrer depois desse momento – visto que do Juiz não se pode esperar poderes divinatórios – está fora do alcance da sentença e da coisa julgada, por tratar-se de dados a cujo respeito, por hipótese, não se exerceu *cognitio* e ainda menos *judicium*.[77]

A partir dessa característica da obrigação alimentar surge o questionamento concernente à mutabilidade da *decisão* judicial que fixa o *quantum* da pensão. Em seguida, poderia ser posta em dúvida a própria coisa julgada nas ações de alimentos, uma vez que as sentenças lá proferidas estariam

---

[76] "Pautada a fixação dos alimentos no binômio necessidade e possibilidade e sendo esses dois elementos variáveis no passar dos tempos, é natural que a lei permita a revisão da pensão". (RODRIGUES, Sílvio. *Direito Civil (Direito de Família)*, v. 6. 28ª ed., revista e atualizada por Francisco José Cahali. São Paulo: Saraiva, 2004, p. 385).

[77] FABRÍCIO, Adroaldo Furtado. *A Coisa Julgada nas Ações de Alimentos*. In: *Revista AJURIS*, Porto Alegre, n. 52, julho de 1991, p. 24.

sempre sujeitas a revisão posterior, jamais atingindo uma inalterabilidade absoluta, que alguns pensam ser elemento essencial para a existência de coisa julgada em sentido material. Nesse equívoco incorreu, aliás, o legislador brasileiro, ao estabelecer, no art. 15 da Lei 5.478/68:

> Art. 15. A decisão judicial sobre alimentos não transita em julgado e pode a qualquer tempo ser revista em face da modificação da situação financeira dos interessados.

Mais conveniente seria suprimir a parte inicial do dispositivo em pauta, restringindo o texto legal à descrição do fenômeno que caracteriza as sentenças alimentares, sem ingressar no tortuoso caminho de enquadramento da situação fática em conceitos ou definições com os quais deve trabalhar apenas a doutrina.[78] Bastaria, portanto, estabelecer que "a decisão judicial sobre alimentos pode a qualquer tempo ser revista em face da modificação da situação financeira dos interessados". O legislador, porém, não se conteve dentro desses limites. Preferiu ir além, dizendo que "a decisão judicial sobre alimentos não transita em julgado", no que cometeu um grande equívoco, por infiltrar na norma a idéia de que essa possibilidade de revisão da sentença impediria a formação da coisa julgada, merecendo por isso a forte crítica de José Carlos Barbosa Moreira:

> Mas é patente que se tomou a nuvem por Juno. A segunda parte do dispositivo espelha uma realidade que não precisava, para sustentar-se, da "explicação" manifestamente excessiva que se entendeu de dar na parte inicial. Que a sentença de alimentos, como qualquer outra, a certa altura, transita em julgado, é coisa que salta aos olhos, nada obstante os dizeres do texto legal: mais dia, menos dia, ficam preclusas as vias recursais, extingue-se o processo e, nele, já não se pode exercer qualquer atividade cognitiva. O que se poderia pôr em dúvida, mas ainda aqui sem razão, é a aptidão da sentença para revestir-se da autoridade da coisa julgada material. Para dissipar o equívoco, basta ver que seria impraticável a emissão de nova sentença relativamente à mesma situação contemplada na outra, como, por exemplo, se o condenado à prestação alimentar viesse a pleitear a declaração judicial de que, já ao tempo da primeira sentença, ele nada devia a esse título.[79]

Em realidade, como já reconhecido por boa parte da doutrina nacional, o risco de variação das circunstâncias verificadas em qualquer dos pólos do binômio possibilidade-necessidade não conduz à inocorrência de coisa

---

[78] Esclarecedora, sobre o tema, a crítica de Adroaldo F. Fabrício, formulada nos seguintes termos: "[...] o problema que se coloca é o de conciliar a imutabilidade, ingrediente conceitual do caso julgado, com essa permanente possibilidade de reexame. O texto do art. 15 da Lei n. 5.478 implica renúncia a qualquer veleidade de solucionar a questão no plano da dogmática jurídica ou do enquadramento técnico da situação proposta. O legislador optou pelo corte do nó górdio, face à aparente impossibilidade de seu desate. Acomodou-se, de resto, à doutrina anteriormente aludida, que seguia a mesma linha de menor resistência consistente em contornar o problema sem solucioná-lo" (FABRÍCIO, Adroaldo Furtado. *A Coisa Julgada nas Ações de Alimentos*. In: *Revista AJURIS*, Porto Alegre, n. 52, julho de 1991, p. 14-15).

[79] BARBOSA MOREIRA, José Carlos. *Eficácia da Sentença e Autoridade da Coisa Julgada*. In: *Revista AJURIS*, Porto Alegre, n. 28, julho de 1983, p. 29-30.

julgada quanto aos alimentos judicialmente estipulados.[80] Ora, a demanda revisional deve estar calcada em fatos novos, modificadores das situações consideradas na decisão anterior. Transplantando isso para o plano processual, chega-se à conclusão de que a própria *causa de pedir* nas revisionais de alimentos é diversa se comparada à lide anterior. Percebe-se, então, que não há necessariamente uma completa identidade no que tange a partes, pedido e causa de pedir, sendo inviável, por essa razão, a alegação de coisa julgada, que somente se caracteriza quando repetida ação idêntica quanto a todos os três elementos acima mencionados.[81]

Um exemplo talvez torne mais evidente aquilo que se busca demonstrar: depois de separados judicialmente de forma consensual através de acordo em que dispensada a prestação alimentícia, a mulher propõe ação de alimentos contra o marido, alegando que a obrigação alimentar subsiste entre o casal, bem como que o varão deve contribuir para que ela possa manter uma condição social assemelhada àquela que tinha por ocasião do casamento. O julgador, entendendo de analisar a culpa pela separação como questão prévia, imputa à mulher a total responsabilidade pela dissolução da sociedade conjugal, julgando improcedente a demanda porque a autora tem profissão que lhe garante o atendimento das necessidades realmente básicas e possui ainda parentes vivos capazes de suportar eventual prestação de alimentos em primeiro lugar, não tendo sido obedecida pela demandante a ordem prevista no parágrafo único do art. 1.704 do Código Civil. Manejados ou não (isso é irrelevante) todos os recursos possíveis, a decisão é mantida. Caso se entenda que inexiste coisa julgada em matéria alimentar, poderá a mulher novamente promover ação idêntica, quiçá utilizando a mesma peça

---

[80] É bem verdade que a jurisprudência freqüentemente repete o erro cometido pela lei, afirmando que a decisão relativa a alimentos não transita em julgado. Deve ser considerado, todavia, o fato de que tal postura, a despeito de não corresponder à melhor técnica, sem dúvida simplifica o trabalho do julgador, dispensando-o de detalhar os verdadeiros e complexos argumentos que o levam a apreciar o mérito de uma demanda revisional de alimentos. Não obstante isso, há também decisões que, ao lado da melhor doutrina, reconhecem a existência de coisa julgada em matéria alimentar, obviamente dentro de certos limites: "ALIMENTOS. PEDIDO DE REVISÃO. DESCABIMENTO. O pedido de revisão de alimentos deve estar fundado na existência de alteração do binômio possibilidade-necessidade em razão de fato superveniente ao ajuste alimentar revisando, sendo descabido o pedido quando evidencia arrependimento da parte pelos termos do acordo, diante do obstáculo da coisa julgada. Inteligência do art. 1.666 do CCB. Recurso desprovido". (Apelação Cível nº 70011179942, 7ª Câmara Cível do TJRS, Porto Alegre, Rel. Des. Sérgio Fernando de Vasconcellos Chaves, j. 20.04.2005, unânime. In: *Revista Jurisplenum*, Caxias do Sul, ed. 85, v. 1, 2 CD-ROM, Editora Plenum, novembro de 2005, Ementa 275249).

[81] "Apelação cível – revisional de alimentos – verba alimentar estabelecida em um salário mínimo – pedido de minoração por impossibilidade financeira do apelante em cumprir com sua obrigação – acolhimento da preliminar de existência de coisa julgada material – recurso que se insurge quanto ao agasalhamento da prefacial – causa de pedir diversa daquela contida em demanda anterior – inocorrência de coisa julgada – nulidade da sentença – retorno dos autos ao juízo de origem para a realização da instrução probatória – recurso conhecido e provido parcialmente. Não há que se falar em coisa julgada material quando, entre a lide proposta e aquela anteriormente decidida, não existe identidade na causa de pedir, ainda que o pedido e as partes venham a ser os mesmos". (Apelação Cível nº 2004.014921-2, 1ª Câmara de Direito Civil do TJSC, Itajaí, Rel. Des. Dionízio Jenczak, unânime, DJ 28.09.2004. In: *Revista Jurisplenum*, Caxias do Sul, ed. 85, v. 1, 2 CD-ROM, Editora Plenum, novembro de 2005, Ementa 071600).

vestibular, apenas alterando a data e o Juízo a que é dirigida, facultando-se-lhe que a demanda seja proposta no foro para onde a esposa transferiu seu domicílio.[82] Teria sentido reconhecer a inexistência de coisa julgada? Óbvio que não, pois a sentença "tem força de lei nos limites da lide e das questões decididas", de acordo com o estabelecido no art. 468 do Diploma Processual.

Por outro lado, não é necessário negar a ocorrência da coisa julgada para permitir à mulher que, restando posteriormente impossibilitada para o trabalho e falecendo os parentes que poderiam lhe prestar alimentos, novamente demandasse contra o varão. Nesse caso, a mudança na situação de fato provocaria uma delimitação diversa da lide. Isto é: há coisa julgada, sim; mas esta não atinge as questões surgidas posteriormente e que, exatamente por essa razão, não foram objeto de análise no primeiro processo. Essa possibilidade de examinar questões novas em outra demanda assume fundamental importância em se tratando de relações jurídicas continuativas, como é o caso da obrigação alimentar, sempre sujeita às variações do binômio necessidade-possibilidade, conforme dispõe o Código de Processo Civil, em seu art. 471, inciso I.

A conclusão a que se chega diante do problema acima sugerido é a mesma já defendida por Adroaldo Furtado Fabrício, em artigo elaborado há aproximadamente quinze anos,[83] sustentada também por Araken de Assis, em ensaio ainda mais antigo.[84] Soma-se, ainda, o entendimento manifestado por Sérgio Gilberto Porto, com enfoque voltado para o limite temporal da coisa julgada, plenamente compatível com os argumentos trazidos pelos dois outros juristas antes citados:

> Portanto, parece de lógica irrefutável a circunstância de que a decisão jurisdicional adquire a força de caso julgado em razão de fatos passados (aqueles alegados ou que deveriam ter sido alegados e que coexistiam com a decisão), e não em torno de fatos futuros, vez que estes

---

[82] Ressalte-se que a mudança de domicílio aqui referida não seria condição para que a ação pudesse ser renovada. A modificação do endereço da autora somente é mencionada como forma de deixar claro que a demanda estará sendo submetida a outro julgador, talvez com posicionamento diferente em relação ao primeiro, especialmente em se tratando de matéria por demais controvertida, qual seja, a discussão da culpa pela separação e sua repercussão nos alimentos.

[83] "Nas ações de modificação, supõe-se a invocação, como causa de pedir, de uma transformação ocorrida no estado de fato antecedente. Os Tribunais, à evidência, recusariam atenção a pedido modificatório baseado, *v. g.*, em erro de apreciação de prova ou de aplicação do Direito, sem a introdução no debate de qualquer dado novo capaz de configurar uma *causa petendi* também nova. E o fundamento da rejeição de tal demanda só poderia ser o da existência de coisa julgada, nos exatos termos dos arts. 301, VI, e 267, V, última hipótese, do CPC". (FABRÍCIO, Adroaldo Furtado. *A Coisa Julgada nas Ações de Alimentos*. In: *Revista AJURIS*, Porto Alegre, n. 52, julho de 1991, p. 26).

[84] Afirma o autor: "[...] alterações 'sucessivas' ao provimento primitivo implicam outorgar lindes diferentes ao material de fato e definir uma nova causa de pedir, descaracterizando, então, o impedimento produzido pela coisa julgada, operante em decorrência da identidade total entre o primeiro e o segundo processos (art. 301, § 2º, do CPC). Neste sentido, como observa João de Castro Mendes, toda sentença contém ressalva do tipo *rebus sic stantibus*, pois uma *causa petendi*, criada posteriormente, permite outro processo sem ofensa à coisa julgada". (ASSIS, Araken de. *Breve Contribuição ao Estudo da Coisa Julgada nas Ações de Alimentos*. In: *Revista AJURIS*, Porto Alegre, n. 46, julho de 1989, p. 80).

ensejam, em face da teoria da substanciação, nova demanda, pois representam outra causa de pedir. À toda evidência que a tese aqui sustentada se encaixa com perfeição às ações revisionais de alimentos, haja vista que a relação entre as partes é de caráter continuativo, merecendo, pois, adequação no tempo. Daí, pois, a existência dos limites temporais da coisa julgada, vez que a projeção de sua incidência também é limitada no tempo da decisão [...].[85]

Em síntese, Sérgio Gilberto Porto confirma a ocorrência de coisa julgada quanto às sentenças proferidas em ações de alimentos, apenas destacando que a revisão do pensionamento decorre de circunstâncias novas, não abrangidas pela coisa julgada na sua *dimensão temporal*, em virtude do que inexiste óbice à apreciação do conflito, agora envolto noutros contornos.

Com base nas observações supra, portanto, admite-se a revisão dos alimentos fixados, não apenas em relação ao *quantum* estabelecido anteriormente, mas também no que tange à própria permanência (existência) da obrigação alimentar. Assim, os interessados poderão pleitear a majoração, a diminuição ou mesmo a exoneração do pensionamento,[86] afora situações menos corriqueiras em que possa ser simplesmente suspensa a obrigação durante determinado tempo, sem necessária extinção do vínculo obrigacional por ser passageira a causa que impossibilita o pagamento da pensão.

Em geral, os motivos de majoração ou redução de alimentos estão ligados a alterações no binômio necessidade-possibilidade, justificando um novo equacionamento do valor a ser prestado ao alimentando. Também a exoneração pode decorrer da mudança nas condições financeiras das pessoas envolvidas, normalmente do alimentante, que se vê totalmente impossibilitado de continuar prestando qualquer pensionamento, sob pena de não poder arcar com o próprio sustento ou com a mantença de outros familiares mais próximos ou mais necessitados.[87] Nada impede, contudo, que a exoneração resulte da desnecessidade do credor, por ter conseguido um emprego que lhe garanta o sustento, por exemplo. É possível ainda a exoneração quando existir um incremento na condição financeira de outrem, obrigado a prestar alimentos em primeiro lugar, agora tendo adquirido a possibilidade de oferecer pensionamento suficiente ao alimentando, sem necessidade de complementação pelo parente em grau mais remoto (*v. g.*, o avô).

---

[85] PORTO, Sérgio Gilberto. *Ação Revisional de Alimentos – Conteúdo e Eficácia Temporal das Sentenças*. In: *Direitos Fundamentais do Direito de Família*, coordenadores Belmiro Pedro Welter e Rolf Hanssen Madaleno. Porto Alegre: Livraria do Advogado, 2004, p. 419.

[86] "Art. 1.699. Se, fixados os alimentos, sobrevier mudança na situação financeira de quem os supre, ou na de quem os recebe, poderá o interessado reclamar ao juiz, conforme as circunstâncias, exoneração, redução ou majoração do encargo".

[87] São exemplos: a) o caso de um dos irmãos que prestava alimentos em favor de outro, e a partir de determinado momento deixou de ter condições financeiras suficientes para manter o pensionamento ao parente colateral, pois toda a renda auferida é utilizada com o sustento do alimentante, de sua mulher e de seus filhos; b) o pai de vários filhos que, ante a escassez de recursos, deve priorizar o sustento dos menores de idade e dos incapazes, sempre que suas possibilidades financeiras impeçam o sustento de todos os descendentes (aí incluídos também os maiores e plenamente capazes).

Há casos, porém, em que a exoneração dos alimentos decorre de outros fatores, não vinculados diretamente à alteração do binômio necessidade-possibilidade. O primeiro e aparentemente mais simples deles é o acordo entre as partes estipulando que a partir de determinada data (presente ou futura) a pensão não mais será devida. Entretanto, ajustes dessa natureza são vistos com reserva, diante da irrenunciabilidade que caracteriza o direito alimentar (art. 1.707 do Código Civil). Assim, havendo oposição justificada do credor alimentário quanto à cessação do pensionamento, poderá em determinadas hipóteses (excepcionais, é verdade) ser mantida a verba anteriormente concedida, tornando sem efeito a vontade consensualmente manifestada.

Conforme dispõe o art. 1.708 do Código Civil, a obrigação de prestar alimentos igualmente cessa com o casamento, a união estável ou o concubinato do credor, pois a partir desse momento presume-se que o alimentante, de fato, estaria a sustentar também as demais pessoas que passaram a constituir uma família com o alimentando. Isso sem contar, é óbvio, a dificuldade em aceitar a idéia de que o credor efetivamente necessitado possa assumir as responsabilidades decorrentes de uma união dessa natureza, que por si só pressupõe um razoável grau de amadurecimento e de independência econômica. Registre-se, ainda, que a constituição de um novo núcleo familiar envolvendo o alimentando transfere para os integrantes dessa família recém composta, em especial para o atual cônjuge ou companheiro, a obrigação (ou o dever) de prestar alimentos.

Uma última hipótese de exoneração, introduzida no ordenamento jurídico brasileiro pelo novo Código Civil, deve ser igualmente analisada. Diz respeito à "indignidade" do alimentando (art. 1.708, parágrafo único), expressão de conteúdo duvidoso, a causar sérios problemas interpretativos.[88] Grande parte da doutrina tem enfocado esse dispositivo como se o mesmo abordasse questão relativa ao comportamento social reprovável adotado pelo alimentando.

Não obstante seja possível esse entendimento, convém tomar cuidado com a amplitude que lhe será dado. Tem sido freqüente a menção a essa norma como se impusesse, entre pessoas separadas ou divorciadas, um dever de abstinência amorosa e/ou sexual. O dever de fidelidade cessa, porém,

---

[88] Segundo Flávio Tartuce, "trata-se de uma cláusula geral, a ser preenchida pelo aplicador do Direito caso a caso, de acordo com as circunstâncias do caso concreto". Logo a seguir, o autor destaca a relação direta entre a referida cláusula geral e a boa-fé objetiva, chamando a atenção para a multiplicidade de interpretações que podem ser elaboradas acerca da idéia de "procedimento indigno" (TARTUCE, Flávio. *O Princípio da Boa-fé Objetiva no Direito de Família*. In: *Revista Brasileira de Direito de Família*, Porto Alegre, v. 8, n. 35, abril-maio de 2006, p. 23-24). Ainda que a lição de Flávio Tartuce não coincida com o posicionamento mantido pelo autor desta dissertação, o qual entende que a indignidade do alimentando não corresponde a uma "cláusula geral a ser preenchida caso a caso", o trecho acima reproduzido demonstra exatamente essa questão problemática atinente à interpretação do conceito de "indignidade".

quando da dissolução da sociedade conjugal, não sendo admissível que o alimentante pretenda regular a conduta do antigo consorte, cerceando sua liberdade de auto-determinação. Diante de tal circunstância, deve-se entender irrelevante a forma de comportamento do alimentando sempre que sua conduta não tenha vinculação com o destino conferido à verba alimentar. A prostituição do(a) credor(a), mencionada por inúmeros autores como causa de exoneração dos alimentos,[89] segundo a lógica aqui exposta só pode levar a essa conseqüência se encarada como profissão lucrativa exercida pelo(a) alimentando(a), capaz de assegurar-lhe o sustento, tornando desnecessária a pensão.[90] Outra solução deve ser imposta quando o credor utiliza os valores recebidos a título de alimentos para fins indignos, moralmente reprováveis. É o caso do alimentando que destina o pensionamento recebido a custear seus vícios com bebidas alcoólicas, tóxicos, ou mesmo com orgias freqüentes, nenhum desses hábitos podendo ser compreendido como "necessidade" a ser atendida através da verba alimentar.

---

[89] Nesse sentido o posicionamento de Yussef Said Cahali, sustentando que "a mulher desquitada perde o direito a alimentos por parte do ex-cônjuge quando, após a dissolução da sociedade, pratica atos que, se ainda vigente a sociedade conjugal, autorizariam ao marido a propositura de ação de separação litigiosa" (CAHALI, Yussef Said. *Dos Alimentos*. 4ª ed. São Paulo: Editora Revista dos Tribunais, 2002, p. 501). Contudo, a visão defendida por Cahali apresenta uma contradição insanável, pois vincula as pessoas separadas ou divorciadas à obediência de deveres conjugais que, conforme expressa previsão do art. 1.576 do novo Código Civil, não mais existem. Acertado parece ser, isto sim, o entendimento de Pontes de Miranda: "O dever de fidelidade é ligado à sociedade conjugal, que o desquite dissolve; e não ao vínculo. Não mais tem o marido legitimação para investigar a vida da mulher; passa à frente o direito a velar a intimidade [...]. Os julgados que permitiram esmiuçar-se a vida da mulher desquitada, inocente ao desquitar-se, não têm qualquer apoio em lei e ofendem direito de personalidade". (PONTES DE MIRANDA, Francisco Cavalcanti. *Tratado de Direito Privado*, tomo VIII. 4ª ed. São Paulo: Editora Revista dos Tribunais, 1983, p. 92). Elucidativas, também, as palavras do Min. Ruy Rosado de Aguiar, em "voto vista" proferido no julgamento do Recurso Especial nº 111.476/MG, 4ª Turma do STJ, Rel. Min. Sálvio de Figueiredo Teixeira, j. 25.03.1999, DJU 10.05.1999 (In: WALD, Arnoldo. *O Novo Direito de Família*. 14ª ed., revista, atualizada e ampliada pelo autor, com a colaboração de Luiz Murillo Fábregas e Priscila M. P. Corrêa da Fonseca. São Paulo: Saraiva, 2002, p. 305-312): "Se do namoro decorrer a perda do direito ao recebimento da pensão alimentar do ex-marido, estará sendo-lhe imposto o dever de fidelidade após a separação. Sendo a mulher separanda quem normalmente necessita do auxílio alimentar, a restrição estabelecerá desigualdade na posição jurídica dos ex-cônjuges, o que não se admite no sistema". E complementando, acrescenta: "Tratarei de outro modo o caso em que a mulher desviar os recursos recebidos do marido, deles já não mais necessitar, ou passar a manter convivência estável com outro homem". Por derradeiro, importante reproduzir a constatação feita por Francisco José Cahali: "No mínimo curiosa a situação, a merecer enorme dose de cautela para evitar a perplexidade: se, por exemplo, adúltera contumaz a mulher na constância do casamento, mas enquadrada naquela situação excepcional de necessidade, pode reclamar alimentos destinados à sua sobrevivência; a seu turno, esta mesma mulher, ao prolongar relações íntimas com terceiros, já isenta da obrigação de fidelidade após a separação judicial, pode vir a ser excluída da pensão antes fixada, se considerada vivendo em concubinato, ou apenas adotando procedimento indigno". (CAHALI, Francisco José. *Dos Alimentos*. In: *Direito de Família e o Novo Código Civil*, coordenadores Maria Berenice Dias e Rodrigo da Cunha Pereira. 3ª ed. Belo Horizonte: Del Rey, 2003, p. 235).

[90] Nesse ponto, especificamente, nada há de reprovável na conduta do alimentando, apesar do preconceito com a profissão escolhida, já que representa uma atitude concreta no sentido de viabilizar o recebimento dos recursos necessários à sua própria mantença, sem depender do pensionamento fornecido pelo ex-cônjuge ou por parentes, ou ao menos diminuindo o valor que necessita seja complementado pelo alimentante.

Em todas as últimas hipóteses suscitadas, no entanto, a exoneração tem como causa a prescindibilidade dos alimentos, seja porque o credor exerce profissão capaz de lhe assegurar o sustento (independentemente de qual a atividade laboral escolhida), seja porque a destinação dada ao pensionamento denota a ausência de necessidades vitais-sociais-culturais realmente importantes a serem supridas.

Deve-se atentar para o fato de que o parágrafo único do art. 1.708 faz referência a "procedimento indigno em relação ao devedor", dessa forma estabelecendo que, para ensejar a exoneração dos alimentos, a conduta reprovável deve ter atingido, direta ou indiretamente, a pessoa do alimentante, e não simplesmente ter desgastado a imagem do próprio credor. Com base nesse raciocínio, adequado se mostra interpretar o dispositivo examinado em consonância com a norma prevista no art. 1.814 do novo Código Civil, referente à "indignidade" como fundamento da exclusão do direito sucessório que seria atribuído a um determinado herdeiro ou legatário, não fossem os atos desabonadores por ele praticados. Seguindo essa linha, pode-se concluir que o suporte legal relativo às hipóteses caracterizadoras da indignidade está contido nos três incisos[91] do art. 1.814 do Diploma Civil,[92] disposições essas que naturalmente devem ser adaptadas em se tratando de alimentos: onde se lê "herdeiros ou legatários", leia-se "alimentando"; onde consta "autor da herança", entenda-se "alimentante"; já as referências ao "direito sucessório" devem ser compreendidas como "direito a alimentos".

Como decorrência lógica do entendimento ora exposto, imperioso ressaltar também a aplicabilidade do art. 1.818 do Código Civil em relação ao direito a alimentos, admitindo-se que a obrigação de prestá-los persiste se o ofendido tiver perdoado expressamente o alimentando.

Outra questão se coloca: cessa o direito a alimentos quando verificada a ocorrência de alguma das causas previstas nos arts. 1.962 e 1.963 do novo Código Civil, as quais permitem a deserdação, mas não propriamente a exclusão do sucessor conforme regulada no art. 1.814? A princípio, pode parecer que as hipóteses de "indignidade" estão todas contidas nos incisos do último dispositivo acima referido. Contudo, o *caput* da norma seguinte

---

[91] Conforme o Enunciado nº 264 da III Jornada de Direito Civil do Conselho da Justiça Federal, analisado por Flávio Tartuce, na interpretação de o que seja "procedimento indigno" deve-se aplicar, por analogia, os incisos I e II do art. 1.814 do Código Civil (TARTUCE, Flávio. *O Princípio da Boa-fé Objetiva no Direito de Família*. In: *Revista Brasileira de Direito de Família*, Porto Alegre, v. 8, n. 35, abril-maio de 2006, p. 24). O aludido Enunciado, todavia, deixa de mencionar o inciso III, hipótese em que, salvo melhor juízo, também há flagrante indignidade, caracterizada por atos violentos ou fraudulentos exercidos contra o autor da herança (entenda-se aqui como "alimentante").

[92] "Art. 1.814. São excluídos da sucessão os herdeiros ou legatários: I – que houverem sido autores, coautores ou partícipes de homicídio doloso, ou tentativa deste, contra a pessoa de cuja sucessão se tratar, seu cônjuge, companheiro, ascendente ou descendente; II – que houverem acusado caluniosamente em juízo o autor da herança ou incorrerem em crime contra a sua honra, ou de seu cônjuge ou companheiro; III – que, por violência ou meios fraudulentos, inibirem ou obstarem o autor da herança de dispor livremente de seus bens por ato de última vontade".

dispõe: "Art. 1.815. A exclusão do herdeiro ou legatário, em qualquer desses casos de indignidade, será declarada por sentença". A referência feita a "qualquer desses casos de indignidade" permite interpretação no sentido de que outros casos dessa natureza podem existir, muito embora não autorizem a exclusão do sucessor a partir do atendimento dos mesmos requisitos. Propõe-se, em suma, que também as hipóteses potencialmente causadoras da deserdação sejam entendidas como casos de "indignidade", porém condicionados, para que produzam efeitos no âmbito do direito sucessório, à expressa referência no testamento sobre o motivo ensejador da deserdação.[93]

Corrobora esse posicionamento, no que tange ao direito alimentar, a análise das situações previstas como causas de deserdação, todas elas a demonstrar sério desrespeito, falta de afetividade, além de descaso com a sorte do próximo. Diante de postura dessa natureza adotada pelo alimentando em face do devedor, impossível exigir deste último conduta diametralmente oposta (respeitosa, amorosa, solidária, preocupada com o amparo do credor). Dito de outra forma: quem se nega a tratar com um mínimo de afeto e compaixão determinada pessoa não pode postular, contra esta, direitos cuja origem reside exatamente nesses mesmos sentimentos.[94]

Caracterizada a indignidade de maneira ampla, envolvendo também as causas de deserdação, diminui sensivelmente a importância de examinar se as hipóteses justificadoras da revogação da doação podem ser argüidas com o objetivo de configurar "indignidade", conseqüentemente cessando a obrigação de prestar alimentos. Afinal, a grande maioria dos casos listados nos diversos incisos art. 557 (combinado com o art. 558) do Código Civil estão abrangidos pela soma dos conteúdos dos arts. 1.814 (indignidade *stricto sensu*), 1.962 e 1.963 (deserdação).

De outra parte, não se pode desconsiderar a diferença de significado entre os termos "ingratidão" e "indignidade", este último configurando situação mais grave e reprovável. Na medida em que o parágrafo único do art. 1.708, norma que restringe direitos do alimentando, faz alusão somente à "indignidade" como causa de cessação da obrigação alimentar, inviável enquadrar também nesse contexto as hipóteses abordadas expressamente pela lei como casos de mera "ingratidão".[95]

---

[93] Necessário destacar, por oportuno, que as hipóteses de deserdação têm destinatários mais específicos, isto é, apenas os herdeiros necessários, o que inclusive justifica o tratamento da deserdação em separado, e não juntamente com os demais casos de indignidade.

[94] Mesmo tratando de hipótese diversa, o julgado a seguir transcrito bem demonstra o aqui sustentado: "ALIMENTOS – SOLIDARIEDADE FAMILIAR – DESCUMPRIMENTO DOS DEVERES INERENTES AO PODER FAMILIAR – É descabido o pedido de alimentos, com fundamento no dever de solidariedade, pelo genitor que nunca cumpriu com os deveres inerentes ao poder familiar, deixando de pagar alimentos e prestar aos filhos os cuidados e o afeto de que necessitavam em fase precoce do seu desenvolvimento". (Apelação Cível nº 70013502331, 7ª Câmara Cível do TJRS, Relª. Desª. Maria Berenice Dias, j. 15.02.2006, unânime. In: *Revista Brasileira de Direito de Família*, Porto Alegre, v. 8, n. 35, abril-maio de 2006, p. 107 e seguintes).

[95] Adotando posição contrária: TARTUCE, Flávio. *O Princípio da Boa-fé Objetiva no Direito de Família*. In: *Revista Brasileira de Direito de Família*, Porto Alegre, v. 8, n. 35, abril-maio de 2006, p. 24.

7. A pensão alimentícia como crédito especial

O tratamento especial concedido ao crédito alimentar, em comparação com outros de natureza diversa, é de fundamental importância para que possa ser tutelado de forma mais efetiva o direito a alimentos. A relevância do tema está ligada basicamente à tutela executiva a ser prestada pela via jurisdicional, pois é nessa seara que os maiores obstáculos à efetivação do direito, na prática, costumam surgir.

Inicialmente, deve-se realçar que, em razão de sua finalidade, a verba alimentar geralmente goza de proteção mais intensa por parte do ordenamento jurídico.[96] No âmbito processual, por exemplo, ao alimentando é facultada a utilização de meios bastante enérgicos para conseguir a satisfação de seu direito, às vezes inclusive sujeitando o devedor à prisão civil, tudo com o desiderato de atingir um rápido adimplemento, o que se mostra não apenas "proveitoso", mas também "essencial" ao credor, cuja subsistência disso depende.[97]

Essa ampliação dos "meios executivos", porém, será abordada somente na Segunda Parte da obra. Por ora, a análise ficará restrita ao patrimônio que pode ser atingido para satisfação do direito a alimentos.

Sob esse prisma, ganha importância o exame dos bens pertencentes ao obrigado que ficam sujeitos a penhora nas execuções alimentares. Afinal, nesses casos a garantia do juízo pode incidir sobre bens que, para o pagamento de créditos comuns, não poderiam ser afetados.[98]

---

[96] A própria Constituição Federal de 1988 excepciona os créditos de natureza alimentícia da obediência à ordem cronológica de apresentação dos precatórios, quando devedora a Fazenda Pública, priorizando a satisfação dos alimentos em face de créditos de natureza diversa (art. 100). No mesmo sentido a Súmula 144 do Superior Tribunal de Justiça.

[97] Todos os privilégios conferidos ao crédito alimentar, no entanto, não são suficientes para evitar que o alimentando eventualmente fique sujeito a um verdadeiro "calvário" durante a execução dos alimentos, como ressaltado na obra: MADALENO, Rolf Hanssen. *Direito de Família em Pauta*. Porto Alegre: Livraria do Advogado, 2004, p. 158-162.

[98] Reitere-se que essa preferência do crédito alimentar é justificada porque "representa a preservação da vida, e a vida tem preferência sobre qualquer outro direito, sendo o primeiro direito posto à disposição do ser humano, até porque de nada adiantariam outros direitos sem a vida" (WELTER, Belmiro Pedro. *Alimentos no Código Civil*. 2ª ed. São Paulo: IOB-Thomson, 2004, p. 355).

A legislação brasileira é expressa ao determinar que a impenhorabilidade do bem de família não é oponível ao credor em caso de não pagamento de débito alimentar,[99] conforme dispõe a Lei 8.009/90, no art. 3º, inciso III. Sendo assim, o imóvel residencial do devedor, bem como "as plantações, as benfeitorias de qualquer natureza e todos os equipamentos, inclusive os de uso profissional, ou móveis que guarnecem a casa" são suscetíveis de penhora para atendimento da verba alimentar fixada.

Daí decorre, por extensão, a possibilidade de arresto do bem de família para garantir o pagamento de pensão alimentícia, posteriormente convertendo-se a medida cautelar em penhora, se for o caso, como aliás já reconhecido pelo Superior Tribunal de Justiça.[100]

A penhorabilidade ampliada visa a impedir que o alimentante deixe de dividir o pouco que tem com o credor alimentar. Estando em jogo a vida do alimentando, que depende da pensão para prover seu sustento, não se admite que qualquer outro direito do devedor possa se sobrepor à subsistência daquele. No máximo será possível evitar a penhora quanto aos bens diretamente necessários à vida do alimentante ou dos outros familiares que dele dependam, pois nesse caso estarão frente a frente dois direitos de idêntica configuração: o direito à vida do alimentando e o direito à vida do alimentante ou demais dependentes seus.[101]

---

[99] RIZZARDO, Arnaldo. *Direito de Família: Lei nº 10.406, de 10.01.2002*. 2ª ed. Rio de Janeiro: Forense, 2004, p. 736-737.

[100] "EXECUÇÃO DE ALIMENTOS – Arresto efetuado sobre imóvel pertencente ao devedor e sua esposa. Embargos de terceiro opostos por esta. Improcedência. Possibilidade da constrição. Execução movida por credor de pensão alimentícia. Penhorabilidade do bem de família. Excepcionalidade. Art. 3º, III, da Lei nº 8.009/90. Bem indivisível de propriedade comum do casal. Reserva da metade do valor obtido em hasta pública para a cônjuge-meeira. 1. [...] 2. Impossível alegar a impenhorabilidade do bem de família nas execuções de pensão alimentícia no âmbito do Direito de Família, nos termos do art. 3º, III, da Lei 8.009/90. Sendo penhorável, é válido o arresto efetuado sobre o referido bem, que, em caso do não-pagamento do débito alimentar, será convertido em penhora, de acordo com o art. 654 do CPC. Necessário, no entanto, resguardar a meação da esposa do alimentante, que não é devedora dos alimentos devidos ao filho deste, nascido fora do casamento. Note-se que este Tribunal de Uniformização Infraconstitucional já firmou entendimento no sentido da possibilidade do bem indivisível de propriedade comum do casal, em razão do regime de casamento adotado, ser penhorado e levado à hasta pública em sua totalidade, desde que reservada à cônjuge-meeira a metade do valor obtido. 3. [...] 4. Recurso parcialmente conhecido e, nesta parte, provido para reconhecer a possibilidade do arresto efetuado sobre o imóvel em comento, reservando-se à cônjuge-meeira a metade do valor obtido quando da alienação do bem. Invertido o ônus da sucumbência". (Recurso Especial 697.893, 4ª Turma do STJ, Rel. Min. Jorge Scartezzini, DJU 01.08.2005. In: *Revista Brasileira de Direito de Família*, Porto Alegre, v. 7, n. 32, outubro-novembro de 2005, Ementa 3044, p. 120).

[101] Anota Rolf H. Madaleno: "Os direitos fundamentais têm primazia e aplicabilidade imediata, são as normas-chaves de todo o sistema jurídico, não podendo ser sacrificado por qualquer outro princípio ou ordenamento jurídico. A partir dessa intransponível visão, considere-se em especial, que no âmbito da execução dos alimentos o juiz deve ter em linha de dimensão processual o objetivo de extrair da demanda a maior efetividade possível ao direito fundamental da tutela executiva, superando qualquer obstáculo porventura imposto ao meio executivo, pois a única restrição aceitável seria a que ferisse outro direito fundamental e que fosse de maior valor". (MADALENO, Rolf Hanssen. *Direito de Família em Pauta*. Porto Alegre: Livraria do Advogado, 2004, p. 162). Somente quanto à parte final do trecho reproduzido poder-se-ia sugerir uma complementação: a restrição ao direito fundamental seria justificável quando

Todavia, a penhora deve incidir, preferencialmente, sobre outros bens que não a residência do alimentante, móveis que a guarnecem, equipamentos de uso profissional, etc. Aqui evidentemente tem aplicação a regra constante do art. 620 do Código de Processo Civil, segundo a qual a execução deve ser realizada pelo meio menos oneroso para o devedor, quando por mais de uma forma possa ser promovida. A propósito, onerando excessivamente o alimentante (*v.g.*, pela venda em juízo de seus equipamentos de trabalho), é possível que futuramente o devedor postule redução da verba alimentar, devido à diminuição de seus rendimentos, hipótese em que o próprio alimentando restaria sensivelmente prejudicado.

Deve-se ainda mencionar a possibilidade de penhora sobre os vencimentos, subsídios, soldo, salário, etc. da pessoa obrigada a prestar alimentos, consoante estabelece o art. 649, IV, do CPC, combinado com o § 2º do mesmo artigo, segundo a nova redação conferida pela Lei 11.382/2006.[102] Contudo, na prática essa penhora seguidamente pode ser substituída, com enormes vantagens, pelo desconto em folha de pagamento, medida que desde logo satisfaz plenamente o credor. Ademais, a penhora para garantia do pagamento de obrigação alimentícia, quando recai sobre dinheiro, tem características próprias, ditadas pelo art. 732, parágrafo único, da Lei Processual Civil brasileira, permitindo o levantamento mensal da pensão.

Enfim, quando se tratar de prestação atual, mais lógico será determinar o *desconto em folha de pagamento*, apenas tendo sentido a *penhora* nas hipóteses em que não haja urgência para levantamento do valor exeqüendo, urgência essa que se presume em relação às pensões recentes. Como será analisado na Segunda Parte deste estudo, não é à toa que o desconto em folha, como medida executiva, deve ser utilizado com prioridade em relação aos demais "meios de execução".

---

confrontado com outro de *igual ou maior valor*. Afinal, tratando-se de direitos de idêntica importância, não há razão para que um deles preponderere sobre o outro.

[102] Salvo quando o alimentante possuir outra(s) fonte(s) de renda, a penhora sobre seus salários não deve ser integral, preservando-se em favor do executado um percentual que permita sua manteça: "PENHORA DE SALÁRIOS DO ALIMENTANTE – POSSIBILIDADE – INTELIGÊNCIA DO ART. 649, IV, DO CPC – FIXAÇÃO CRITERIOSA DE MODO A NÃO COMPROMETER A SOBREVIVÊNCIA DO ALIMENTANTE – A exceção que livra os salários da impenhorabilidade não se aplica quando se trata de assegurar o pagamento de débito alimentício, a teor do art. 649 inciso IV, do CPC. Entretanto, o percentual fixado não pode comprometer a sobrevivência do executado". (Agravo de Instrumento nº 1.0024.03.971732-7/001, 1ª Câmara Cível do TJMG, Rel. Des. Orlando Carvalho, DJMG 02.12.2004. In: *Revista Brasileira de Direito de Família*, Porto Alegre, v. 7, n. 30, junho-julho de 2005, Ementa 2948, p. 80).

Segunda Parte

A Tutela Jurisdicional Adequada para Conferir Efetividade ao Direito a Alimentos

1. A tutela jurisdicional como uma das formas de tutela dos direitos

De início, convém destacar que a presente obra tem como objeto a análise da *tutela jurisdicional*, excetuadas, portanto, todas as demais espécies de *tutela jurídica* que, em decorrência da pessoa ou autoridade que as exercem, não podem ser chamadas de *jurisdicional*.

Assim, salvo na medida em que se inter-relacionam com a tutela prestada através do processo judicial, ficam afastadas do estudo ora realizado: (a) a *autotutela*, caracterizada pelo exercício direto pelo próprio titular do direito lesado ou ameaçado;[103] (b) a *tutela autocompositiva*, em que existe um acordo de vontades entre os sujeitos envolvidos e uma conseqüente conciliação dos interesses;[104] (c) a *tutela arbitral* (Lei 9.307/96), exercida por um terceiro escolhido de comum acordo entre as partes, ao qual se atribui poder para decidir o litígio,[105] e; (d) a *tutela administrativa*, exer-

---

[103] Giuseppe Chiovenda diferencia da seguinte forma a autotutela (autodefesa) da atividade exercida no processo: "[...] o resultado econômico pode ser idêntico, mas as duas coisas são muito diversas. A autodefesa é uma atividade meramente privada, movida de impulsos e intenções particulares e egoísticos, embora consentidos e moderados pelo Estado. No processo civil, ao revés, a defesa contra a injustiça assume-a o Estado como função sua, determinada por finalidades objetivas e gerais". (CHIOVENDA, Giuseppe. *Instituições de Direito Processual Civil*, v. I, traduzido para o português a partir da 2ª ed. italiana por J. Guimarães Menegale. São Paulo: Saraiva, 1969, p. 39).

[104] "[...] São três as formas de autocomposição (as quais, de certa maneira, sobrevivem até hoje com referência aos interesses disponíveis): a) desistência (renúncia à pretensão); b) submissão (renúncia à resistência oferecida à pretensão); c) transação (concessões recíprocas). [...]" (CINTRA, Antonio Carlos de Araújo; GRINOVER, Ada Pellegrini, e; DINAMARCO, Cândido Rangel. *Teoria Geral do Processo*. 19ª ed. São Paulo: Malheiros, 2003, p. 21).

[105] Adolf Wach, porém, não considera a arbitragem como forma de *tutela jurídica*, sob o argumento de que está embasada no puro arbítrio das partes, não sendo sua função dizer o direito nem exercer a coerção processual. Afirma, ainda, que a tarefa do árbitro não consiste em aplicar o direito, e sim em resolver o litígio conforme sua livre opinião (WACH, Adolf. *Manual de Derecho Procesal Civil*, v. I, traduzido para o espanhol por Tomás A. Banzhaf. Buenos Aires: Ediciones Jurídicas Europa-America, 1977, p. 105-107). Eduardo Silva, por outro lado, classifica a arbitragem como "atividade jurisdicional": "O instituto da jurisdição, portanto, teria sido redesenhado pela presença destes dois elementos: um terceiro imparcial e o poder compositivo autoritário ou obrigatório (efeito vinculante da decisão). Ora, ambos os traços estão presentes na arbitragem, o que enseja perfeitamente seu enquadramento como atividade jurisdicional". (SILVA, Eduardo Silva da. *Constituição, Jurisdição e Arbitragem*. In: *Processo e Constituição*, organizador Carlos Alberto Alvaro de Oliveira. Rio de Janeiro: Forense, 2004, p. 411). Como se poderá depreender dos argumentos que ao longo do presente texto serão analisados, nenhum desses posicionamentos é aqui acolhido. No mesmo sentido a orientação sustentada por Luiz

cida por órgãos da Administração, sem que o conflito seja submetido ao Poder Judiciário,[106] como na hipótese de uma atuação preventiva da Polícia Militar impedindo a invasão de um imóvel, um furto, etc., ou ainda a tutela prestada pelas Juntas e Tribunais Administrativos.[107]

A *tutela jurisdicional*, por sua vez, é a prestada pelo Estado-Juiz, através do processo e da jurisdição.[108] Essa definição, porém, é insuficiente, devendo-se agregar à mesma os demais traços referidos na precisa lição ministrada por Cândido Rangel Dinamarco, para que somente então se possa alcançar uma caracterização mais detalhada da aludida espécie de tutela jurídica:

> Tutela jurisdicional é o amparo que, por obra dos juízes, o Estado ministra a quem tem razão num processo. Tutela é ajuda, proteção. É jurisdicional a proteção outorgada mediante o exercício da jurisdição, para que o sujeito beneficiado por ela obtenha, na realidade da vida e das relações com as coisas ou com outras pessoas, uma situação mais favorável do que aquela em que antes se encontrava.[109]

Guilherme Marinoni e Sérgio Cruz Arenhart, valendo reproduzir a seguinte passagem: "Atribuir natureza jurisdicional à função do árbitro – que sequer pode determinar medidas coercitivas – apenas para se chegar à conclusão de que não se está afastando o cidadão, que se socorreu unicamente do árbitro, da atividade jurisdicional, é uma construção teórica falsa. O árbitro, dentro de certos limites, exerce a tarefa que poderia ser atribuída ao juiz, mas isso não significa, como é lógico, que a função do árbitro privado possa ser equiparada à de um juiz". (MARINONI, Luiz Guilherme; ARENHART, Sérgio Cruz. *Manual do Processo de Conhecimento*. 3ª ed. São Paulo: Editora Revista dos Tribunais, 2004, p. 33-34).

[106] "A jurisdição só atua processualmente, o que não sucede com a administração. E mesmo quando esta organiza procedimentos semelhantes aos jurisdicionais, faltam caracteres formais da jurisdição, como a independência do órgão julgador e a força de *res judicata* do pronunciamento final". (MARQUES, José Frederico. *Instituições de Direito Processual Civil*, v. I. 2ª ed. Rio de Janeiro: Forense, 1962, p. 294).

[107] Dinamarco afirma que também a criação da própria ordem jurídica substancial já é um ato de tutela estatal às pessoas (DINAMARCO, Cândido Rangel. *Tutela Jurisdicional*. In: *Revista de Processo*, São Paulo, n. 81, janeiro-março de 1996, p. 63). Tal categoria somente não foi incluída na presente classificação em virtude de que ora se fala em *tutela de direitos*, e desse modo as normas mais abstratas que estabelecem os direitos subjetivos materiais são prévias em relação à prestação da tutela concreta, não se confundindo com os meios de solução dos litígios surgidos a partir do descumprimento dessa mesma ordem jurídica substancial.

[108] A diferenciação entre tutela jurisdicional e jurisdição pode ser percebida, com bastante clareza, a partir da lição de Rafael da Cás Maffini nos dois trechos a seguir transcritos: "[...] deve-se compreender a Jurisdição como a atividade praticada por órgão do Estado, de forma imparcial e vinculativa, no intuito de promover a atuação das normas estabelecidas pelo ordenamento jurídico". "Já a tutela jurisdicional é o reconhecimento, em seara do órgão estatal de Jurisdição, de uma situação jurídica amparada pelo ordenamento jurídico material, em favor de quem efetivamente mereça". (MAFFINI, Rafael da Cás. *Tutela Jurisdicional: um ponto de convergência entre o direito e o processo*. In: *Revista AJURIS*, Porto Alegre, n. 76, dezembro de 1999, p. 280).

[109] DINAMARCO, Cândido Rangel. *Tutela Jurisdicional*. In: *Revista de Processo*, São Paulo, n. 81, janeiro-março de 1996, p. 61. Ainda sobre a relação entre tutela jurisdicional e jurisdição, salienta Rafael da Cás Maffini: "Mostra-se impreciso, além disso, confundir a tutela jurisdicional com a própria Jurisdição, embora aquela, obrigatoriamente, se dê em função desta. Essa relação entre a tutela jurisdicional e a Jurisdição consiste no seguinte: a tutela jurisdicional obrigatoriamente será conferida através da atividade prestada pela Jurisdição, mas nem toda a atividade de Jurisdição ensejará a tutela jurisdicional". (MAFFINI, Rafael da Cás. *Direito e Processo*. In: *Eficácia e Coisa Julgada*, organizador Carlos Alberto Alvaro de Oliveira. Rio de Janeiro: Forense, 2006, p. 19).

A tutela jurisdicional, portanto, pressupõe a existência de um órgão imparcial, dotado de poder suficiente para, quando provocado, impor suas decisões às partes litigantes, tendo como função aplicar as normas constantes do ordenamento jurídico mesmo contra a vontade de uma delas, valendo-se da imperatividade de suas decisões para colocar fim ao litígio, mantendo (ou restaurando) a paz social.

Embora não possua importância superior, *a priori*, em relação a qualquer das outras espécies antes elencadas, a tutela jurisdicional indubitavelmente apresenta-se como uma última alternativa para resolução de conflitos jurídicos,[110] devido à coercitividade atribuída às decisões emanadas do Poder Judiciário.[111] E tal relevância adquire maior vulto quando a cultura da sociedade passa a desvalorizar as demais formas de tutela dos interesses colidentes.[112]

O volume incontrolável de demandas judiciais, portanto, é reflexo da falência dos outros meios (consensuais, arbitrais e administrativos) de resolução de conflitos. A própria impossibilidade de exercício da autotutela também acarreta uma maior procura pelo Judiciário, pois o cidadão precisa recorrer ao Estado-Juiz em praticamente todos os casos nos quais haja resistência ou desrespeito aos direitos atribuídos pela ordem jurídica material, não lhe sendo facultado obter com base na força própria ou na astúcia as vantagens que por lei lhe são asseguradas.

Cumpre ressaltar, todavia, que o exercício da tutela jurisdicional não exclui por completo essas outras formas de proteção dos interesses, sendo

---

[110] Nesse ponto não se pode concordar com Vittorio Denti, quando afirma que "l'utilizzazione delle tecniche della tutela differenziata presuppone il riconoscimento del primato della funzione giurisdizionale dello stato, mentre la proposta delle tecniche alternative (conciliazioni, mediazioni, arbitrati, ecc.) presuppone la tendenza alla dejudicialisation delle controversie, almeno secondo i progetti in atto nei paesi di capitalismo avanzato" (DENTI, Vittorio. *Valori Costituzionali e Cultura Processuale*. In: *Rivista di Diritto Processuale*, Padova, ano XXXIX – Segunda Série, n. 3, julho-setembro de 1984, p. 453-454). E tal discordância é justificada com base em dois argumentos completamente distintos: primeiro, porque a jurisdição não pode ser vista como a primeira e mais importante forma de resolução dos conflitos e pacificação social, mas sim como remédio derradeiro a ser utilizado quando as partes não consigam ou não possam consensualmente resolver o problema entre elas surgido; em segundo lugar, a adoção de técnicas de conciliação e mediação, por exemplo, não é incompatível com a tutela jurisdicional, sendo aliás fundamental para a otimização dos resultados do processo.

[111] DI MAJO, Adolfo. *La Tutela Civile dei Diritti*. Milão: Dott. A. Giuffrè, 1987, p. 21-22.

[112] Franz Matscher, em lição que merece ser reproduzida, destaca a influência que a cultura de cada sociedade exerce para determinar a forma predominantemente seguida na resolução de conflitos que nela se criam, sugerindo ainda que os meios consensuais podem muitas vezes proporcionar resultados mais positivos se comparados a outros mecanismos de maior complexidade: "Forse i diritti fondamentali saranno meglio assicurati in una società dotata di un altro senso morale, di rispetto della persona umana, di fair play, di spirito democratico, in ciascuno dei suoi membri e in particolare nella sua classe dirigente e nei funzionari, anche se tale società non abbia istituzioni speciali per tutelare i diritti fondamentali. In questo tipo di società i diritti fondamentali saranno forse meglio garantiti di quanto lo possano essere in una società, in cui i valori, a cui abbiamo alluso, abbiano poca importanza, nonostante essa sia dotata di un meccanismo molto elaborato per la tutela di quei diritti, che però sono costantemente violati". (MATSCHER, Franz. *La Tutela Giurisdizionale dei Diritti dell'Uomo a Livello Nazionale ed Internazionale*. In: *Rivista Trimestrale di Diritto e Procedura Civile*, Milão, ano XLIII, n. 3, settembre de 1989, p. 667).

elas complementares. Assim, mesmo em Juízo, é estimulada, por exemplo, a conciliação (autocomposição) entre os litigantes. Por outro lado, a própria lei faculta às partes, em determinados casos, a escolha de um terceiro imparcial (árbitro), a fim de que o mesmo resolva a questão discutida entre elas. Claro exemplo disso vem expresso no art. 24 da Lei 9.099/95, que estabelece a possibilidade de, não ocorrendo conciliação em sede de Juizados Especiais Cíveis, optarem as partes, de comum acordo, pelo juízo arbitral.

Em trabalho que tem por objeto o exame de matéria essencialmente atrelada ao Direito de Família, não se pode deixar de abordar as peculiaridades que daí resultam no que tange à forma de resolver os conflitos surgidos no âmbito parental ou conjugal, especialmente com o objetivo de diminuir seu *potencial traumático* e proporcionar um convívio mais harmonioso entre as pessoas ligadas pelos laços familiares. Nesse contexto, avultam em importância os meios não litigiosos de solução dos conflitos, com destaque para a *autocomposição* e a *mediação*, exercidas fora ou no curso do procedimento judicial, mas sempre merecedoras de incentivo, conforme clara lição de Fátima Nancy Andrighi no trecho a seguir reproduzido:

> Tanto o juiz quanto o advogado devem, repito, manter uma postura de conciliador, sendo imprescindível que ambos aceitem a colaboração técnica de outros profissionais, o que permite humanizar o Judiciário e oferecer às partes um processo menos traumático, especialmente nos conflitos familiares.[113]

A autocomposição (ou simplesmente "conciliação") significa o consenso havido entre as partes, com base na autonomia da vontade, quanto à resolução do litígio, seja porque efetivamente encontraram uma solução que agrada a ambos, seja por terem se convencido de que um acordo não inteiramente satisfatório é ainda preferível se considerados os desgastes, a demora e os riscos do processo, aqui incluída a possibilidade de julgamento desfavorável.[114]

Enquanto a conciliação pode ser obtida com ou sem a interferência de uma terceira pessoa, encarregada de tentar aproximar o interesse das partes, na mediação a figura desse terceiro (mediador)[115] é indispensável, consis-

---

[113] ANDRIGHI, Fátima Nancy. *Juizado Especial de Família*. In: *Afeto, Ética, Família e o Novo Código Civil*, coordenador Rodrigo da Cunha Pereira. Belo Horizonte: Del Rey, 2004, p. 183.

[114] "Neste equivalente jurisdicional, o conciliador intervém com sugestões, alerta sobre as possibilidades de perdas recíprocas das partes, sempre conduzidas pelo jargão popular sistematizado pela expressão 'melhor um mau acordo que uma boa demanda'. Em suma, submetidas à conciliação, as partes admitem perder menos num acordo, que num suposto sentenciamento desfavorável, fundamentado na relação ganhador-perdedor". (BARBOSA, Águida Arruda. *Mediação Familiar: instrumento para a reforma do Judiciário*. In: *Afeto, Ética, Família e o Novo Código Civil*, coordenador Rodrigo da Cunha Pereira. Belo Horizonte: Del Rey, 2004, p. 32).

[115] A referência a "terceiro"/"mediador" no singular em hipótese alguma pode ser compreendida como vedação a que mais pessoas exerçam essa função num mesmo caso, sequer sendo exigível a participação de um número ímpar de mediadores, pois estes não serão encarregados de decidir o conflito, e sim de facilitar que as próprias partes o façam. Essa observação mostra-se importante em virtude de que a mais evoluída espécie de mediação (a "interdisciplinar") "pressupõe a atuação conjunta do profissional

tindo na principal característica do referido método de solução de conflitos, como bem destaca Águida Arruda Barbosa:

> A mediação, examinada sob a ótica da teoria da comunicação, é um método fundamentado, teórica e tecnicamente, por meio do qual uma terceira pessoa, neutra e especialmente treinada, ensina os mediandos a despertar seus recursos pessoais para que consigam transformar o litígio. Essa transformação constitui oportunidade de construção de outras alternativas para o enfrentamento ou a prevenção de conflitos.[116]

Não se confundem, porém, mediação e arbitragem, pois nesta última as partes voluntariamente atribuem ao terceiro (árbitro) a função de tomar decisões que serão obrigatórias para elas, independentemente de concordarem com a solução final adotada.[117] Na mediação, ao contrário, o mediador pode ser considerado um personagem que visa a "facilitar" a resolução do conflito pelos próprios mediandos, sem decidir em nome dos mesmos e sem manifestar (muito menos "impor") a decisão que ele, mediador, entende mais justa ao caso.

A mediação também pode ser preventiva, sendo utilizada quando ainda não deflagrado o conflito, como forma de evitá-lo. Nem sempre, contudo, leva aos resultados desejados, muitas vezes mostrando-se inócua diante da resistência oferecida pelas partes ou da incompatibilidade entre seus interesses.[118]

Pode-se dizer que a mediação não corresponde a uma "forma de tutela jurídica", mas sim a um "método" segundo o qual se procede na busca de

---

da área jurídica e do profissional de saúde mental, especialmente o psicanalista" (NAZARETH, Eliana Riberti; SANTOS, Lia Justiniano dos. *A Importância da Co-Mediação nas Questões que Chegam ao Direito de Família*. In: *Afeto, Ética, Família e o Novo Código Civil*, coordenador Rodrigo da Cunha Pereira. Belo Horizonte: Del Rey, 2004, p. 128).

[116] BARBOSA, Águida Arruda. *Mediação Familiar: instrumento para a reforma do Judiciário*. In: *Afeto, Ética, Família e o Novo Código Civil*, coordenador Rodrigo da Cunha Pereira. Belo Horizonte: Del Rey, 2004, p. 33.

[117] Não obstante as restrições que a Lei da Arbitragem impõe à utilização desse método de solução de conflitos, Ilza Andrade Campos Silva propõe um temperamento dessas limitações, permitindo um alargamento da arbitragem de modo a alcançar as demandas alimentares (SILVA, Ilza Andrade Campos. *Arbitragem e Alimentos, Uma Conexão Possível*. In: *Revista Brasileira de Direito de Família*, Porto Alegre, v. 8, n. 35, abril-maio de 2006, p. 168 e seguintes). O posicionamento em pauta, no entanto, parece não oferecer qualquer vantagem aos interessados, pois os árbitros não têm poder para executar suas decisões (realização prática essa que é urgente em matéria de alimentos), causando ainda maior demora para satisfação efetiva do credor. Além disso, a demora no processamento do feito de natureza alimentar pode ser adequadamente solucionada, em parte, pela concessão de tutela jurisdicional antecipada, quiçá desde logo valendo-se o magistrado do desconto em folha de pagamento, medida executiva inviável no procedimento da arbitragem.

[118] "A mediação, como se pretende, não seria então a 'panacéia para todos os males', e, embora muito adequadamente se façam ressalvas, tem-se insinuado, por vezes, um 'sentido milagroso' na aplicação deste recurso". No parágrafo seguinte: "A mediação, as mediações são, sim, ou vêm sendo, recursos importantes para que se assista integradamente os recorrentes, para que se instale a intervenção do terceiro facilitador. Mas a viabilidade desta ajuda e os limites desta intervenção permanecem como questões a serem avaliadas e reavaliadas tecnicamente". (SOUZA, Ivone M. C. Coelho de. *Mediação em Direito de Família – Um Recurso Além da Semântica*. In: *Revista Brasileira de Direito de Família*, Porto Alegre, v. 6, n. 27, dezembro de 2004 – janeiro de 2005, p. 34-35).

um entendimento. A proteção (entenda-se "a tutela") dos direitos somente será alcançada de fato quando esse modo de proceder atingir resultados positivos. Equipara-se, até certo ponto, à tentativa de conciliação: não obtido o acordo, tutela não há, embora sempre recomendável seja incentivada a aproximação entre as partes, em especial no âmbito do Direito de Família, mesmo que às vezes os resultados imediatos não sejam aqueles que se almejava.

De qualquer modo, o espírito belicoso que impera na sociedade brasileira contemporânea freqüentemente impede a resolução dos conflitos através dessas formas simplificadas e harmonizadoras, fazendo-se necessária a intervenção do Poder Judiciário.[119]

Assim, embora o Estado insistentemente crie novos mecanismos de resolução dos conflitos e incentive a utilização desses meios alternativos, cada vez mais o Judiciário é chamado para agir em primeiro lugar, não mais como uma última e derradeira instância, a ser acionada apenas quando frustradas as demais espécies de exercício da tutela jurídica. Tal tendência é agravada pela circunstância de que o Poder Judiciário não pode se eximir de adotar as medidas necessárias para solução da lide, desse modo acumulando número de processos incompatível com a estrutura existente, triste constatação que não impede se continue a buscar, de maneira incessante, mecanismos mais apropriados para realizar a paz social, tendo em mente que essa pacificação jamais será duradoura se imposta de cima para baixo, devendo, isto sim, ser incentivada na esfera mais íntima de cada indivíduo e, por óbvio, no seio das relações familiares.[120]

---

[119] Propõe Carlos Alberto Alvaro de Oliveira: "[...] A meu ver, uma das questões fundamentais de tal pauta [refere-se à demora para prestação da tutela jurisdicional] deverá ser constituída da necessidade de ser preservado o Poder Judiciário para a solução das controvérsias realmente importantes e, do mesmo passo, estimuladas soluções à margem do sistema estatal, de modo a desafogá-lo e permitir o exercício adequado de suas altas funções. [...]" (ALVARO DE OLIVEIRA, Carlos Alberto. *Efetividade e Processo de Conhecimento*. In: *Do Formalismo no Processo Civil*. 2ª ed. São Paulo: Saraiva, 2003, p. 257).

[120] Nas palavras de Fátima Nancy Andrighi (*Juizado Especial de Família*. In: *Afeto, Ética, Família e o Novo Código Civil*, coordenador Rodrigo da Cunha Pereira. Belo Horizonte: Del Rey, 2004, p. 182): "Em litígio de família, deve-se primar pela diluição do conflito e não pela solução dele. O solucionar se opera com prolação de sentença que é imposta às partes, da qual, sempre, advirá um vencedor e um vencido. O diluir pressupõe que as próprias partes encontrem o caminho da convivência respeitosa, subjazendo aí a continuidade da relação pós-separação".

2. A tutela jurisdicional como resultado das exigências de direito material associadas às técnicas disponibilizadas pelo processo

Foi visto no Capítulo anterior que a *tutela jurisdicional* é uma espécie de *tutela dos direitos*, não a única, diferenciando-se das demais modalidades que integram esse mesmo gênero em virtude do *sujeito/autoridade que a exerce*, necessariamente um órgão do Poder Judiciário, cujas decisões são dotadas de imperatividade. Portanto, não é apenas através da jurisdição que a *tutela jurídica* é realizada,[121] sendo possível sua efetivação de maneira espontânea, consensual, ou por decisão de um terceiro escolhido pelas partes, ou ainda na esfera administrativa, sem contar os casos em que admitida a autotutela.

Nesse mesmo sentido a lição de Luiz Guilherme Marinoni:

> A tutela jurisdicional, portanto, deve ser compreendida somente como uma modalidade de tutela dos direitos. Ou melhor, a tutela jurisdicional e as tutelas prestadas pela norma de direito material e pela Administração constituem espécies do gênero tutela dos direitos.[122]

De outra parte, o autor paranaense nitidamente sustenta que a *tutela dos direitos* está prevista nas *normas materiais*, às quais o sistema processual deve servir, oferecendo mecanismos, técnicas capazes de realizar em concreto a situação juridicamente protegida em abstrato. Diante de tal raciocínio, somente uma classificação seria possível quanto à *tutela jurídica*: aquela que levasse em conta exclusivamente o *direito material atingido ou ameaçado*. Todas as demais classificações que tivessem relação com a *forma* através da qual o processo realiza o direito substancial corresponderiam apenas a *técnicas*, e não a *espécies de tutela*.

---

[121] "Assim, não se pode diferenciar, de forma absoluta, a tutela jurídica da tutela jurisdicional até mesmo porque, entre uma e outra, existe uma indiscutível relação de gênero e espécie". (MAFFINI, Rafael da Cás. *Tutela Jurisdicional: um ponto de convergência entre o direito e o processo*. In: *Revista AJURIS*, Porto Alegre, n. 76, dezembro de 1999, p. 270).

[122] MARINONI, Luiz Guilherme. *Técnica Processual e Tutela dos Direitos*. São Paulo: Editora Revista dos Tribunais, 2004, p. 145-146.

Note-se, porém, que Luiz Guilherme Marinoni diferencia *técnica processual* e *tutela dos direitos* (não *tutela jurisdicional*), o que fica evidente já no próprio título da sua obra acima citada, específica sobre o tema. Em razão disso, inquestionavelmente desloca a problemática para o gênero (*tutela dos direitos*), sem atender às peculiaridades de cada uma das espécies, dentre elas a *tutela jurisdicional*, ora objeto de análise.

Quando se fala em *tutela jurisdicional*, necessariamente realizada através do processo (e não em *tutela de direitos*, expressão mais abrangente, conforme já mencionado), não se pode ignorar a *técnica* como algo tão fundamental que chega a caracterizar e a se confundir com a própria tutela, cuja prestação somente é viável através dos mecanismos processuais disponibilizados ao operador do direito. O processo não é um instrumento vazio destinado a realizar direitos materiais, mas sim uma organização de *técnicas apropriadas* para proteger e concretizar esses direitos.[123] Tal entendimento é endossado pelas palavras de Flávio Luiz Yarshell:

> Para que isso não soe vago, é preciso lembrar que 'tutela jurisdicional' é locução apta a designar não apenas o resultado do processo, mas igualmente os meios predispostos para a obtenção desse resultado [...].[124]

Por outro lado, Cândido Rangel Dinamarco, ao definir "técnica", expõe de forma clara essa interdependência entre o direito material e o processo:

> Técnica é a predisposição ordenada de meios destinados a obter certos resultados preestabelecidos. Toda técnica será cega e até perigosa se não houver a consciência dos objetivos a

---

[123] Tal afirmação deve ser bem compreendida: absolutamente não se pretende insinuar que o processo seja apenas um amontoado de técnicas neutras, indiferentes ao conteúdo (ou resultado) que através delas é realizado; pelo contrário, é dada a máxima importância ao direito material a ser tutelado, por ser com base nele e nos valores que informam o ordenamento jurídico que será feita a escolha da técnica mais apropriada às circunstâncias, dentre os vários meios disponíveis para atingir o resultado desejado. Nesse sentido as palavras de Carlos Alberto Alvaro de Oliveira: "Revela-se importante ressaltar a variabilidade dos meios, ou das técnicas, pois muitos ou alguns podem alcançar o mesmo alvo; tem-se portanto de escolher, e só a vontade pode escolher [...]". Mais adiante prossegue o referido autor: "O ideal é colocar a técnica processual a serviço do direito material e dos fins últimos do processo [...]" (ALVARO DE OLIVEIRA, Carlos Alberto. *Do Formalismo no Processo Civil*. 2ª ed. São Paulo: Saraiva, 2003, p. 125 e 126, respectivamente). Enfim, quando se diz que o processo, enquanto instrumento, consiste numa "organização de *técnicas apropriadas* para proteger e concretizar esses direitos [materiais]", automaticamente já se está fazendo referência, ainda que indireta, à sua finalidade e aos valores que o devem informar. Isso fica ainda mais claro quando se vê que a classificação da tutela jurisdicional proposta neste livro não fica restrita aos meios (técnicas), mas engloba também os resultados (atinentes ao direito material tutelado).

[124] YARSHELL, Flávio Luiz. *Tutela Jurisdicional*. São Paulo: Atlas, 1998, p. 189. Na mesma linha o estudo de Rafael da Cás Maffini: "Assim, diante do que foi desenvolvido quanto ao significado de tutela jurisdicional, conclui-se que quando se utiliza tal expressão, esta pode significar tanto o resultado obtido com a atividade jurisdicional instrumentalizada pelo processo, em favor daquele que estiver amparado pelo direito, quanto a técnica, isto é, os meios processuais a serem utilizados neste mister. [...]" (MAFFINI, Rafael da Cás. *Embargos do Executado e Tutela Jurisdicional*. Dissertação de Mestrado. Faculdade de Direito da Universidade Federal do Rio Grande do Sul. Porto Alegre, 2001, p. 41).

realizar, mas também seria estéril e de nada valeria a definição de objetivos sem a predisposição de meios técnicos capazes de promover sua realização.[125]

Enfim, a tutela jurisdicional é prestada obrigatoriamente através do processo,[126] instrumento destinado a realizar certos fins, é verdade, mas tudo de acordo com técnicas em geral pré-estabelecidas, intimamente ligadas a esse resultado.

Tomar apenas o direito substancial ameaçado ou violado como critério para classificar a *tutela jurídica prestada pela via judicial* (ou seja, a *tutela jurisdicional*) é medida *radicalmente oposta* à aceitação do processo como mecanismo autônomo, desvinculado do direito material. Todavia, também consiste em *radicalismo*, pois, para se contrapor ao posicionamento contestado, nega veementemente todas as constatações proporcionadas pela visão contrária, que, sob certo ponto de vista, igualmente gerou avanços, como menciona Rafael da Cás Maffini:

> Essa autonomia, permitiu o desenvolvimento quase que exaustivo dos principais conceitos e institutos processuais, tais como a Jurisdição, a ação e o processo. Assim, houve um indiscutível aprimoramento da técnica processual destinada a consecução dos fins do Processo.

Prosseguindo, no parágrafo seguinte refere:

> Ocorre que, com essa autonomia, chegou-se ao extremo da negação de qualquer relação entre o processo e o Direito, entendendo-os como ramos absolutamente autônomos. Tal forma de compreender o processo demonstra-se tão equivocada como o de entendê-lo como algo imanente ao direito material.[127]

O que se propõe é uma *classificação mais abrangente,*[128] incluindo tanto os aspectos relacionados com o *direito material* quanto os que pos-

---

[125] DINAMARCO, Cândido Rangel. Instituições de Direito Processual Civil, v. 1. São Paulo: Malheiros, 2001, p. 59. Sobre o conceito de "técnica jurídica", fundamental ainda a referência à obra de Carlos Alberto Alvaro de Oliveira, em que o aludido autor, após apresentar diversas definições acerca do tema, opta por uma concepção que destaca o caráter instrumental do processo, segundo a qual "a técnica jurídica visa ao conjunto dos meios e procedimentos para garantir a realização das finalidades gerais ou particulares do direito". (ALVARO DE OLIVEIRA, Carlos Alberto. *Direito Material, Processo e Tutela Jurisdicional.* In: *Polêmica sobre a Ação: a tutela jurisdicional na perspectiva das relações entre direito e processo,* organizadores Fábio Cardoso Machado e Guilherme Rizzo Amaral. Porto Alegre: Livraria do Advogado, 2006, p. 291).

[126] Ao definirem "jurisdição" como *uma das* manifestações do poder do Estado, Luiz Guilherme Marinoni e Sérgio Cruz Arenhart alertam para a necessidade de identificar *quem a exerce* e *de que modo o faz,* concluindo em seguida que a "jurisdição é exercida pelo juiz, devidamente investido no poder do Estado, e por meio do processo. Em outras palavras, o processo é o instrumento pelo qual o Estado exerce a jurisdição" (MARINONI, Luiz Guilherme; ARENHART, Sérgio Cruz. *Manual do Processo de Conhecimento.* 3ª ed. São Paulo: Editora Revista dos Tribunais, 2004, p. 78).

[127] MAFFINI, Rafael da Cás. *Tutela Jurisdicional: um ponto de convergência entre o direito e o processo.* In: *Revista AJURIS,* Porto Alegre, n. 76, dezembro de 1999, p. 284-285.

[128] Afirma Flávio Luiz Yarshell: "Convém apenas lembrar que, entre o momento de invocação da tutela jurisdicional (estudo feito aqui sob o ângulo da ação) e a edição do provimento final, situam-se os meios predispostos à consecução desse objetivo. Tais meios serão examinados na seqüência, sob a ótica do processo e do procedimento, fechando-se o quadro em que inserida a 'tutela jurisdicional' em sua dimensão mais ampla". E continua: "Impende também, e desde logo, frisar a impossibilidade de

suem maior conotação *técnica*, por entender que todos eles são fundamentais para definir e distinguir as formas de *tutela jurisdicional*.[129] Ou, melhor ainda: para não confundir espécies de tutela definidas segundo critérios diversos, sugere-se que sejam realizadas *várias classificações*,[130] cada uma delas embasada num critério específico (alguns mais ligados ao direito material, outros mais intimamente vinculados à técnica utilizada).

Tal objetivo, portanto, em nenhuma hipótese pode ser confundido com "intuito de dissociar ou de afastar *processo* e *direito material*".[131] Muito pelo contrário: procura-se demonstrar que não existe uma independência absoluta do processo, mas também não há uma vinculação obrigatória entre ele e o direito substancial sob *todos* os aspectos, até mesmo porque o processo existe ainda quando o mérito (o próprio direito material afirmado) não é analisado.

Resta ainda uma última observação a ser feita quanto ao possível mal entendido previsto no parágrafo anterior: ao elaborar várias classificações diferentes, não se está a sugerir que a tutela jurisdicional seja caracterizada exclusivamente segundo algum desses critérios (que pode estar mais ou menos atrelado ao direito material), mas sim de acordo com *todos* os critérios possíveis que se mostrem relevantes, muitos dos quais inclusive foram omitidos nesta obra, pois um rol completo não teria fim.[132] Com a *soma*

---

desvinculação entre resultados ('tutela' em favor do vencedor), de um lado, e formas de invocação desse resultado e os meios empregados para a respectiva formação. Não há e nunca haverá resultado adequado sem que se estabeleçam 'canais' e 'instrumentos' adequados para que aquele seja alcançado. É nisso, aliás, que consiste a instrumentalidade do processo". (YARSHELL, Flávio Luiz. *Tutela Jurisdicional.* São Paulo: Atlas, 1998, p. 137-138). Recomenda-se, também, a leitura de artigo em que as idéias acima reproduzidas são detidamente examinadas: PINTAÚDE, Gabriel. *Tutela Jurisdicional (no confronto doutrinário entre Carlos Alberto Alvaro de Oliveira e Ovídio Baptista da Silva e no pensamento de Flávio Luiz Yarshell).* In: *Polêmica sobre a Ação: a tutela jurisdicional na perspectiva das relações entre direito e processo*, organizadores Fábio Cardoso Machado e Guilherme Rizzo Amaral. Porto Alegre: Livraria do Advogado, 2006, p. 253-284.

[129] "Por essa via, ratifica-se o anteriormente afirmado quanto ao estudo da tutela jurisdicional superar a dicotomia científica existente entre o direito e o processo, porquanto é necessário a utilização [*sic*] de elementos contidos em ambos os ramos da ciência jurídica, buscando-se, com isso, a obtenção do almejado resultado jurídico-substancial do processo". (MAFFINI, Rafael da Cás. *Tutela Jurisdicional: um ponto de convergência entre o direito e o processo.* In: *Revista AJURIS*, Porto Alegre, n. 76, dezembro de 1999, p. 275-276).

[130] Sobre a possibilidade de classificação da tutela jurisdicional segundo mais de um critério: DESTEFENNI, Marcos. *Natureza Constitucional da Tutela de Urgência.* Porto Alegre: Sergio Antonio Fabris Editor, 2002, p. 168 e seguintes.

[131] Essa parece ser a preocupação de Michele Taruffo ao asseverar: "Existe também uma tendência difusa a que se afrontem os problemas no plano restrito da técnica processual, sem que se levem em consideração, como seria o correto, as situações substanciais carentes de tutela [...]" (TARUFFO, Michele. *A Atuação Executiva dos Direitos: perfis comparatísticos*, traduzido para o português por Teresa Celina de Arruda Alvim Pinto. In: *Revista de Processo*, São Paulo, n. 59, julho-setembro de 1990, p. 72). A observação do processualista italiano, contudo, não é suficiente para invalidar o posicionamento sustentado no presente trabalho, uma vez que tanto as técnicas quanto as situações materiais tuteláveis serão objeto de exame, reconhecendo-se expressamente a relevância de ambas.

[132] Alguns outros critérios classificatórios, aqui não repetidos por serem irrelevantes para o tema específico dos alimentos, são sugeridos no ensaio: BOECKEL, Fabrício Dani de. *Espécies de Tutela*

dessas classificações, chega-se a uma caracterização muito mais precisa da *tutela jurisdicional*,[133] ao mesmo tempo em que se destaca que essa *modalidade de tutela dos direitos* necessariamente representa a associação entre *técnicas processuais* e *direitos materiais a serem protegidos*. Em outros termos: assim é possível demonstrar de maneira mais enfática que a *tutela jurisdicional dos direitos* está vinculada não apenas ao direito substancial, mas igualmente às técnicas através das quais é prestada;[134] quando inserida a palavra "jurisdicional" logo depois do vocábulo "tutela", naturalmente se estará fazendo alusão também à *forma* de prestação da tutela.

Examinado o tema sob esse ângulo, é possível avançar na classificação da tutela jurisdicional, escapando dos limites que Luiz Guilherme Marinoni fixa para o estudo da matéria.[135] Ao mesmo tempo, não se ignora que muitas das espécies classificadas no presente trabalho consistem

---

Jurisdicional. In: *Genesis – Revista de Direito Processual Civil*, Curitiba, n. 37, julho-setembro de 2005, p. 432-469.

[133] Exatamente nestes termos a lição de Flávio Yarshell, referindo-se a uma classificação exclusivamente com base nos resultados produzidos pelo provimento judicial: "Em primeiro lugar, essa categorização não substitui ou exclui aquela outra 'processual' pela simples razão de que os efeitos substanciais – embora possam e devam ser enfatizados – somente são atingíveis por meio da eficácia processual do provimento. Pelo contrário, é precisamente a confrontação dessas tipologias, fundadas em critérios diferentes (mas complementares), que ajuda a visualizar o fenômeno processual [...]" (YARSHELL, Flávio Luiz. *Tutela Jurisdicional*. São Paulo: Atlas, 1998, p. 164).

[134] Salvo engano, parece que essa idéia está implícita nas palavras de Andrea Proto Pisani, ao enfatizar o papel da técnica, em trecho relativo à "tutela jurisdicional diferenciada": "Effettuato questo chiarirmento preliminare si aprono due possibilità nello svolgimento di questa relazione: la prima è data dalla verifica della legittimità costituzionale e soprattutto dalla opportunità della previsione (de iure condito e di iure condendo) di più riti a cognizione piena ed esauriente in considerazione della particolarità delle singole situazioni sostanziali, e di procedimenti sommari più o meno tipici modellati sulle esigenze specifiche di tutela di diritti vecchi e nuovi; la seconda è data dall'esame dei problemi tecnici principali posti dal concorso in uno stesso momento di più procedimenti a cognizione piena ed esauriente, e dall'esistenza di procedimenti sommari tipici suscettibili di offrire utilità pratiche equivalenti (se non identiche) a quellle che si potrebbero ottenere tramite il ricorso o la conclusione di un processo a cognizione piena ed esauriente". (PISANI, Andrea Proto. *Sulla Tutela Giurisdizionale Differenziata*. In: *Rivista di Diritto Processuale*, Padova, n. 34, 1979, p. 538).

[135] A diferença de perspectiva fica evidenciada pela comparação entre os termos em que Luiz Guilherme Marinoni enfoca a questão da tutela jurisdicional e as conclusões a que chega Rafael da Cás Maffini sobre o mesmo assunto: "[...] Em suma, não há como pensar em tutela jurisdicional sem separar as várias formas de tutela dos direitos exigidas e prometidas pelo direito material das técnicas processuais que devem viabilizar a sua prestação". (MARINONI, Luiz Guilherme. *Da Ação Abstrata e Uniforme à Ação Adequada à Tutela dos Direitos*. In: *Polêmica sobre a Ação: a tutela jurisdicional na perspectiva das relações entre direito e processo*, organizadores Fábio Cardoso Machado e Guilherme Rizzo Amaral. Porto Alegre: Livraria do Advogado, 2006, p. 251); "[...] a tutela jurisdicional é um conceito que se ocupa tanto do direito material como do direito processual, motivo pelo qual exorbita o estudo exclusivo de uma ou de outra ciência. Por isso, faz-se necessário que tal instituto jurídico seja estudado sob a perspectiva de uma nova abordagem metodológica, na qual o processo deve obrigatoriamente ser compreendido a partir das situações oriundas do direito material" (MAFFINI, Rafael da Cás. *Tutela Jurisdicional: um ponto de convergência entre o direito e o processo*. In: *Revista AJURIS*, Porto Alegre, n. 76, dezembro de 1999, p. 285). Sequer seria preciso reiterar, em função de tudo o que foi dito anteriormente, que a perspectiva adotada neste livro melhor se afina com a defendida por Rafael da Cás Maffini, já que a *separação* proposta por Luiz Guilherme Marinoni dificulta a visualização completa do problema, localizado exatamente no ponto de encontro (ou de convergência) entre os planos do direito material e do processo.

TUTELA JURISDICIONAL DO DIREITO A ALIMENTOS

em verdadeiras *técnicas*, de certo modo *neutras quanto ao direito material protegido*,[136] mas que nem por isso deixam de ser *formas* de realizá-lo adequadamente. É o caso típico da antecipação de tutela, que será analisado posteriormente.

Note-se, aliás, que as expressões "antecipação de tutela", "tutela antecipatória", "tutela cautelar", "tutela provisória", "tutela temporária", entre tantas outras, são utilizadas pelos processualistas brasileiros a todo momento, inclusive por Luiz Guilherme Marinoni.[137] E nenhuma dessas *espécies de tutela* tem vinculação imediata com o direito material protegido: são espécies de tutela jurisdicional classificadas segundo critérios estritamente técnicos, processuais.

Busca-se enxergar, portanto, além de um único critério, principal omissão em que incorre significativo número de processualistas, quando classificam a tutela jurisdicional apenas em: "antecipatória ou final"; "cautelar ou satisfativa"; "preventiva ou sancionatória/repressiva"; "provisória, temporária ou definitiva"; "urgente ou não", ou; "específica ou não". A análise conjunta, cumulada, utilizando todos os critérios possíveis e imagináveis, fornece maior riqueza na definição e na caracterização da tutela concedida. Em relação ao direito a alimentos, por exemplo, é fundamental examinar se a tutela deve ser prestada no início ou no final do processo, an-

---

[136] Quanto ao sentido conferido à palavra "neutralidade", importante mencionar que não significa uma despreocupação relativa ao direito material visado, e sim a possibilidade de que uma mesma técnica eventualmente seja utilizada para realização de direitos cujas naturezas não coincidam. Assim ensina Carlos Alberto Alvaro de Oliveira: "técnicas, porém, embora sirvam ao valor, não podem ser com ele confundidas. A esse respeito, observa acertadamente Del Vecchio que as regras técnicas constituem os meios obrigatoriamente empregados para se conseguir um propósito, mas não prejulgam se é lícito, obrigatório ou ilícito propor-se o fim de que se trate. A técnica nada tem a ver com o valor das finalidades a que serve, pois concerne exclusivamente aos procedimentos que permitem realizá-las, sem se preocupar por esclarecer se são boas ou más. Apreciar o mérito dos fins do indivíduo é problema ético, não técnico. [...]" (ALVARO DE OLIVEIRA, Carlos Alberto. *Direito Material, Processo e Tutela Jurisdicional*. In: *Polêmica sobre a Ação: a tutela jurisdicional na perspectiva das relações entre direito e processo*, organizadores Fábio Cardoso Machado e Guilherme Rizzo Amaral. Porto Alegre: Livraria do Advogado, 2006, p. 292-293). Ademais, a análise da tutela sob um ponto de vista mais técnico não exclui as outras perspectivas sob as quais pode a mesma ser estudada, aí abarcando os aspectos mais intimamente vinculados ao direito substancial. Assim posta a questão, parece que o pensamento defendido não se choca com aquele que é sustentado, entre outros, por José Roberto Bedaque: "Daí a conclusão, já externada em outra oportunidade, a respeito do caráter ético da ciência processual. Na medida em que a tutela deve ser adequada às especificidades do direito material, não se pode pensar na construção de um instrumento absolutamente neutro, puramente técnico. Inexiste a suposta indiferença do instrumento em relação ao objeto. A variedade de meios procedimentais, formas e espécies de tutelas está relacionada às necessidades específicas das relações de direito substancial" (BEDAQUE, José Roberto dos Santos. *Tutela Cautelar e Tutela Antecipada: tutelas sumárias e de urgência (tentativa de sistematização)*. São Paulo: Malheiros, 1998, p. 11).

[137] Mais do que isso: por vezes o autor paranaense utiliza indistintamente as expressões *técnica antecipatória* e *tutela antecipatória*. É o que podemos perceber lendo os trechos a seguir transcritos: "As pressões sociais por tutela jurisdicional adequada e o consequente uso da ação cautelar inominada como técnica de sumarização do processo de conhecimento levaram à introdução da técnica antecipatória, no final de 1994, nos arts. 273 e 461 do CPC". E continua no parágrafo seguinte: "Antes da instituição da tutela antecipatória no CPC [...]" (MARINONI, Luiz Guilherme. *Técnica Processual e Tutela dos Direitos*. São Paulo: Editora Revista dos Tribunais, 2004, p. 108).

tes ou depois de consumado o dano, de forma definitiva ou não, etc. O estudo isolado de qualquer desses aspectos seria insuficiente para compreender todos os matizes da tutela prestada, bem como inviabilizaria uma análise acerca da adequação do processo ao direito material.[138]

Finalizando, registre-se que Luiz Guilherme Marinoni e Sérgio Cruz Arenhart, em obra conjunta, admitem não estar equivocada uma concepção mais ampla da *tutela jurisdicional*, a englobar também as técnicas utilizadas para prestação da tutela. Ainda que optem por uma definição mais restrita, afirmam:

> A tutela jurisdicional, em determinada perspectiva, é o resultado que o processo proporciona no plano do direito material; em outra é o conjunto de meios processuais estabelecidos para que tal resultado possa ser obtido. Quando se pensa nos meios processuais, concebidos pela lei, para a tutela do direito material, há, mais propriamente, técnica processual de tutela; quando se tem em consideração o resultado que as técnicas processuais de tutela proporcionam, há, em toda a sua plenitude, uma espécie de tutela jurisdicional prestada.
>
> Deixe-se claro, de fato, que quando se pensa nos meios que permitem a obtenção de um resultado no plano do direito material, não é incorreto falar em 'tutela jurisdicional'. Quando se percebe, contudo, a necessidade de distinguir os meios (que permitem a prestação da tutela) do fim a ser obtido (o resultado no plano do direito material), apresenta-se adequada a distinção entre tutela jurisdicional stricto sensu e técnicas de tutela jurisdicional.[139]

Daí resulta que, além de uma tutela jurisdicional em sentido estrito, igualmente existe uma forma de concebê-la como algo mais amplo (tutela jurisdicional *lato sensu*). Conveniente apenas referir que a *necessidade de distinguir os meios em relação ao fim a ser obtido* em nada resta prejudicada pela concepção aqui incorporada, pois o objeto do estudo ("tutela jurisdicional") será analisado segundo os mais diversos critérios, sem confusão entre eles.

---

[138] A propósito da importância de ser o processo adequado às necessidades do direito material a que deve servir, interessante reproduzir trecho escrito por Franz Matscher: "A cosa può servirci un'idea per quanto buona sia – ha aggiunto – se non la si può realizzare? Trasposto al linguaggio del mondo giuridico ciò vuol dire che un diritto sostanziale, anche se ben individuato, rischia di restare lettera morta, se non è congiunto ad un diritto processuale, anch'esso all'altezza del suo compito, che ne assicuri l'applicazione". (MATSCHER, Franz. *La Tutela Giurisdizionale dei Diritti dell'Uomo a Livello Nazionale ed Internazionale*. In: *Rivista Trimestrale di Diritto e Procedura Civile*, Milão, ano XLIII, n. 3, setembro de 1989, p. 662). Carlos Alberto Alvaro de Oliveira inclusive coloca a "adequação" como um dos "princípios da tutela jurisdicional", ressaltando que a proteção oferecida pelo Judiciário deve estar em conformidade com o direito material posto em causa, colocação inteiramente compatível com o raciocínio ora desenvolvido (ALVARO DE OLIVEIRA, Carlos Alberto. *Formas de Tutela Jurisdicional no Chamado Processo de Conhecimento*. In: *Revista AJURIS*, Porto Alegre, n. 100, dezembro de 2005, p. 64).

[139] MARINONI, Luiz Guilherme; ARENHART, Sérgio Cruz. *Manual do Processo de Conhecimento*. 3ª ed. São Paulo: Editora Revista dos Tribunais, 2004, p. 475.

3. Conflito entre os valores da efetividade e da segurança jurídica quando em pauta o direito a alimentos

Evidente que, para oferecer às partes julgamento justo, dotado de máxima certeza e segurança jurídica, é necessário *tempo*, seja para possibilitar a contraposição de argumentos entre as partes, seja para produzir as provas indispensáveis, seja ainda para que o juiz possa estudar o caso adequadamente, com ampla análise das questões fáticas e dos aspectos jurídicos, assim oferecendo decisão que solucione corretamente o litígio e restabeleça a paz social de forma definitiva.

De outra parte, em várias ocasiões a demora do Poder Judiciário na resolução do conflito pode significar verdadeira denegação de justiça,[140] tal a iminência (a) de que o direito seja (ou continue sendo) violado ou (b) de que se torne impossível a reparação, restauração, ressarcimento do dano já ocorrido, em função do desaparecimento das condições materiais necessárias para tanto.

O Estado, ao proibir que a tutela dos direitos seja exercida de forma direta pelos seus titulares (salvo em hipóteses bastante peculiares), obrigatoriamente assume, em contrapartida, o dever de oferecer respostas adequadas a todas violações ou ameaças a direitos materiais, o que é feito através do processo. Conseqüentemente, o sistema processual precisa estar aparelhado com mecanismos aptos a proporcionar, tempestivamente, a preven-

---

[140] "Paralelamente, o tempo tornou-se em nossos dias um dos parâmetros fundamentais da Justiça moderna, em face da mudança de natureza qualitativa na natureza dos litígios, na maior parte surgidos em virtude da massificação da economia, abrangendo um número enorme de pessoas de poucos ou médios recursos. A tudo isso se acrescenta a extraordinária velocidade do mundo atual, decorrente da revolução informática, a exigir um novo paradigma de Justiça, certamente diverso do modelo iluminista que inaugurou a modernidade". (ALVARO DE OLIVEIRA, Carlos Alberto. *Efetividade e Processo de Conhecimento*, p. 257. In: *Do Formalismo no Processo Civil*. 2ª ed. São Paulo: Saraiva, 2003, p. 244-259).

ção e a reparação (*lato sensu*) de qualquer espécie de lesão ou ameaça a interesses juridicamente protegidos.[141]

Se por um lado o *tempo* é elemento essencial à obtenção de decisão segura e justa, por outro, a demora em resolver o litígio freqüentemente causa perigo de que, antes da decisão definitiva, se consume a ilicitude, o dano, ou ainda o perecimento ou a destruição do objeto visado, a dilapidação do patrimônio que serviria como garantia do credor, etc. Surge, então, o conflito entre dois valores básicos assegurados pelo ordenamento jurídico brasileiro, a *segurança jurídica* e a *efetividade da jurisdição*,[142] fenômeno de tensão que Teori Albino Zavascki define de forma precisa:

---

[141] Nessa direção o ensinamento de Luiz Guilherme Marinoni: "A problemática da efetividade do processo está ligada ao fator tempo, pois não são raras as vezes que a demora do processo acaba por não permitir a tutela efetiva do direito. Entretanto, se o Estado proibiu a autotutela, não pode apontar o tempo como desculpa para se desonerar do grave compromisso de tutelar de forma pronta e adequada os vários casos conflitivos concretos". (MARINONI, Luiz Guilherme. *Tutela Cautelar, Tutela Antecipatória Urgente e Tutela Antecipatória*. In: *Revista AJURIS*, Porto Alegre, n. 61, julho de 1994, p. 63).

[142] Carlos Alberto Alvaro de Oliveira alude à efetividade e à segurança como "sobreprincípios", por representarem "valores essenciais para a conformação do processo em tal ou qual direção, com vistas a satisfazer determinadas finalidades, servindo também para orientar o juiz na aplicação das regras e dos demais princípios" (ALVARO DE OLIVEIRA, Carlos Alberto. *Formas de Tutela Jurisdicional no Chamado Processo de Conhecimento*. In: *Revista AJURIS*, Porto Alegre, n. 100, dezembro de 2005, p. 65). O autor gaúcho afirma que, além desses dois *sobreprincípios*, há três *princípios* que atuam como "elementos típicos da tutela jurisdicional", quais sejam: os princípios *dispositivo, da demanda* e *da adequação* (p. 64-65). Quanto a este último, já foi reconhecido no Capítulo anterior que efetivamente se trata de um princípio próprio da tutela jurisdicional. Em relação aos dois outros, contudo, tem-se que respeitosamente discordar do entendimento manifestado por Carlos Alberto Alvaro de Oliveira, em especial porque o direito material que serve de substrato ao presente estudo teima em demonstrar que, ao menos no que tange à tutela dos alimentos, os princípios dispositivo e da demanda têm importância reduzidíssima. Com efeito, a idéia de que o indivíduo é livre para dispor do próprio direito e para optar pela espécie de tutela jurisdicional que poderá ser dispensada pelo tribunal (princípio dispositivo) não tem aplicabilidade ao direito alimentar. Determina o art. 734 do CPC: "Quando o alimentante for funcionário público, militar, diretor ou gerente de empresa, bem como empregado sujeito à legislação do trabalho, o juiz mandará descontar em folha de pagamento a importância da prestação alimentícia". Ou seja, independentemente de pedido do alimentando, e ainda que este somente tenha postulado a "condenação" do réu ao pagamento da verba alimentar, a sentença possuirá também eficácia "executiva" sempre que o demandado tiver vínculo laboral certo, providência que *deve* ser tomada até mesmo de ofício pelo juiz, com fulcro no dispositivo legal em comento, assim como nos arts. 16 e 17 da Lei 5.478/68. De outra parte, a regra concernente à impossibilidade de antecipação de tutela por ausência de requerimento do litigante interessado igualmente não serve para demonstrar a aplicação do princípio dispositivo em relação aos alimentos, uma vez que o art. 4º, *caput*, da Lei 5.478/68, expressamente permite a fixação de alimentos provisórios sem solicitação da parte autora. No que diz com o princípio da demanda, também não exerce influência significativa em matéria alimentar, pois o valor dos alimentos não fica adstrito ao pensionamento pedido na inicial, entendendo há muito a jurisprudência que o julgador deve fixar a verba alimentar de acordo com as possibilidades do alimentante e com as necessidades do alimentando, ainda que estipulando pensão superior à pleiteada pelo autor. Tal orientação jurisprudencial é inclusive destacada por Carlos Alberto Alvaro de Oliveira em outra obra sua, onde várias decisões são mencionadas nesse sentido (ALVARO DE OLIVEIRA, Carlos Alberto. *A Tutela de Urgência e o Direito de Família*. São Paulo: Saraiva, 1998, p. 109). Afora isso, difícil compatibilizar o princípio da demanda com a possibilidade de a ação destinada à prestação de alimentos ser ajuizada pela própria parte responsável pelo sustento da família que resolver se ausentar da residência comum (art. 24 da Lei 5.478/68). Diante de todo o exposto, parece necessário ressaltar que tais princípios não exercem influência relevante sobre a tutela jurisdicional do direito a alimentos, não cabendo aqui prosseguir a análise simplesmente para averiguar se esta é apenas uma exceção ou se outras existem a

O decurso do tempo, todos sabem, é inevitável para a garantia plena do direito à segurança jurídica, mas é, muitas vezes, incompatível com a efetividade da jurisdição, notadamente quando o risco de perecimento do direito reclama tutela urgente. Sempre que se tiver presente situação dessa natureza – em que o direito à segurança jurídica não puder conviver, harmônica e simultaneamente, com o direito à efetividade da jurisdição – ter-se-á caracterizada hipótese de colisão de direitos fundamentais dos litigantes, a reclamar solução harmonizadora. Ora, a harmonização – porque supõe pluralidade de elementos a serem harmonizados – não pode se dar, simplesmente, à custa da eliminação de um dos direitos colidentes. Isto não seria uma solução harmonizadora (conciliadora, congraçadora, conformadora) dos elementos em conflito, mas sim uma solução de desarmonização, se assim se pode dizer, pois equivaleria a excluir do sistema jurídico, como se dele não fizesse parte, um dos direitos conflitantes.[143]

Durante muito tempo, contudo, a atenção do legislador manteve-se focada apenas no primeiro desses valores, sob o argumento de que, para conferir maior efetividade aos direitos através do processo, seria necessário diminuir drasticamente o grau de segurança jurídica por ele proporcionado. Esse temor foi suficiente para manter, ao longo de anos, o desequilíbrio entre tais direitos fundamentais conflitantes, invariavelmente concedendo preponderância à segurança em detrimento da efetividade.

Mais recentemente, porém, os operadores do direito perceberam que a falta de efetividade do processo também seria causa de incerteza, de insegurança jurídica, uma vez que a parte vitoriosa não saberia se a satisfação de seu direito seria possível de fato, muito menos se a conseqüência prática visada seria realizada em tempo hábil, proporcionando o resultado esperado enquanto o mesmo ainda tivesse alguma utilidade e importância para o respectivo titular.[144]

Constatada essa interdependência, bem como a necessidade de compatibilização entre os valores da efetividade e da segurança jurídica, alterou-se o centro das atenções no processo civil brasileiro, iniciando-se em 1994 verdadeira "onda reformadora"[145] destinada a conferir maior efetividade ao processo, tudo em conformidade com uma nova leitura do art. 5º, inciso XXXV, da Constituição Federal, agora corroborada pelo inciso LXXVIII, acrescentado pela Emenda Constitucional nº 45, de 08.12.2004. A ponderação envolvendo os valores em conflito ganhou o devido espaço,

---

ponto de desqualificá-los como "princípios da tutela jurisdicional". Objetivando manter a obra dentro dos limites previamente estabelecidos, abordar a tutela de direitos outros que não o de alimentos seria no mínimo inadequado.

[143] ZAVASCKI, Teori Albino. *Antecipação da Tutela*. 2ª ed. São Paulo: Saraiva, 1999, p. 66.

[144] Afora esse aspecto, é de ressaltar que a complacência com a demora na tramitação do feito estimula a adoção de uma conduta protelatória por parte do litigante sem razão. A respeito da matéria: PASETTI, Babyton. *A Tempestividade da Tutela Jurisdicional e a Função Social do Processo*. Porto Alegre: Sergio Antonio Fabris Editor, 2002, p. 71.

[145] A locução é utilizada por Teori Albino Zavascki em artigo intitulado *Reforma do Sistema Processual Civil Brasileiro e Reclassificação da Tutela Jurisdicional*. In: *Revista de Processo*, São Paulo, n. 88, outubro-dezembro de 1997, p. 176-177.

assim evitando que qualquer deles restasse suprimido pelo excessivo cuidado com a observância do outro.

Para viabilizar que a efetividade da jurisdição alcançasse estágio equivalente àquele em que a segurança jurídica já se encontrava, foi indispensável a criação de novas técnicas, de mecanismos capazes de proporcionar a concessão da tutela em menor tempo e também de assegurar maior identidade entre o resultado do processo e a situação que decorreria da obediência espontânea à ordem jurídica material.[146] Em contrapartida, igualmente foram concebidos mecanismos destinados a assegurar que a preocupação em evitar os transtornos gerados pela demora do processo e ainda viabilizar a prestação de tutela específica não acarretassem insegurança jurídica. O processo assumiu verdadeiramente sua condição de instrumento capaz de proporcionar a realização concreta do direito material, procurando oferecer tutela adequada às mais variadas situações protegidas, em abstrato, pelas normas jurídicas substanciais. A necessidade de alteração do instrumento diante das modificações ocorridas no plano do direito material, ao qual efetivamente aquele deveria servir, tornou-se evidente.

Enfim, nos últimos anos inúmeras modalidades de tutela jurisdicional foram desenvolvidas no Brasil, com o objetivo de que o processo passasse a ser um instrumento cada vez melhor aparelhado para proteger e realizar, de modo preciso, adequado, idôneo, útil, tempestivo e seguro, os direitos atribuídos pelas normas substanciais.[147]

No que toca especificamente com o direito a alimentos, a questão acima tratada assume contornos peculiares.[148] Primeiro, é de se ressaltar que a obrigação imposta ao alimentante deve ser cumprida de forma periódica, visando a atender necessidades atuais do respectivo credor, alusivas a seu sustento. Ademais, considerando essa destinação própria da verba alimentar, inquestionavelmente sua satisfação no momento oportuno se mostra indispensável à mantença do alimentando, porque as necessidades do ser

---

[146] Sobre o tema: ALVARO DE OLIVEIRA, Carlos Alberto. *O Processo Civil na Perspectiva dos Direitos Fundamentais*. In: *Processo e Constituição*, organizador Carlos Alberto Alvaro de Oliveira. Rio de Janeiro: Forense, 2004, p. 1-15.

[147] "A questão da efetividade do processo, pois, obrigou o processualista a pensar sobre tutelas jurisdicionais diferenciadas, isto é, tutelas adequadas às particularidades das situações de direito substancial. Nessa linha de grande importância é a pesquisa de procedimentos que permitam a realização do direito material mediante cognição sumária, pois não é mais possível a confusão entre justiça e certeza". (MARINONI, Luiz Guilherme. *Tutela Cautelar, Tutela Antecipatória Urgente e Tutela Antecipatória*. In: *Revista AJURIS*, Porto Alegre, n. 61, julho de 1994, p. 64).

[148] "Especificamente na esfera do direito de família, mostram-se sobremaneira sensíveis as vindicações judiciais que precisam responder às angústias pessoais, tão abaladas pelo influxo do tempo. Procurando sempre conciliar a rápida prestação jurisdicional com a segurança da mais irrestrita defesa, deve o direito aperfeiçoar-se na busca do exato ponto de equilíbrio em que a celeridade processual não prejudique o fundamental direito de poder exaurir os meios de defesa previstos pela lei". (MADALENO, Rolf Hanssen. *Direito de Família em Pauta*. Porto Alegre: Livraria do Advogado, 2004, p. 179).

humano são permanentes, não cessando diante da simples ausência de recursos.

Em outras palavras, a sobrevivência do credor e o atendimento de suas demais necessidades básicas depende do adimplemento pontual a ser realizado pelo devedor. Cabe ao ordenamento jurídico, conseqüentemente, disponibilizar os mecanismos adequados à efetiva satisfação do direito a alimentos, que em última análise representa condição indispensável à vida digna e sadia do alimentando.

A efetividade da tutela jurisdicional,[149] nesse contexto, alcança sua máxima importância, diante da ameaça ao direito fundamental à vida. Mesmo assim, a segurança jurídica não pode ser desprezada, visto que no outro pólo da relação obrigacional também há uma pessoa com necessidades essenciais a serem suportadas, que em hipótese alguma pode ter seus legítimos interesses sobrepujados por pretensões despidas de qualquer fundamento jurídico plausível.

Em regra, a efetividade assegura o direito à vida do alimentando, enquanto a segurança garante a preservação do patrimônio do devedor contra injustas agressões, embora de maneira indireta muitas vezes o desconto de parte da renda auferida por este último acabe por refletir profundamente na sua subsistência. Ocorre, porém, que nas demandas alimentares seguidamente a própria condição de "obrigado" não pode com certeza ser atribuída ao demandado logo no início do feito, sendo necessária a produção de provas (algumas delas altamente complexas, como a perícia de DNA) para, somente depois, concluir pela existência ou não do vínculo familiar que justifica o pensionamento. Também as condições econômicas das partes não estão perfeitamente caracterizadas quando aforada a demanda, pois ainda não exercida a ampla defesa, nem o contraditório, impossibilitando um juízo de certeza a respeito das necessidades do credor e das possibilidades do alimentante.

A efetividade a ser concedida em proveito do alimentando, portanto, depende da razoável comprovação de seu direito aos alimentos, ainda que de forma sumária, não definitiva. O mesmo vale para o alimentante, que também deseja a prestação de uma tutela jurisdicional efetiva e rápida em determinados casos, especialmente quando busca a redução ou a cessação do pensionamento. A célere tutela eventualmente prestada sem que esteja

---

[149] Acertadamente salienta Carlos Alberto Alvaro de Oliveira: "Enquanto ciência cultural, voltado essencialmente à resolução de problemas práticos, o direito sempre tende à realização". A seguir, ressaltando ainda a relevância da *efetividade* para a ciência jurídica, assinala: "[...] Assim é porque, sobretudo no direito como entidade prática, a determinação da 'essência' não comprova a 'existência': o direito não é direito sem se manifestar na prática e como prática. Só o cumprimento histórico-concreto, naquele modo de ser que é a vigência e que lhe permite se afirmar como efetiva dimensão da prática humano-social, transforma a juridicidade em direito". (ALVARO DE OLIVEIRA, Carlos Alberto. *Efetividade e Processo de Conhecimento.* In: *Do Formalismo no Processo Civil.* 2ª ed. São Paulo: Saraiva, 2003, p. 244).

encerrada a instrução probatória, contudo, não atinge grau de certeza suficiente para fazer *coisa julgada*, ficando sujeita a modificação no exato momento em que as provas produzidas demonstrarem a inadequação da tutela concedida antecipadamente.

O maior problema relativo à antecipação da tutela alimentar consiste na característica da irrepetibilidade das prestações já satisfeitas, que torna irreversíveis os efeitos da medida antecipatória concessiva de alimentos. Essa circunstância, se interpretado literalmente o art. 273, § 2º, do Código de Processo Civil, seria suficiente para afastar por completo a concessão antecipada de tutela alimentar, porque há verdadeira "certeza" (muito mais que o simples "perigo") acerca da irreversibilidade da medida em relação às prestações que forem sendo pagas conforme estabelecido na decisão liminar.

A restrição imposta pelo mencionado dispositivo, no entanto, tem sido interpretada de forma mais flexível,[150] diante da óbvia constatação de que, em determinados casos (e os alimentos aqui se incluem), tanto a concessão quanto o indeferimento da tutela antecipada provocam efeitos irreversíveis. Não concedidos alimentos desde logo, o credor não sobreviveria até o final do processo para receber os valores necessários ao seu sustento, causando-se um prejuízo irreparável.[151]

---

[150] A respeito da flexibilidade conferida pela doutrina à regra em questão, recomendável a leitura do apanhado feito no seguinte ensaio: SANTOS, Ernane Fidélis dos. *Antecipação da Tutela Satisfativa na Doutrina e na Jurisprudência*. In: *Revista de Processo*, São Paulo, n. 97, janeiro-março de 2000, p. 195-211.

[151] "Na verdade, provimentos antecipatórios irreversíveis, concedidos que são à base de cognição sumária – e, às vezes, antes mesmo da citação ou da contestação do réu – são incompatíveis com as garantias asseguradas pelo art. 5º, LV, da Constituição. Somente em caráter absolutamente excepcional é que poderiam ser admitidos, quando indispensáveis para que não pereça, definitivamente, outro direito constitucional que, na hipótese, venha a ser considerado prevalente. É o caso dos alimentos provisionais, que constituem uma destas hipóteses de excepcionalidade. São um direito reiteradamente privilegiado pela Constituição – arts. 5º, LXVII, 100 e 229 – e sua concessão é apenas em favor de quem deles efetivamente necessita e 'na proporção das necessidades' (CC, art. 400). Ora, quem realmente necessita de alimentos dificilmente terá condição de devolvê-los, presumindo-se frustradas as medidas tendentes a obter a repetição, razão pela qual o princípio da sua irreversibilidade, nesse aspecto, tem também um sentido prático". (ZAVASCKI, Teori Albino. *Antecipação da Tutela*. 2ª ed. São Paulo: Saraiva, 1999, p. 53). No mesmo sentido decidiu o Tribunal de Justiça de Santa Catarina: "Agravo de instrumento. Ação de indenização por acidente de trânsito. Alimentos provisionais. Tutela antecipada indeferida. Alegações não combatidas pelo réu. Demonstração da verossimilhança e receio de dano irreparável. Possibilidade de concessão. Perigo de irreversibilidade. Irrelevância ante a necessidade de subsistência do alimentando. Recurso parcialmente provido. À luz do art. 273, inciso I do Código de Processo Civil, a antecipação dos efeitos da tutela deve ser concedida se estiverem presentes a verossimilhança das alegações do requerente da medida e o risco de dano irreparável ou de difícil reparação. Em se tratando de antecipação dos efeitos da tutela para a concessão de alimentos provisórios, o perigo de irreversibilidade da medida deverá ser posto em segundo plano, porquanto a necessidade vital de subsistência do alimentando é superior aos interesses patrimoniais do réu". (Agravo de Instrumento nº 2004.031713-4, 1ª Câmara de Direito Civil do TJSC, Florianópolis, Relª. Desª. Maria do Rocio Luz Santa Ritta, unânime, DJ 14.04.2005. In: *Revista Jurisplenum*, Caxias do Sul, ed. 85, v. 1, 2 CD-ROM, Editora Plenum, novembro de 2005, Ementa 081992).

Além disso, a concessão antecipada de alimentos como forma de conferir efetividade a esse direito material já consta expressamente do ordenamento jurídico brasileiro desde muito antes das alterações realizadas no art. 273 do Código de Processo Civil (é exemplo disso a Lei 5.478, de 25 de julho de 1968), não havendo espaço para dúvidas quanto ao seu cabimento.

A grande questão que ainda perturba os operadores do direito está relacionada com o grau de verossimilhança necessário para a antecipação da tutela, problema que se multiplica quando vários forem os pontos objeto de prova, situação corriqueira em se tratando de alimentos, diante da freqüente cumulação de demandas: investigação de paternidade cumulada com alimentos, indenização dos danos causados por acidente de trânsito do qual resultou morte/incapacidade cumulada com pensão alimentícia, etc. Nesses casos, o juízo de verossimilhança acerca das alegações não fica limitado ao binômio necessidade-possibilidade, abrangendo também a própria existência de obrigação alimentar entre as partes, aqui inserida a análise concernente ao motivo pelo qual esse vínculo é imputado ao réu.

Conforme ensina Teori Zavascki, o problema está em que não há regra capaz de solucionar, com antecedência, o conflito entre segurança jurídica e efetividade[152]. Apenas o sopesamento desses valores em cada caso concreto é capaz de fornecer uma solução harmonizadora e justa, proporcionando a efetividade do provimento jurisdicional sem prejuízo excessivo da também fundamental segurança jurídica. Às normas processuais civis resta a função de disponibilizar ao juiz os instrumentos necessários a promover essa compatibilização no plano concreto, preservando sempre ao menos o núcleo mínimo de cada um dos valores em conflito.

---

[152] Salienta o referido autor: "Mas a vida oferece, não raro, certas combinações de circunstâncias e acontecimentos que nem a mais fértil imaginação conseguiria prever, o que torna impossível antecipar disciplina por via legislativa. Isso ocorre também em relação às situações de conflito entre efetividade e segurança e para elas não há, nem poderia haver, solução previamente estabelecida. Presente situação fática com tais características, caberá ao juiz a tarefa de criar topicamente a regra conformadora. Para isso tem arrimo constitucional e, embora desnecessariamente, também autorização expressa da lei processual ordinária. É o que claramente consta nos arts. 798 e 273 do Código de Processo Civil". (ZAVASCKI, Teori Albino. *Antecipação da Tutela*. 2ª ed. São Paulo: Saraiva, 1999, p. 67).

4. A tutela do direito a alimentos sob a ótica temporal

Considerando a permanente tensão entre segurança jurídica e efetividade da jurisdição, desencadeada principalmente pelo fator *tempo*, necessário à primeira e prejudicial à segunda, os critérios classificatórios ligados ao momento de concessão e à duração da tutela adquirem grande relevância.

Assim, para oferecer tratamento mais detalhado à matéria, mostra-se conveniente segmentar a análise da *influência do tempo*[153] sobre a tutela jurisdicional do direito a alimentos, tomando como base três critérios diversos, que enfocam o fator temporal sob ângulos também diferenciados.

4.1. Tutela preventiva

A tutela jurisdicional pode ser prestada *antes* ou *depois de consumado o dano ou a ilicitude*. Habitualmente, a tutela fornecida com anterioridade é chamada de *preventiva*, em contraposição às tutelas *repressiva, reparatória, ressarcitória, reintegratória e restauradora*, que correspondem a atuações posteriores ao dano ou ao ilícito.

Diante do caráter instrumental do processo, jamais pode ser esquecida sua finalidade de proporcionar a efetiva realização do direito material cuja proteção é perseguida em juízo. O ordenamento jurídico, devido à sua imperatividade, indica condutas que devem ser acatadas. Não se limita a estabelecer sanções para a hipótese de descumprimento. Por razões óbvias, o mais perfeito funcionamento da ordem jurídica ocorre quando as condutas exigidas pelas normas são obedecidas de forma espontânea pelos indivíduos e pelas coletividades. Reduzir o direito à aplicação de sanções

---

[153] A respeito da influência do fator *tempo* sobre o processo: MARINONI, Luiz Guilherme. *Tutela Antecipatória, Julgamento Antecipado e Execução Imediata da Sentença*. 3ª ed. São Paulo: Editora Revista dos Tribunais, 1999, p. 13-29.

por descumprimento das normas significaria enxergar somente o aspecto patológico do fenômeno jurídico.

Esclarecedora a lição de José Carlos Barbosa Moreira a respeito do tema em comento:

> Se não é viável, ou não é satisfatória, a modalidade tradicional de tutela consistente na aplicação de sanções, quer sob a forma primária da restituição ao estado anterior, quer sob as formas secundárias da reparação ou do ressarcimento, o de que precisam os interessados é de remédios judiciais a que possam recorrer antes de consumada a lesão, com o fito de impedi-la, ou quando menos de atalhá-la incontinenti, caso já esteja iniciando.[154]

Seguindo essa idéia, a prevenção contra o dano ou a ilicitude logicamente representa atitude mais consentânea com a finalidade primeira das normas, que é orientar comportamentos. A aplicação de sanções é necessariamente corretiva de situações patológicas, portanto subsidiária.[155]

É verdade, porém, que muitas vezes a adoção de medidas preventivas é insuficiente para impedir a ocorrência de danos ou ilicitudes. Em outros casos, simplesmente é impossível prever essas conseqüências, razão pela qual o risco somente torna-se perceptível quando o dano já se consumou, ou já foi cometido o ilícito. Essas dificuldades por muito tempo levaram os juristas a pensar na tutela dos direitos exclusivamente sob a ótica repressiva, reparatória, ressarcitória, etc., ainda mais quando a abordagem estava circunscrita à *tutela jurisdicional*, em virtude da lentidão que há muito caracteriza a atuação do Poder Judiciário e os trâmites processuais.

Nos últimos tempos, contudo, percebeu-se uma preocupação cada vez maior com a efetividade do processo, isto é, com a verdadeira realização do direito material tal qual normatizado, não se contentando o juiz em simplesmente assistir, de braços cruzados, ao descumprimento dos preceitos legais, atuando apenas depois de já consumada a lesão. Ademais, em grande parte dos casos a atuação jurisdicional posterior é incapaz de restabelecer a situação existente antes do dano ou da ilicitude.

A tutela prestada de forma preventiva, então, ganhou importância, especialmente para proteger direitos não patrimoniais[156] e interesses coletivos ou difusos, que na hipótese de descumprimento dificilmente podem ser re-

---

[154] BARBOSA MOREIRA, José Carlos. *Tutela Sancionatória e Tutela Preventiva*. In: *Revista Brasileira de Direito Processual*, São Paulo, v. 18, 1979, p. 127.

[155] Convém enfatizar que a referência feita diz respeito à *aplicação da sanção* como forma de remediar atitude pretérita contrária ao Direito, e não à simples *previsão de sanção* para o caso de futuro descumprimento, em que predomina o caráter preventivo, ou seja, uma ameaça com o objetivo de desencorajar a prática do ato. Sobre o assunto: DI MAJO, Adolfo. *La Tutela Civile dei Diritti*. Milão: Dott. A. Giuffrè, 1987, p. 54-55.

[156] Ada P. Grinover destaca a insuficiência da tutela repressiva no que tange aos direitos da personalidade, por não serem suscetíveis de tradução em termos econômicos (GRINOVER, Ada Pellegrini. *A Tutela Preventiva das Liberdades: "habeas corpus" e mandado de segurança*. In: *Revista de Processo*, São Paulo, n. 22, abril-junho de 1981, p. 27).

parados de modo adequado.[157] Em outras palavras, admitiu-se de uma vez por todas que o processo deveria oferecer mecanismos capazes de "conduzir ao mesmo resultado que seria obtido se espontaneamente cumprida a norma de direito substancial ou realizada a ação de direito material",[158] e, para isso, *melhor prevenir do que remediar.*[159]

Quanto aos alimentos, especificamente, não pode haver dúvida de que a proteção jurisdicional deve ser prestada antes que se consume o dano. Conforme dito anteriormente, os alimentos consistem em prestação indispensável ao atendimento de necessidades atuais e prementes do respectivo credor, sendo imprescindíveis à sua sobrevivência. Nessa medida, o cumprimento tardio da obrigação compromete os direitos fundamentais à vida e à dignidade do alimentando, caracterizando-se como algo inconcebível diante da proteção constitucional a todos assegurada.

Portanto, de suma relevância seja a tutela jurisdicional prestada com antecedência em relação ao possível dano, caso contrário nenhuma utilidade terá em benefício do credor, que restará privado dos meios necessários ao seu sustento, prejuízo intrinsecamente irreparável, ou seja, insuscetível de tutela posterior, destinada a reverter o prejuízo já causado.[160]

4.2. Antecipação de tutela

Com o objetivo de proporcionar tutela preventiva ao direito material, assumem imensa importância as técnicas disponibilizadas pelo sistema processual a fim de que o julgador possa se antecipar à ocorrência do dano,

---

[157] O desenvolvimento da tutela inibitória nos últimos anos contribuiu significativamente para preencher esse espaço e oferecer resposta jurisdicional adequada a tais situações. A propósito da tutela inibitória, modalidade enquadrada no gênero *preventiva*: MARINONI, Luiz Guilherme. *Tutela Inibitória*. 3ª ed. São Paulo: Editora Revista dos Tribunais, 2003.

[158] MARINONI, Luiz Guilherme. *Tutela Cautelar, Tutela Antecipatória Urgente e Tutela Antecipatória.* In: *Revista AJURIS*, Porto Alegre, n. 61, julho de 1994, p. 65. Não vem ao caso abordar a polêmica sobre a "ação de direito material" neste trabalho, tarefa que provocaria um desvio em relação às linhas inicialmente traçadas, a exigir toda uma dissertação (ou várias) para analisar satisfatoriamente a questão. Apenas fica aqui registrada a intensa controvérsia doutrinária alusiva ao tema, abstendo-se de emitir qualquer juízo a respeito do acerto ou equívoco da expressão utilizada pelo autor paranaense.

[159] "Ao nosso ver, as melhores possibilidades – assim como as maiores necessidades – situam-se no campo da tutela preventiva. Em tema de proteção jurisdicional de direitos, como alhures, mais vale prevenir que remediar. [...]" (BARBOSA MOREIRA, José Carlos. *Notas sobre o Problema da "Efetividade" do Processo.* In: *Revista AJURIS*, Porto Alegre, n. 29, novembro de 1983, p. 41).

[160] Nas palavras de Andrea Proto Pisani: "[...] è possibile che oggetto del processo sia un diritto a contenuto e/o funzione non patrimoniale il cui permanere in uno stato di insoddisfazione per tutto il tempo necessario ad ottenere una sentenza esecutiva a termine di un processo a cognizione piena è fonte di un pregiudizio irreparabile (cioè non suscettibile di essere riparato adeguatamente ex post tramite la tutela risarcitoria. Si pensi, per tutti, ai diritti di libertà, o al diritto agli alimenti e ai diritti di mantenimento)". (PISANI, Andrea Proto. *La Tutela Sommaria in Generale e il Procedimento per Ingiunzione nell'Ordinamento Italiano.* In: *Revista de Processo*, São Paulo, n. 90, abril-junho de 1998, p. 27).

garantindo à parte necessitada a prestação da verba alimentar com máxima urgência, sem as delongas habituais do processo. Dentre esses mecanismos, destaca-se soberanamente a antecipação de tutela, medida capaz de abreviar o tempo durante o qual permanece insatisfeito o direito material afirmado.

Deve-se frisar, todavia, que a técnica antecipatória não se restringe a aparelhar a concessão de tutela preventiva. Inúmeros são os casos em que a tutela antecipada[161] tem natureza reintegratória, repressiva, reparatória, etc. A liminar[162] concedida quando verificada a ocorrência de esbulho possessório é claro exemplo disso, a demonstrar que o mecanismo da antecipação de tutela se presta às mais variadas finalidades, também servindo para remediar, com celeridade, as situações em que o dano ou o ilícito já se consumaram.

A despeito da observação supra, no sentido de reconhecer a diversidade de critérios utilizados para classificação da tutela jurisdicional (o que implica na possibilidade de múltipla combinação entre as espécies decorrentes de classificações distintas),[163] em se tratando de direito a alimentos, sempre que a tutela for antecipada, o será com o intuito de permitir a adoção de medida com caráter preventivo em favor do alimentando. Isso porque, em causas de tal natureza, o dano é essencialmente irreparável, somente podendo ser efetiva a tutela quando concedida previamente, ou seja, antes que o alimentando sofra as conseqüências da falta de recursos para sua mantença.

A antecipação de tutela, em matéria alimentar, é o mecanismo que permite a prevenção de dano essencialmente irreparável (ou, no mínimo, de

---

[161] Repita-se que a classificação da tutela jurisdicional adotada na presente obra não se limita à proteção conferida pelas normas de direito substancial, e sim abrange igualmente as técnicas oferecidas pelo processo para implementar de forma efetiva, justa e segura, via jurisdição, a tutela dos interesses juridicamente protegidos. Em outros termos, a tutela pode ser vista segundo múltiplas facetas, algumas de caráter mais técnico, outras mais intimamente ligadas à conseqüência jurídica prevista na norma substancial. Partindo dessa idéia, o uso das expressões "técnica antecipatória" e "tutela antecipada" como sinônimos não acarreta qualquer contradição.

[162] Entenda-se "liminar" como a máxima antecipação dos efeitos da tutela, ou seja, a medida concedida *in limine litis*, no início do processo. Adroaldo Furtado Fabrício define com exatidão: "Como no sentido comum dos dicionários leigos, liminar é tudo aquilo que se situa no início, na porta, no limiar. Em linguagem processual, a palavra designa o provimento judicial emitido *in limine litis*, no momento mesmo em que o processo se instaura. A identificação da categoria não se faz pelo conteúdo, função ou natureza, mas somente pelo momento da prolação". E mais adiante enfatiza: "Ficou visto, pois, que (a) toda liminar é antecipatória de tutela; (b) nem toda antecipação de tutela é liminar [...]" (FABRÍCIO, Adroaldo Furtado. *Breves Notas sobre Provimentos Antecipatórios, Cautelares e Liminares*. In: *Revista AJURIS*, Porto Alegre, n. 66, março de 1996, p. 13-14). Eduardo Talamini oferece definição semelhante: "'Liminar' é a qualificação conferida ao ato que se pratica logo no início do processo, antes da citação ou da apresentação de defesa". (TALAMINI, Eduardo. *Tutela Relativa aos Deveres de Fazer e Não Fazer: CPC, art. 461; CDC, art. 84*. São Paulo: Editora Revista dos Tribunais, 2001, p. 357).

[163] Assim, a tutela pode ser classificada em (a) antecipada ou final, e (b) anterior ou posterior ao dano. O primeiro critério corresponde unicamente ao momento do processo em que a tutela é concedida, enquanto o segundo enfoca apenas a anterioridade em relação ao dano. Nada impede, portanto, a cumulação entre as espécies resultantes de cada uma dessas classificações, pois não apresentam incompatibilidades e em razão disso não são excludentes.

difícil reparação). Aliás, nas demandas envolvendo alimentos, a irreparabilidade pode afetar tanto o alimentando, que fica privado de seu sustento enquanto não concedida a tutela, quanto o alimentante, que, mesmo sendo vencedor ao final do litígio, não poderá reaver os valores pagos em conformidade com decisão provisória anteriormente proferida.

Sendo mais objetivo: o risco de dano irreparável é ínsito às causas alimentares, não podendo ser negada a antecipação dos efeitos da tutela com fundamento na ausência desse requisito. O deferimento da tutela antecipada está condicionado à co-existência de verossimilhança das alegações, pois o perigo de dano está sempre implícito. Quem demanda alimentos afirma já ter necessidades a serem supridas. Se alegar o contrário (isto é, "não precisar do pensionamento"), a falta de *interesse de agir* restará óbvia, possibilitando o julgamento do feito sem "resolução"[164] do mérito.

É bem verdade que o art. 4º, *caput*, *in fine*, da Lei 5.478/68, expressamente trata de hipótese em que o alimentário afirma não necessitar de pensionamento imediato:

> Art. 4º. Ao despachar o pedido, o juiz fixará desde logo alimentos provisórios a serem pagos pelo devedor, salvo se o credor expressamente declarar que deles não necessita.

Não foi feliz, porém, o legislador. A "carência", a "necessidade", é fundamental para o pleito alimentar. Reconhecida pelo autor a ausência de necessidade, não se mostra viável a condenação do réu a prestar-lhe alimentos.

Embora recomendável que a urgência seja mencionada na peça vestibular, até mesmo como forma de sensibilizar o juízo, em realidade o risco de dano irreparável pela eventual demora na prestação jurisdicional é evidente, está implícito. Não estando presente esse perigo, sequer direito a alimentos haverá. Toda a celeuma que pode surgir a respeito da antecipação da tutela, então, estará relacionada apenas com a existência ou ausência de verossimilhança das alegações, nunca com o risco iminente.

Indiscutível, contudo, que a lei alberga outras hipóteses nas quais é permitida a antecipação de tutela, sem condicioná-la ao receio de dano irreparável ou de difícil reparação. Trata-se dos casos previstos no inciso II ("fique caracterizado o abuso de direito de defesa ou o manifesto propósito protelatório do réu") e no § 6º ("quando um ou mais dos pedidos cumulados, ou parcela deles, mostrar-se incontroverso") do art. 273 do Diploma

---

[164] Já se emprega, aqui, o termo utilizado pela recente Lei 11.232/2005, que alterou o *caput* do art. 267 do CPC, embora essa questão terminológica não possua maiores repercussões teóricas ou pragmáticas, como acentua Daniel Francisco Mitidiero, na obra coletiva: ALVARO DE OLIVEIRA, Carlos Alberto; [et al.]. *A Nova Execução: comentários à Lei nº 11.232, de 22 de dezembro de 2005*, coordenador Carlos Alberto Alvaro de Oliveira. Rio de Janeiro: Forense, 2006, p. 11.

Processual Civil.[165] Embora venha sendo escassa sua utilização prática, importante referir que também as hipóteses acima versadas são aplicáveis às demandas alimentares.

Considerando o risco de dano irreparável ou de difícil reparação gerado pela simples demora na concessão, majoração, redução ou exoneração dos alimentos, a medida antecipatória ficará condicionada apenas à verossimilhança das alegações no sentido de que o pensionamento, sua alteração ou sua extinção são exigências que se impõem em função do direito a princípio verificado. Antes mesmo da modificação legislativa implementada no art. 273 do Código de Processo Civil, o ordenamento jurídico brasileiro era claro no sentido de que o perigo de dano não constituía requisito a ser comprovado para a obtenção de tutela alimentar antecipatória, conforme arts. 2º e 4º da Lei 5.478/68, bastando para tanto que fosse demonstrado o vínculo familiar ou a obrigação de prestar alimentos. Portanto, quando a Lei 5.478/68 estabelece que ao despachar a inicial "o juiz fixará desde logo alimentos provisórios a serem pagos pelo devedor", pressupõe tenha sido oferecida prova suficiente, segundo um juízo ainda sumário (cognição não exauriente quanto à sua profundidade), de que existe uma obrigação alimentar entre as partes.

É freqüente na doutrina, ainda que de modo implícito ou mascarado, a diferenciação entre os alimentos concedidos *initio litis* com base no art. 4º da referida lei e a antecipação da tutela alusiva ao direito alimentar. Em verdade, contudo, os alimentos concedidos liminarmente sempre consistirão em tutela antecipada.[166] Toda a proteção jurisdicional oferecida antes do final do processo representa antecipação dos efeitos da tutela. Portanto, a distinção proposta é infundada, apenas sendo possível contrapor os requisitos necessários à antecipação de tutela segundo a Lei de Alimentos e os exigidos pela norma genérica do art. 273 do CPC. Afinal, ambos os casos consistem em "tutela antecipada". O mesmo raciocínio é aplicável aos chamados "alimentos provisionais", concedidos através de processo tido como cautelar, em que também pode haver antecipação da tutela final visada. Seja qual for o procedimento adotado, sempre será possível a concessão de tutela antecipada, bastando que se atinja razoável grau de verossimilhança

---

[165] "A tutela antecipatória pode ser concedida no curso do processo de conhecimento, constituindo verdadeira arma contra os males que podem ser acarretados pelo tempo do processo, sendo viável não apenas para evitar um dano irreparável ou de difícil reparação (art. 273, I, CPC), mas também para que o tempo do processo seja distribuído entre as partes litigantes na proporção da evidência do direito do autor e da fragilidade da defesa do réu (art. 273, II e § 6º, CPC)". (MARINONI, Luiz Guilherme; ARENHART, Sérgio Cruz. *Manual do Processo de Conhecimento.* 3ª ed. São Paulo: Editora Revista dos Tribunais, 2004, p. 234).

[166] Sintetiza Betina Rizzato Lara: "O conceito de liminar apresentado pela maioria dos autores, ressalvadas diferenças terminológicas, possui um ponto em comum: configurar uma antecipação daquilo que se obteria somente ao final da ação, com a prolação da sentença". (LARA, Betina Rizzato. *Liminares no Processo Civil.* 2ª ed. São Paulo: Editora Revista dos Tribunais, 1994, p. 20).

das alegações quanto à existência da obrigação alimentar, à modificação no binômio necessidade-possibilidade ou à ocorrência de causa justificadora da exoneração dos alimentos.

A principal diferença entre os vários procedimentos destinados a tratar de causas alimentícias está centrada na prova oferecida inicialmente em relação à obrigação alimentar. A Lei 5.478/68, por exemplo, exige prova pré-constituída acerca do vínculo familiar ou da obrigação que liga autor e réu no que tange à prestação de alimentos.[167] Justifica-se, desse modo, a disposição constante do art. 4º, pois a antecipação de tutela é concedida com base em prova contundente, intensa verossimilhança, sem contar o perigo de dano irreparável, que sempre estará presente quando devidos os alimentos.

Importante atentar para o fato de que não é o procedimento em si que determina a obrigatória antecipação dos efeitos da tutela, e sim o preenchimento dos requisitos legais necessários à sua concessão. Considerando que o atraso na prestação de alimentos sempre acarreta risco de dano ao sustento do credor, quando este último também comprovar desde o início do feito que suas alegações são plausíveis, verossímeis, inevitavelmente a tutela antecipatória deverá lhe ser prestada, não porque o procedimento assim estipula, mas por exigência decorrente da própria natureza do direito material envolvido e em virtude do atendimento das condições estabelecidas para que a tutela seja antecipada sem prejuízo significativo à segurança jurídica de qualquer das partes. O que não se pode admitir é a afirmação de que, formulado o pedido segundo o procedimento da Lei 5.478/68, o juiz é obrigado a deferir a antecipação de tutela em favor do demandante. Em verdade, o que impõe a concessão da medida liminar é a presença de seus requisitos legais, cuja verificação compete ao julgador, cabendo a ele deferir ou não a antecipação da verba alimentar segundo o princípio do livre convencimento motivado, analisando para tanto a prova oferecida pelo autor para imputar ao réu a obrigação de prestar alimentos.

---

[167] Para Carlos Alberto Alvaro de Oliveira, essa exigência de prova pré-constituída confere feição "executiva *lato sensu*" à tutela prestada por meio do rito previsto na Lei 5.478/68 (ALVARO DE OLIVEIRA, Carlos Alberto; LACERDA, Galeno. *Comentários ao Código de Processo Civil*, v. VIII, tomo II (arts. 813 a 889). 7ª ed. Rio de Janeiro: Forense, 2005, p. 262). Essa lição não é integralmente acolhida no presente trabalho porque o raciocínio que adiante será desenvolvido parte da idéia de que a sentença que condena ao pagamento de alimentos somente terá eficácia preponderantemente *executiva* quando determinada, desde logo, pelo juiz, a adoção de medidas destinadas a diretamente retirar patrimônio do devedor, de maneira a realizar faticamente o direito do alimentando. Assim, tanto na sentença quanto na decisão interlocutória que antecipa a tutela, só terá cabimento a atuação executiva imediata (entenda-se: contida na própria decisão) nas hipóteses em que o juízo puder determinar o desconto em folha de pagamento ou qualquer das outras formas executivas albergadas no art. 17 da Lei de Alimentos. Nos demais casos, a tutela será predominantemente condenatória, apenas constituindo título executivo hábil a embasar futura execução. Por outro lado, essa mesma linha de pensamento é aplicável às decisões concessivas de alimentos tomadas no curso de outros procedimentos que não o da Lei 5.478/68, pois também aí a eficácia *executiva lato sensu* deverá estar contida com preponderância no conteúdo da sentença ou da decisão antecipatória de tutela, exceto quando a falta de trabalho fixo ou de rendimentos periódicos por parte do alimentante impedir o competente desconto da verba alimentar.

Se a mesma prova pré-constituída[168] for apresentada em demanda alimentar que segue o rito comum ordinário ou o cautelar, idêntica deverá ser a decisão judicial no que tange à antecipação dos efeitos da tutela, assim demonstrando que não é o procedimento em si o fator determinante para estabelecer se a medida liminar será concedida ou não.

Por fim, deve-se ainda ressaltar a influência da alteração legislativa introduzida no art. 273 do Diploma Processual Civil sobre a técnica antecipatória que, em matéria de alimentos, já era consagrada desde muito antes. Evidente o avanço da ciência jurídica quanto à antecipação de tutela durante os últimos anos, superando completamente a visão que dela se tinha quando elaborada a Lei 5.478/68 e o Código de Processo Civil de 1973, época em que a referida técnica era encarada com maiores reservas, a ponto de se propagar uma suposta natureza cautelar dos "alimentos provisionais", como se os mesmos não "satisfizessem" as carências do alimentando. Além disso, as disposições constantes do inciso II e do §6º do art. 273 devem ser aproveitadas em matéria de alimentos. Em suma, tanto os novos dispositivos legais quanto a evolução doutrinária e jurisprudencial acerca da tutela antecipatória não podem ser ignorados ao se interpretar a Lei 5.478 e as normas do CPC de 1973 na sua versão original,[169] Diplomas que certamente merecem uma exegese mais apropriada ao momento atual, pós Constituição Federal de 1988.[170]

4.3. Duração da tutela prestada

Quanto à duração da tutela, tem-se que a mesma pode ser provisória, temporária ou definitiva. Evidente que, como forma de manter a estabili-

---

[168] Sobre essa prova pré-constituída: MARMITT, Arnaldo. *Pensão Alimentícia.* Rio de Janeiro: Aide, 1993, p. 109-110.

[169] Sustentar o contrário, aliás, implicaria ignorar a necessidade de coerência no sistema jurídico. No que diz com a tutela antecipada, inclusive, o próprio tratamento sistemático conferido à matéria pelo legislador brasileiro é motivo de elogios por parte da doutrina estrangeira: "[...] e ao se confrontar o quadro apenas descrito com o conjunto das normas, em virtude das quais a tutela antecipatória foi recentemente introduzida no direito brasileiro, uma observação se impõe imediatamente (caso se queira a melancolia para o jurista italiano). Enquanto no direito brasileiro a tutela antecipatória foi introduzida com um conjunto orgânico e coordenado de disposições, tais a convidar imediatamente uma visão sistemática de conjunto e a um aprofundamento dos princípios, no direito italiano nos encontramos diante de um grupo de institutos diversos uns dos outros, cada um dos quais aspirando a resolver os seus problemas setoriais. Por um lado, surgem problemas de coordenação que um projeto unitário poderia evitar ou atenuar; e, por outro, a aproximação sistemática e também muito mais difícil para o estudioso". (RICCI, Edoardo F. *A Tutela Antecipatória no Direito Italiano*, traduzido para o português por Clayton Maranhão. In: *Genesis – Revista de Direito Processual Civil*, Curitiba, n. 04, janeiro-abril de 1997, p. 135).

[170] "Aliás, justamente porque as várias hipóteses concretas não podem ser consideradas de antemão pelo legislador, é que o art. 273 deve incidir supletivamente nos procedimentos especiais, preenchendo os espaços vazios deixados pela impossibilidade da consideração prévia das diversas situações concretas que podem exigir a tutela antecipatória". (MARINONI, Luiz Guilherme; ARENHART, Sérgio Cruz. *Manual do Processo de Conhecimento.* 3ª ed. São Paulo: Editora Revista dos Tribunais, 2004, p. 254).

dade das relações jurídicas e preservar a segurança das partes, somente a tutela definitiva é capaz de solucionar o litígio de modo duradouro.

A Constituição Federal de 1988, quando atribuiu a condição de "direito fundamental" ao princípio do acesso à Justiça, dispondo que a lei não poderia excluir da apreciação do Poder Judiciário qualquer lesão ou ameaça a direito (art. 5º, XXXV), em verdade assegurou aos brasileiros e aos estrangeiros residentes no País mais do que um simples canal para solução dos conflitos, atribuindo à jurisdição as funções de proporcionar segurança jurídica e, conseqüentemente, pacificação social. Para atender a esses objetivos, prestando tutela definitiva ao direito violado ou ameaçado, é essencial que a atividade jurisdicional seja desempenhada com observância de outros princípios constitucionais (contraditório, ampla defesa, devido processo legal, etc.) e realize profunda análise da controvérsia surgida. Não sendo exauriente a cognição, poderia a qualquer momento uma das partes demonstrar que as alegações tidas como verossímeis em realidade nada tinham de verdadeiras, provocando a reversão da decisão proferida anteriormente, desse modo atingindo a legítima expectativa da parte até então vencedora, que acreditava não mais estar sujeita a novamente discutir litígio já definido. Em síntese, o conflito jamais teria fim, porque sempre haveria a possibilidade de comprovar o equívoco e, por conseqüência, alterar o decidido.

De outra banda, aceitar uma decisão fundada em cognição não-exauriente no sentido vertical (isto é, em termos de profundidade),[171] atribuindo-lhe caráter definitivo e imutável, equivaleria a vedar o acesso do réu à Justiça, na medida em que inviabilizaria o exercício da ampla defesa, excluindo da apreciação do Judiciário a lesão por ele sofrida se reconhecido direito ao autor com base numa prova sumária, incompleta.

Diante disso, fácil perceber que a prestação de uma tutela jurisdicional com base em cognição exauriente representa verdadeira imposição decorrente das normas constitucionais.[172] Ocorre que a demora necessária para exaurir o conhecimento sobre as questões controvertidas põe em risco a efetividade da jurisdição, como examinado em Capítulo próprio, razão pela qual, além da tutela definitiva, faz-se indispensável uma proteção mais célere, já que esperar pela completa averiguação dos fatos acarretaria a prestação de uma tutela tardia, inadequada para evitar a ocorrência de danos irreparáveis a que ficaria sujeita a parte temporariamente privada do gozo de seus direitos.

---

[171] A respeito dos planos de cognição (vertical e horizontal): WATANABE, Kazuo. *Da Cognição no Processo Civil*. 3ª ed. São Paulo: Perfil, 2005, p. 127 e seguintes.

[172] Nesse sentido: "É, pois, direito fundamental do litigante demandado (como o é, também, do litigante demandante) o direito à chamada cognição exauriente, assim entendida a que submete as soluções definitivas dos conflitos a procedimentos prévios nos quais se ensejam aos litigantes o contraditório, a ampla defesa e a interposição de recursos". (ZAVASCKI, Teori Albino. *Antecipação da Tutela*. 2ª ed. São Paulo: Saraiva, 1999, p. 65).

Não basta, portanto, que o Judiciário ofereça resposta segura e justa aos casos submetidos à sua apreciação. Exige-se também que a tutela jurisdicional seja prestada com agilidade, preferencialmente de forma preventiva, ainda que para isso não se possa desde logo oferecer uma proteção definitiva, dotada de máxima segurança jurídica. Nessa linha, a efetividade ganha importância, permitindo-se que decisões tomadas em caráter de urgência, muitas vezes antes do encerramento da instrução, produzam efeitos destinados a extirpar a ameaça ou a lesão a determinado interesse juridicamente protegido.

Ao lado da tutela definitiva surgem as tutelas provisória e temporária, a primeira destinada a resolver o conflito de uma vez por todas, esgotando o exame da matéria posta em debate e oferecendo solução imodificável enquanto mantidas as condições até então existentes, ao passo que as duas últimas são essencialmente revogáveis em virtude de sua restrição cognitiva, isto é, sua falta de profundidade em relação às questões controvertidas, baseando-se em provas insuficientes para permitir uma compreensão da realidade dos fatos com razoável grau de certeza.[173] A tutela definitiva, portanto, é a regra, fazendo parte da função jurisdicional a pacificação duradoura dos conflitos. A tutela provisória e a temporária têm natureza "complementar", destinando-se a proteger uma das partes enquanto ainda não for possível decidir o litígio de forma segura, com base em cognição exauriente, mas a demora possa gerar graves prejuízos a um dos litigantes.[174]

A distinção entre tutela provisória e tutela temporária não é pacífica na doutrina, muitos autores preferindo tratá-las de modo uniforme, como sinônimas de tutela "não-definitiva". Apesar de aceitável tal posicionamento, diante das várias características coincidentes entre elas, parece mais ade-

---

[173] "[...] um juízo definitivo, próprio a atingir a marca da imutabilidade, pressupõe, necessariamente, cognição exauriente. A necessidade do 'processo principal', portanto, decorre da incompatibilidade entre cognição sumária e coisa julgada material". (MARINONI, Luiz Guilherme. *Tutela Cautelar, Tutela Antecipatória Urgente e Tutela Antecipatória*. In: *Revista AJURIS*, Porto Alegre, n. 61, julho de 1994, p. 70).

[174] Juan Monroy Gálvez e Juan Monroy Palacios enfatizam, de modo acertado, a idéia de complementariedade entre o que denominam "tutela ordinária" e a chamada "tutela urgente" (segundo a nomenclatura utilizada no presente trabalho, falar-se-ia em "tutela definitiva" e "tutela não-definitiva", esta última categoria englobando as tutelas "provisória" e "temporária"): "Cuando nos referimos a abordar el tema de lo urgente en el plano procesal, estamos aludiendo a la necesidad de otorgarle protección a situaciones que no soportan el tratamiento brindado por la tutela ordinaria. Sin embargo, nos parece imprescindibile aclarar desde ya que el propósito de la tutela de urgencia no es en ningún caso constituirse en un reemplazo de la tutela ordinaria o clásica. Al contrario, si fuese necesario establecer una relación entre ambas, tendríamos que decir que la tutela de urgencia complementa a la tutela clásica. Y esto es así porque puestos a cotejar sus finalidades, encontramos que se trata exactamente de lo mismo: proveer al justiciable de una tutela jurisdiccional efectiva". (GÁLVEZ, Juan Monroy; PALACIOS, Juan Monroy. *Del Mito del Proceso Ordinario a la Tutela Diferenciada: apuntes iniciales*. In: *Revista de Processo*, São Paulo, n. 109, janeiro-março de 2003, p. 204). O mesmo raciocínio é desenvolvido na seguinte obra: LANFRANCHI, Lucio. *Profili Sistematici dei Procedimenti Decisori Sommari*. In: *Rivista Trimestrale di Diritto e Procedura Civile*, Milão, ano XLI, n. 1, março de 1987, p. 88-172.

quado também ressaltar os aspectos sob os quais se pode distinguir essas espécies de tutela.

Provisória é aquela que tende a ser substituída por uma tutela de *mesma natureza*. O exemplo clássico é a *tutela antecipada*, necessariamente vinculada à postulação de uma *tutela final* que a substituirá e terá natureza semelhante (se concedida).

Enfocando a *neutralidade* da tutela antecipada quanto à natureza do provimento, convém salientar a possibilidade de antecipação da *tutela satisfativa*, bem como da *tutela cautelar, assecuratória*. Portanto, da mesma maneira pode a *tutela provisória* ser *satisfativa* ou *cautelar*. Quando se fala em *substituição por uma tutela de mesma natureza* não se especifica qual. O que importa para definir a tutela como *provisória* é a identidade (ou ao menos a forte semelhança) entre a medida concedida de forma antecipada e a que será ou não oferecida ao final do processo, obviamente condicionada à procedência do pedido. Noutras palavras, em se tratando de processo exclusivamente cautelar, a tutela antecipada eventualmente concedida terá natureza *cautelar, assecuratória*; quando requerida a antecipação dos efeitos de uma medida *satisfativa*, esta será a natureza da tutela antecipada.

Para a classificação da tutela como *provisória*, não importa se a mesma possui natureza cautelar ou satisfativa: basta analisar se existe *antecipação de uma tutela qualquer*.

Temporária, por sua vez, é a tutela que futuramente será substituída por outra de *natureza diversa*. Tem como finalidade durar apenas por certo tempo, até que uma tutela de outra natureza seja prestada. Seus efeitos não se perpetuam.

Importante destacar, contudo, que a *tutela jurisdicional temporária* não corresponde, em matéria de alimentos, ao *pensionamento temporário*, com termo final definido desde o momento em que os alimentos são fixados. Quando analisada a questão sob o ângulo da *tutela jurisdicional*, a característica da *temporariedade* significa que a proteção oferecida pelo Estado-Juiz deverá ser futuramente substituída por outra medida, de caráter definitivo e de natureza diversa. Tratando-se de *alimentos temporários*, não há que se falar em "nova tutela" a ser prestada jurisdicionalmente a respeito da matéria objeto do processo, substituindo a tutela anteriormente concedida, uma vez que a medida judicial foi definitiva, tomada com base em cognição exauriente, não mais sujeita a ser modificada por decisão posterior que aborde a mesma relação jurídica, pois verificada a coisa julgada. É claro que, caracterizando-se a obrigação alimentar como uma relação essencialmente continuativa, a qualquer momento pode haver alteração dos fatores relevantes para o seu reconhecimento, motivo pelo qual nova demanda poderá ser aforada, com características diversas da primeira, fugindo assim ao limite imposto pela coisa julgada material. Entretanto, isso não faz com que a tutela em si deixe de ser definitiva no plano normativo, diante do conflito posto; apenas pode acontecer de seus efeitos no plano da realidade fática não terem a mesma duração.[175]

Para diferenciar a tutela *temporária* da *provisória*, a doutrina tem utilizado exemplos bastante claros, plenamente compatíveis com a presente exposição.[176] Um deles diz respeito ao *andaime* destinado a viabilizar a construção de um edifício, que tem utilidade apenas por tempo determinado, isto é, até a conclusão das obras envolvendo o prédio. Depois de pronto o edifício, inexiste razão para que o andaime seja mantido, pois já cumpriu integralmente sua função. Mais do que isso, o andaime não será substituído por outra máquina ou equipamento de mesma natureza. O exemplo em pauta representa a tarefa desempenhada pela tutela cautelar, caracterizada exatamente por ser *temporária*.

O mesmo não acontece com o *elevador* instalado no prédio. Ainda que durante a construção o elevador fosse mais simples, com menores requintes, já que utilizado apenas para transportar materiais de um andar para outro, ao final da obra não deixará de ter serventia. Talvez seja substituído por outro elevador mais moderno, mais luxuoso, com maior capacidade de carga, etc. Entretanto, o encerramento da construção não implica a perda da sua utilidade. Esse exemplo corresponde à função da tutela antecipada, *provisória* por natureza.

Ainda fazendo uso dos exemplos referidos, é possível demonstrar de maneira clara a *neutralidade* da tutela antecipada e, por conseqüência, também da tutela provisória. No caso do elevador substituído por outro ao final da construção, tem-se a mesma situação que ocorre quando da antecipação de tutela: o elevador (tutela) existente de início será mantido ou substituído por outro de mesma natureza quando terminadas as obras (processo). O andaime, contudo, também pode ser provisório. Caso a construtora esteja à espera de um andaime mais seguro ou mais prático, ainda não disponível, poderá começar o trabalho com aquele que já possui. Quando receber o novo, porém, substituirá o antigo (ambos de mesma natureza).

Essas observações permitem formular uma crítica em relação ao conceito que a doutrina comumente utiliza para definir a *tutela provisória*, como sendo destinada a durar somente até que uma *tutela definitiva*, concedida com base em cognição exauriente, a substitua. Um conceito mais preciso deveria fazer referência à substituição por uma tutela *final*, inde-

---

[175] Sobre o assunto: SILVA, Ovídio A. Baptista da. *Do Processo Cautelar*. 2ª ed. Rio de Janeiro: Forense, 1999, p. 82.

[176] A propósito da diferenciação entre provisoriedade e temporariedade: SILVA, Ovídio A. Baptista da. *Curso de Processo Civil: processo cautelar (tutela de urgência)*, v. 3. 3ª ed. São Paulo: Editora Revista dos Tribunais, 2000, p. 63 e seguintes.

pendentemente de ser *definitiva* ou *temporária*, pois não se deve negar a possibilidade de antecipação dos efeitos da tutela cautelar.[177]

Analisados os aspectos gerais da tutela jurisdicional quanto à sua duração, resta aplicar a teoria exposta ao tema dos alimentos, que é objeto deste estudo.

Já foi parcialmente examinada a diferenciação entre os alimentos chamados definitivos, temporários, provisórios e provisionais. Mais adiante, inclusive, a matéria voltará a ser enfocada, porém com outra abordagem. Por ora, basta analisar a tutela jurisdicional do direito a alimentos sob o prisma de sua duração.

Em relação aos alimentos definitivos, pode-se dizer que são estabelecidos com base em cognição exauriente, capaz de gerar coisa julgada, tornando imodificável a obrigação enquanto mantidas as condições pré-existentes (*rebus sic stantibus*). Evidentemente, a tutela jurisdicional prestada no sentido de concedê-los deve ser também classificada como *definitiva*.

Quanto aos alimentos temporários, tanto é possível que sejam fixados através de decisão provisória como por meio de decisão definitiva. Normalmente, todavia, é *definitiva* a tutela jurisdicional prestada quando os alimentos temporários são concedidos, pois no caso de tutela *provisória* teria pouco sentido fixar, de início, um termo final para a obrigação alimentar, uma vez que a decisão poderia ser revista a qualquer momento no curso do processo, seja pela alteração das condições econômicas das partes, seja porque o avanço na cognição demonstrou ser inadequado o *quantum* estabelecido ou necessária a total exoneração antes mesmo de transcorrido o lapso temporal inicialmente previsto. Pouca utilidade prática teria, portanto, a pré-fixação de um termo final para o pensionamento,[178] já que a decisão provisória está sujeita a ser modificada a qualquer tempo, não apenas por motivos relacionados com alteração das condições das partes, mas também pelo simples aprofundamento da cognição, a permitir julgamento mais preciso.

É chegada a hora de examinar os *alimentos provisórios* e os chamados *provisionais*, no que tange à duração da tutela fornecida. Sobre os primeiros não pairam maiores dúvidas, sendo pacífico que a tutela prestada antecipa-

---

[177] Sobre a "antecipação da cautela": FABRÍCIO, Adroaldo Furtado. *Breves Notas sobre Provimentos Antecipatórios, Cautelares e Liminares*. In: *Revista AJURIS*, Porto Alegre, n. 66, março de 1996, p. 5-18.

[178] A despeito da escassa importância prática, deve-se frisar que em alguns casos a fixação de alimentos temporários através de decisão provisória mostra-se conveniente, especialmente como forma de estímulo a que o alimentando procure ocupação rentável. Em outra hipótese, a concessão de alimentos temporários é o máximo que pode ser oferecido ao credor em sede de decisão provisória: quando o pedido referente à tutela final e definitiva visada corresponde à fixação de um pensionamento temporário, inadequado conceder mais do que isso em antecipação de tutela, através de decisão com natureza provisória.

damente é caracterizada pela *provisoriedade*. Isto é: a decisão está sujeita a revogação ou confirmação posterior, neste último caso assegurando-se ao credor dos alimentos a manutenção de uma tutela de idêntica natureza (exceto, é óbvio, quanto ao aspecto da *provisoriedade*). Registre-se mais uma vez que a antecipação de tutela sempre proporcionará uma tutela provisória, independentemente do tipo de procedimento no qual for concedida.

Toda a discussão está centrada na duração dos alimentos provisionais. A reconhecer uma natureza *cautelar* aos alimentos provisionais,[179] dever-se-ia também atribuir caráter *temporário* à tutela jurisdicional prestada através de sua fixação. Afinal, as medidas cautelares propriamente ditas somente produzem efeitos até o momento em que forem substituídas por outra tutela, definitiva, de natureza distinta, não meramente assecuratória.

De outra parte, se a conclusão adotada for no sentido de reconhecer caráter satisfativo (não-cautelar) aos alimentos provisionais, a decisão final proferida será definitiva, não dependente de nova manifestação judicial sobre a mesma matéria, pois instaurar-se-ia outro processo tendo por objeto a concessão da mesma tutela, o que contraria a estabilidade das relações jurídicas e o princípio da economia processual. Já a antecipação dos alimentos provisionais continuaria representando uma *tutela provisória*, destinada a proteger o alimentando até que uma tutela definitiva, de mesma natureza (isto é: também satisfativa), fosse prestada.

Referidas as repercussões de cada um desses posicionamentos sobre a classificação da tutela alimentar segundo sua duração, fundamental analisar qual deles pode ser tido como o mais adequado, o que é feito no Capítulo a seguir.

---

[179] É a conclusão a que chega, por exemplo: LOPES, João Batista. *Medidas Liminares no Direito de Família*. In: *Repertório de Jurisprudência e Doutrina sobre Liminares*, coordenadora Tereza Arruda Alvim Wambier. São Paulo: Editora Revista dos Tribunais, 1995, p. 57-67.

5. Tutela satisfativa e tutela cautelar

É corrente na doutrina a idéia de que a tutela antecipada corresponde a uma *satisfação* urgente do direito, enquanto a tutela cautelar somente *assegura* a possibilidade de futura fruição do bem objeto do pedido, sem propriamente "satisfazer" a parte beneficiada pela medida. A propósito desse entendimento, ilustrativas as afirmações a seguir reproduzidas, de Carlos Alberto Alvaro de Oliveira e Luiz Guilherme Marinoni, respectivamente, que bem demonstram tal tendência doutrinária:

> [...] o efeito jurídico, que aproxima a tutela antecipatória do verbo satisfazer e a cautelar do verbo assegurar, é que realmente as diferencia, impedindo possam ser consideradas da mesma espécie.[180]

> A referibilidade, porém, dá-se entre a proteção de simples segurança e o direito a ser protegido. Inexistindo referibilidade, não há tutela cautelar, mas tutela antecipatória. O critério, portanto, não é apropriado para a determinação de uma ação cautelar autônoma, servindo apenas para a delimitação da tutela cautelar frente à tutela antecipatória.[181]

A mesma orientação é seguida por Teori Albino Zavascki, que intitula um dos Capítulos de sua importante obra sobre a tutela antecipada como "Cautelar é garantia, antecipação é satisfação".[182]

Despindo-se de pré-compreensões acerca do tema e atentando-se para o próprio significado das palavras, no entanto, verifica-se que "antecipação *não* é satisfação". Afinal, somente haveria "satisfação" quando a tutela fosse antecipada, e não quando prestada ao final do procedimento, ainda que com idêntico conteúdo? Nenhuma outra forma de tutela, exceto a satisfativa, poderia ser oferecida com antecipação? Antecipação é o mesmo que satisfação? As respostas a todas essas indagações devem ser negativas.

Começando pela última pergunta, necessário salientar que os vocábulos "antecipação" e "satisfação" possuem sentidos completamente diversos,

---

[180] ALVARO DE OLIVEIRA, Carlos Alberto. *Perfil Dogmático da Tutela de Urgência*. In: *Revista AJURIS*, Porto Alegre, n. 70, julho de 1997, p. 237.

[181] MARINONI, Luiz Guilherme. *Tutela Cautelar, Tutela Antecipatória Urgente e Tutela Antecipatória*. In: *Revista AJURIS*, Porto Alegre, n. 61, julho de 1994, p. 69.

[182] ZAVASCKI, Teori Albino. *Antecipação da Tutela*. 2ª ed. São Paulo: Saraiva, 1999, p. 46.

embora não contrários. Simplesmente correspondem a atuações distintas, inconfundíveis. "Antecipação" é algo com significado exclusivamente *temporal*, representando, quanto à tutela jurisdicional, aquela que é prestada *antes* do final do processo. A *tutela antecipada*, portanto, apenas pode ser contraposta à *tutela final*. "Satisfazer", de outra parte, é *saciar, contentar*. O aspecto temporal é absolutamente irrelevante, ou melhor, estranho ao seu conceito.

Em virtude das constatações acima manifestadas, conclui-se que a tutela antecipada, em si, é neutra quanto ao seu conteúdo, não sendo obrigatoriamente satisfativa. O que realmente importa para defini-la é a verificação de que determinada tutela, seja ela qual for, foi prestada com *antecedência* em relação ao final do procedimento.[183] Dessa forma responde-se ao segundo questionamento, buscando demonstrar que não apenas a tutela satisfativa como também a própria tutela cautelar podem ser antecipadas, consoante aduz Adroaldo Furtado Fabrício:

> Anotação cuja rememoração se faz oportuna é a de que no processo cautelar, mais do que em outros, abre-se margem à emissão de provimentos liminares. Processo particularmente impregnado da preocupação com a urgência, abre espaço necessariamente maior à antecipação dos efeitos do provimento buscado, vale dizer, antecipação da cautela.[184]

Merece ser reproduzido, também, o que diz José Roberto dos Santos Bedaque sobre o tema:

> Em síntese, a expressão liminar significa antecipação verificada de plano, no início do processo. Indica apenas o momento procedimental em que determinada medida é adotada.
>
> No processo cautelar, tendo em vista a preocupação com a urgência, normalmente são concedidas medidas liminares, antecipando-se a cautela. Isso não significa, todavia, que toda medida liminar tenha natureza cautelar. A classificação de um e outra leva em conta critérios diferentes. Liminar é expressão destinada a identificar provimento judicial deferido no início

---

[183] Elucidativas as palavras de Betina Rizzato Lara: "[...] não se utilizam da melhor técnica os autores que, pretendendo referir-se à satisfação, falam simplesmente em antecipação, levando a crer que os fenômenos se identificam". Logo adiante complementa: "Melhor seria, então, que os autores, quando quisessem apontar os casos em que há satisfatividade, utilizassem a expressão antecipação satisfativa e não somente antecipação". (LARA, Betina Rizzato. *Liminares no Processo Civil*. 2ª ed. São Paulo: Editora Revista dos Tribunais, 1994, p. 64-65).

[184] FABRÍCIO, Adroaldo Furtado. *Breves Notas sobre Provimentos Antecipatórios, Cautelares e Liminares*. In: *Revista AJURIS*, Porto Alegre, n. 66, março de 1996, p. 15. Nessa mesma linha manifesta-se Betina Rizzato Lara: "A liminar, entretanto, ao antecipar, pode fazê-lo com um fim acautelatório. Esse é um dos aspectos que a liminar pode assumir e não o único. A cautelaridade e a antecipatoriedade, portanto, podem conviver mas não devem ser confundidas. [...]" (LARA, Betina Rizzato. *Liminares no Processo Civil*. 2ª ed. São Paulo: Editora Revista dos Tribunais, 1994, p. 61-62). Ainda sobre o tema, transcreve-se os ensinamentos de Marcelo Lima Guerra: "[...] há, no direito brasileiro, medidas liminares que desempenham funções diversas e sujeitam-se, por isso mesmo, a regimes jurídicos também diferentes. Isso se entende, facilmente, quando se percebe que as liminares são providências, as quais só têm em comum o fato de serem construídas segundo a técnica da antecipação. E, podendo essa técnica ser utilizada para diversos fins, é também possível que dê causa à construção de providências não necessariamente idênticas". (GUERRA, Marcelo Lima. *As Liminares na Reforma do CPC*. In: *Repertório de Jurisprudência e Doutrina sobre Liminares*, coordenadora Tereza Arruda Alvim Wambier. São Paulo: Editora Revista dos Tribunais, 1995, p. 187).

do procedimento. O critério classificatório é topológico. A tutela cautelar pode ser antecipada liminarmente ou para qualquer momento anterior à sentença; ou mesmo concedida apenas no final do processo cautelar.[185]

Em relação à primeira pergunta formulada, reconhecendo-se que a medida antecipatória tem a mesma natureza da tutela que, em condições normais, seria concedida ao final do procedimento (pois aquela é mera antecipação desta), inviável sustentar que uma dessas tutelas poderia ser satisfativa e a outra não.[186] Possuem, enfim, idêntica natureza.[187] Assim, a medida satisfativa que seja antecipada não perderá essa sua característica de saciar a parte beneficiada. De igual modo, antecipando-se providência de caráter cautelar, obviamente haverá "antecipação de tutela cautelar".

Aceitando-se as premissas postas acima, percebe-se que a diferenciação entre tutela antecipatória e tutela cautelar perde o sentido, pois não há como distinguir ou comparar espécies de tutela jurisdicional decorrentes de classificações elaboradas segundo critérios distintos. Conseqüentemente, o presente Capítulo limita-se à comparação entre a *tutela cautelar* e a *tutela satisfativa*, porque essas sim decorrem de uma classificação sob idêntico critério, qual seja, a *imediatidade/mediatidade*[188] *da atuação sobre o direito visado,*[189] nenhuma relação possuindo com o *momento processual em que a tutela é concedida.*

---

[185] BEDAQUE, José Roberto dos Santos. *Tutela Cautelar e Tutela Antecipada: tutelas sumárias e de urgência (tentativa de sistematização).* São Paulo: Malheiros, 1998, p. 279.

[186] É o que se depreende, aliás, das palavras de Adroaldo Furtado Fabrício: "[...] a tutela antecipada, sem ser substancialmente diversa da definitiva, dela se distingue pelas notas da provisoriedade e do adiantamento temporal em relação ao momento ordinário da prestação jurisdicional" (FABRÍCIO, Adroaldo Furtado. *Breves Notas sobre Provimentos Antecipatórios, Cautelares e Liminares.* In: *Revista AJURIS*, Porto Alegre, n. 66, março de 1996, p. 15-16). Em um ponto específico, todavia, a lição do consagrado processualista gaúcho é incompatível com o entendimento defendido no presente livro: conforme abordado no Capítulo alusivo à duração da tutela jurisdicional, a tutela antecipada não significa necessariamente antecipação de uma tutela *definitiva*, e sim de uma tutela *final*. Assim, em se tratando de processo cautelar propriamente dito (ou seja, em que o pedido final é de caráter assecuratório, não satisfativo), a tutela antecipatória aí concedida terá natureza cautelar e, por conseqüência, corresponderá à *antecipação de uma tutela final temporária*. Em outras palavras, a tutela antecipada possuirá identidade substancial em relação a uma tutela temporária, não-definitiva.

[187] Uma ressalva, contudo, deve ser feita: atualmente é admitida a concessão da medida cautelar, de forma incidental, nos autos do processo principal (ou "único"), conforme dispõe o § 7º do art. 273 do CPC, processo esse de natureza não-cautelar. Nessa hipótese específica, não haverá uma "confirmação" da tutela cautelar antecipada através de decisão final que a aprecie, pois o processo em que foi deferida tem por objeto a própria satisfação do direito material atingido ou ameaçado, não a mera segurança destinada a propiciar um futuro gozo. Portanto, ocorre aí uma exceção (que não deixa de confirmar a regra), na qual a tutela prestada com antecipação tem natureza distinta da que será (ou não) concedida ao final do procedimento, substituindo aquela.

[188] A "imediatidade" é referida por José Carlos Barbosa Moreira como característica própria da tutela satisfativa, ao passo que as cautelares são medidas instrumentais, que servem à prestação de uma tutela jurisdicional considerada "mediata" (BARBOSA MOREIRA, José Carlos. *O Novo Processo Civil Brasileiro: exposição sistemática do procedimento.* 24ª ed. Rio de Janeiro: Forense, 2006, p. 301).

[189] Alguns autores fazem alusão à "referibilidade" como elemento distintivo entre as tutelas cautelar e satisfativa, palavra indiscutivelmente apropriada, mas não suficientemente clara, *prima facie*, quanto ao seu significado, especialmente por omitir *a que se refere*. Galeno Lacerda, diferentemente, sustenta

Ao processo compete oferecer mecanismos adequados para solucionar a freqüente tensão entre segurança jurídica e efetividade, compatibilizando-as e impedindo a supressão de qualquer desses valores, ambos fundamentais para a existência de um Estado de Direito. Por vezes, a única maneira de viabilizar a efetividade dos interesses juridicamente protegidos é proporcionar sua imediata fruição. Noutros casos, é possível garantir a efetividade de forma indireta, isto é, simplesmente assegurando a permanência de condições que no futuro permitam o acertamento ou a satisfação do direito. Em determinadas ocasiões, por outro lado, não são sequer necessárias medidas destinadas a antecipar a fruição do bem visado ou a garantir uma possibilidade de futura certificação ou gozo, pois inexiste risco de que o objeto se deteriore, seja ocultado, que as provas desapareçam, ou ainda que o provável titular sofra outra espécie de prejuízo irreparável.[190]

Chama-se de *satisfativo* o provimento que realiza de forma direta/imediata o direito buscado pela parte, embora por vezes essa satisfação não seja total. *Cautelar*, ao contrário, é o provimento que apenas garante a possibilidade de futura fruição, sem desde já satisfazer/realizar o direito material visado.[191]

Pode-se dizer, então, que *satisfativa* é a medida que *realiza* exatamente o direito sobre o qual versa a demanda, de forma direta (mas não necessariamente integral), saciando o desejo de quem a pediu, enquanto a *cautelar* consiste em medida com conseqüências diversas daquela que a parte realmente pretende que se torne definitiva, limitando-se a assegurar a possibilidade de futuro gozo ou acertamento do direito cuja proteção se

---

que as "cautelas" podem ser "satisfativas", entendimento que inviabilizaria a classificação proposta neste Capítulo (LACERDA, Galeno. *Limites ao Poder Cautelar Geral e à Concessão de Liminares.* In: *Revista AJURIS,* Porto Alegre, n. 58, julho de 1993, p. 101). Em verdade, porém, o sentido em que o autor gaúcho emprega o termo "cautela" é completamente distinto (e mais amplo) do que o aqui utilizado, conforme ficará evidenciado em breve, quando da definição acerca do que se entende por "tutela cautelar". Apenas adiantando parte do que a seguir será examinado, convém desde já referir o que diz Luiz Guilherme Marinoni sobre o posicionamento de Galeno Lacerda: "A tutela cautelar, como sabemos, visa a assegurar a viabilidade da realização de uma pretensão. Assim, se afirmarmos, como o fez Galeno Lacerda, que a tutela cautelar pode realizar no plano fático a própria pretensão, (p. ex. a pretensão aos alimentos), estaremos incidindo em contradição, pois uma vez realizada a pretensão, nada mais resta para ser assegurado. Ou seja, quando a pretensão é satisfeita, nada é assegurado, e nenhuma função cautelar é cumprida". (MARINONI, Luiz Guilherme. *Tutela Cautelar e Tutela Antecipatória.* 1ª ed., 2ª tiragem. São Paulo: Editora Revista dos Tribunais, 1994, p. 79).

[190] A exposição de Teori A. Zavascki sobre o tema é bastante esclarecedora: "[...] há casos em que apenas a certificação do direito está em perigo, sem que sua satisfação seja urgente ou que sua execução esteja sob risco; há casos em que o perigo ronda a execução do direito certificado, sem que a sua certificação esteja ameaçada ou que sua satisfação seja urgente. Em qualquer de tais hipóteses, garante-se o direito, sem satisfazê-lo. Mas há casos em que, embora nem a certificação nem a execução estejam em perigo, a satisfação do direito é, todavia, urgente, dado que a demora na fruição constitui, por si, elemento desencadeante de dano grave". (ZAVASCKI, Teori Albino. *Antecipação da Tutela.* 2ª ed. São Paulo: Saraiva, 1999, p. 48-49).

[191] "A prestação jurisdicional satisfativa (não definitiva) sumária, pois, nada tem a ver com a tutela cautelar. A tutela que satisfaz, por estar além do assegurar, realiza missão que é completamente distinta da cautelar". (MARINONI, Luiz Guilherme. *Tutela Cautelar e Tutela Antecipatória.* 1ª ed., 2ª tiragem. São Paulo: Editora Revista dos Tribunais, 1994, p. 79).

almeja.[192] Em outras palavras, a *cautelar* está condicionada à existência de uma pretensão *satisfativa* que corre perigo durante o tempo necessário para solução do litígio, ao contrário da *medida satisfativa*, que tem existência autônoma e sua duração tende a ultrapassar os limites do processo.

Resta agora enquadrar a tutela jurisdicional do direito a alimentos em uma ou outra dessas espécies, matéria que já foi até certo ponto abordada na Primeira Parte da obra.

É cediço que os alimentos, uma vez prestados, satisfazem diretamente (imediatamente) o respectivo credor. Quando o objetivo visado pela parte é o recebimento de uma verba de natureza alimentar, não há como entender que os valores a esse título percebidos não sirvam para saciar, total ou parcialmente, o desejo de ver protegido seu direito material a alimentos. A concessão da tutela alimentar, portanto, não ocorre com o intuito de simplesmente assegurar o futuro acertamento ou gozo dos direitos que ao alimentando couberem.

Seja em função de alimentos prestados por decisão judicial antecipatória, seja por meio de tutela concedida somente ao fim do procedimento, seja a verba disponibilizada espontaneamente pelo alimentante, em qualquer dessas hipóteses será atendido exatamente o direito que o alimentando buscava ver reconhecido e satisfeito. Inexiste forma de preservar o direito à vida, à saúde, à moradia, à educação do alimentando exceto proporcionando essas utilidades diretamente a ele. Logo, não há como imaginar um modo de fornecimento de alimentos com caráter meramente cautelar, assecuratório, que não satisfaça a necessidade do credor.[193]

É claro, existem providências cautelares de suma importância para, em determinadas circunstâncias, assegurar a efetividade do direito material a alimentos (por exemplo, o arresto de bens do alimentante que começa a alienar o patrimônio que possui). Entretanto, a prestação de alimentos corresponde sempre a algo que satisfaz, realiza o desejo do autor, mesmo que parcialmente. Só é viável assegurar, em favor do alimentando, o direito à vida, à saúde, etc. para o futuro se desde logo forem proporcionadas as condições necessárias a seu sustento presente.

A tutela do direito a alimentos, portanto, independentemente do procedimento judicial percorrido até sua concessão, possuirá sempre a característica da *satisfatividade*. Essa peculiaridade decorre da própria essência do direito material em comento, urgente por natureza[194] e ligado a necessida-

---

[192] "Já a tutela cautelar tem conteúdo próprio, diverso do da tutela definitiva. Seu objeto não é satisfazer o direito afirmado, mas promover garantias para sua certificação ou para sua futura execução forçada". (ZAVASCKI, Teori Albino. *Antecipação da Tutela*. 2ª ed. São Paulo: Saraiva, 1999, p. 51).

[193] SILVA, Ovídio A. Baptista da. *Direito Material e Processo*. In: *Polêmica sobre a Ação: a tutela jurisdicional na perspectiva das relações entre direito e processo*, organizadores Fábio Cardoso Machado e Guilherme Rizzo Amaral. Porto Alegre: Livraria do Advogado, 2006, p. 65.

[194] Afirma Ovídio A. Baptista da Silva: "Figuremos o exemplo da ação de alimentos. A urgência, em tal caso, é inerente à própria lide. Ela, em si mesma, independentemente de qualquer anormalidade

des fundamentais do ser humano, cuja imprescindibilidade a todo instante se manifesta. Caso adotado outro entendimento, atribuindo aos alimentos a característica da cautelaridade, dever-se-ia admitir como correta a absurda conclusão de que o alimentando jamais precisaria *receber* pensionamento antes da decisão final, pois até lá seu sustento estaria garantido por uma verba que ainda não lhe proporcionou qualquer vantagem direta, talvez apenas ficando depositada em conta bancária à ordem do Juízo, sem que possa ser levantada.

Diante de tais fundamentos, acertada a postura assumida por Ovídio A. Baptista da Silva:

> Segundo nosso entendimento, a tutela cautelar, antes de mais nada, deverá ser apenas cautelar, sem implicar, jamais, realização antecipada – ainda que provisória – do direito acautelado. Coerente com este ponto de vista, não consideramos que os alimentos provisórios, por exemplo, sejam cautelares, assim como recusamos igualmente cautelaridade à reintegração provisória do empregado 'injustamente' despedido, porventura determinada em decisão liminar. [...]
>
> Ao contrário dessa doutrina, para nós tudo o que importe em realização, ainda que por tempo limitado, do direito a que se deveria conceder proteção apenas cautelar ultrapassa o nível da mera cautelaridade para tornar-se tutela satisfativa, sob alguma forma de execução provisória.[195]

Admitindo-se que os alimentos possuem o mesmo conteúdo independentemente do procedimento em que são estabelecidos, sempre estando caracterizados pela satisfatividade, difícil explicar a razão pela qual constam do ordenamento jurídico brasileiro as normas dos arts. 852 a 854 do Código de Processo Civil. Tais dispositivos referem-se aos chamados "alimentos provisionais", ditos "cautelares".

Em primeiro lugar, "cautelares" os alimentos não são. Em tese, porém, nada impede sejam seguidas as regras atinentes ao processo cautelar quanto às demandas alimentares, desde que respeitada a natureza própria do direito *sub judice*.[196] O que não se pode conceber é que o procedimento altere a substância do direito material. É o rito que deve ser conformado às exigências impostas pelo direito substancial, e não o contrário.

---

circunstancial, é uma causa urgente". (SILVA, Ovídio A. Baptista da. *Do Processo Cautelar.* 2ª ed. Rio de Janeiro: Forense, 1999, p. 13).

[195] SILVA, Ovídio A. Baptista da. *Do Processo Cautelar.* 2ª ed. Rio de Janeiro: Forense, 1999, p. 49. Sobre o tema, observe-se ainda a lição de Teori A. Zavascki: "É (b) satisfativa a medida liminar que antecipa eficácia da sentença de procedência da ação de conhecimento, importando realização provisória do próprio direito material afirmado pelo autor. É exemplo clássico dessa espécie de liminar a que concede alimentos provisionais". (ZAVASCKI, Teori Albino. *Antecipação da Tutela.* 2ª ed. São Paulo: Saraiva, 1999, p. 164).

[196] Note-se, a título exemplificativo, que a disciplina legal conferida a vários procedimentos especiais remete a normas alusivas ao rito cautelar. Nessa esteira o art. 1.065, § 2º (Restauração de Autos), e o art. 1.119, parágrafo único (Alienações Judiciais), ambos do CPC. Essa circunstância, porém, de caráter exclusivamente procedimental, nenhuma influência tem sobre a natureza do provimento, sendo incapaz de tornar *cautelar* aquilo que é *satisfativo*.

Algumas incongruências, todavia, decorrem da co-existência de diversos procedimentos destinados à tutela do (mesmo) direito alimentar. Tem-se, hoje em dia, segundo o ordenamento vigente, três ritos disponíveis à proteção do direito aos alimentos: a) o procedimento especial objeto da Lei 5.478/68; b) o "cautelar", relativo aos chamados "alimentos provisionais", e; c) o rito comum ordinário.

Não é matéria a ser tratada no presente Capítulo a diferenciação entre cada um desses procedimentos, o que será feito adiante, em momento mais oportuno. De qualquer sorte, a grande variedade de ritos disponibilizados pela lei brasileira impressiona, provocando questionamento sobre a real necessidade de serem oferecidos tantos meios para atingir um mesmo fim, isto é, a satisfação do direito a alimentos. Situação ainda mais grave é verificada quando defendida a possibilidade, ou mesmo a necessidade, de cumulação entre dois desses ritos, normalmente o "cautelar" e o comum ordinário.

Sustentando a dependência dos "alimentos provisionais" em relação a uma demanda proposta segundo o procedimento ordinário, o que se tem são dois ritos destinados ao acertamento e à efetivação de direito material absolutamente idêntico: é um flagrante *bis in idem*.

Essa cumulação, todavia, possuía significativo relevo quando no procedimento comum ordinário ainda não havia técnica capaz de proporcionar tutela efetiva, urgente e célere ao credor alimentar[197]. Atualmente, com a larga utilização conferida à técnica antecipatória, a "cautelar de alimentos provisionais" perdeu completamente seu sentido. Antes da reforma processual realizada pela Lei. 8.952/94, o processo cautelar tinha como objetivo proporcionar algo inviável no rito comum ordinário, isto é, a antecipação dos efeitos da tutela. Agora que essa providência é permitida em termos genéricos pelo art. 273 do CPC, a concessão de alimentos *initio litis* tornou-se possível também no procedimento ordinário, não havendo justificação plausível para continuar fazendo uso do processo cautelar com esse objetivo.

Em regra, o argumento apresentado, hoje em dia, para defender a utilidade do rito alusivo aos chamados "alimentos provisionais" consiste no desinteresse ou na falta dos elementos suficientes para ingressar, desde logo, com demanda que busque a fixação de pensionamento definitivo, talvez cumulada com outro pedido (separação, divórcio, reconhecimento de filiação, etc.). Ocorre que, interpretando o procedimento dos arts. 852 a 854 do Código de Processo Civil como se possuísse natureza cautelar, dever-se-ia também admitir a necessidade de propositura do feito principal

---

[197] Ainda que não trate especificamente dos alimentos, recomendável, nesse ponto, a seguinte leitura: MARINONI, Luiz Guilherme; ARENHART, Sérgio Cruz. *Manual do Processo de Conhecimento.* 3ª ed. São Paulo: Editora Revista dos Tribunais, 2004, p. 232-234.

no prazo de 30 dias.[198] Dessa forma, mesmo que o alimentando (a mulher abandonada pelo marido, por exemplo) não tivesse interesse em dissolver a sociedade conjugal, promovendo a separação, ou ainda não tendo provas acerca do abandono, deveria aforar nova demanda exclusivamente alimentar, no prazo legal, segundo o procedimento comum ordinário, para rediscutir a matéria que já foi objeto de processo "cautelar".

O entendimento criticado, salvo melhor juízo, implica total desobediência ao princípio da economia processual, duplicando procedimentos quando um só seria suficiente. Não se diga, de outra parte, que o processo "cautelar" enfoca a questão litigiosa exclusivamente sob o ângulo do perigo de dano e da urgência: conforme já analisado, o perigo de dano é inerente ao direito alimentar, resultando da simples *necessidade* do respectivo credor, requisito esse que é exigido tanto para a concessão de alimentos ditos "provisionais", como para os "provisórios", ou ainda para os "definitivos". Não havendo necessidade, não se concede alimentos. Também em demanda de caráter revisional, independentemente de quem tenha a iniciativa de promovê-la (credor ou devedor), o risco de dano iminente apresenta-se como característica inafastável: diante da irrepetibilidade dos alimentos prestados, a demora para reverter a decisão concessiva do pensionamento causa prejuízo irreparável ao alimentante, ao passo que a manutenção da verba alimentar no patamar anterior quando as necessidades do credor exijam majoração igualmente gera significativo dano ao alimentando, pondo em risco sua vida, saúde, educação, enfim, suas necessidade básicas como ser humano.

Em síntese, urgência somente não haverá quando os pressupostos do direito a alimentos (ou da majoração, redução ou exoneração) estiverem ausentes. Assim, demonstrado que o credor não tem *necessidade*, pressuposto básico da obrigação em comento, direito algum a pensão pode lhe ser reconhecido, em nada influenciando o procedimento por ele adotado para buscar o suposto (mas inexistente) direito alimentar. Sustentar o contrário significaria aceitar que o direito material poderia ser originado a partir da simples escolha do rito processual, hipótese completamente desprovida de fundamento.

A única diferença que se pode visualizar entre o rito "cautelar" destinado à concessão de "alimentos provisionais" e os demais procedimentos estabelecidos em lei, acima referidos, consiste na eventual *sumariedade* do primeiro. Essa sumariedade, contudo, somente pode ter influência no senti-

---

[198] Assim sustenta João Batista Lopes: "Importa ressaltar, também, que a liminar na ação de alimentos provisionais não perde seu caráter provisório (e, portanto, não-satisfativo em sentido técnico) de modo que sua eficácia cessa no prazo de 30 dias se o autor não intentar a ação principal". (LOPES, João Batista. *Medidas Liminares no Direito de Família*. In: *Repertório de Jurisprudência e Doutrina sobre Liminares*, coordenadora Tereza Arruda Alvim Wambier. São Paulo: Editora Revista dos Tribunais, 1995, p. 63).

do vertical, relativo à profundidade da cognição, jamais quanto à amplitude da matéria a ser debatida, uma vez que os requisitos para a concessão dos alimentos (não importa a espécie, pois em conteúdo todos são iguais e satisfazem da mesma maneira o credor) em nada diferem.[199] O único aspecto que os distingue é a maior ou menor certeza quanto à presença desses requisitos, dúvida que diz respeito exclusivamente ao grau de profundidade da cognição.

Deixar de aprofundar a cognição no "processo cautelar" destinado à prestação de tutela com natureza satisfativa nada mais é do que provocar a necessidade de um novo procedimento com o objetivo de rediscutir a controvérsia desde a estaca zero, algo que no mínimo não pode ser entendido como produtivo. Aliás, contraria sensivelmente as tantas iniciativas no sentido de reduzir o número de processos submetidos à apreciação do sobrecarregado Poder Judiciário brasileiro.

Saliente-se que o procedimento mencionado nos arts. 852 a 854 do CPC não termina com a concessão de uma mera tutela liminar. Ao contrário, segue até ser proferida sentença, sujeita aos infindáveis recursos hoje disponíveis. Depois desse calvário, reiniciar-se-ia a discussão, através de um processo novo, supostamente com a intenção de verificar, com maior profundidade e certeza, a veracidade das alegações. Poder-se-ia imaginar serem remotas as chances de que, antes do julgamento final da segunda demanda, as circunstâncias fáticas relevantes para o equacionamento da obrigação alimentar (de caráter essencialmente continuativo) sofressem profundas alterações? Obviamente não: a hipótese aventada é bastante comum, inclusive.

Considerando a continuidade ínsita à obrigação alimentar, bem como a irrepetibilidade dos alimentos e a necessária preservação do direito à vida e à dignidade do alimentando, a resposta jurisdicional nessa matéria deve ser imediata, já que logo repercute sobre a realidade, tornando-se geralmente irreversível (ou definitiva) no plano dos fatos, salvo em relação a períodos futuros, sujeitos a serem regulados por nova decisão judicial. A exigência de outro procedimento posterior tem escassa importância prática, porque em se tratando de alimentos, quase sempre "o que passou, passou". Melhor é perseguir um juízo de certeza desde o início, não esperando para começar essa busca somente depois de estar convencido acerca do *fumus boni iuris*. Alguma dúvida de que a primeira alternativa proporciona uma solução definitiva mais célere?

---

[199] "Em obediência ao princípio de que os alimentos provisionais realizam pela antecipação do adimplemento a mesmíssima relação jurídica que pela lide pretende o alimentando fazer reconhecer, é de se concluir que os seus pressupostos são os mesmos que definem o aparecimento desse direito". (ARRUDA, Roberto Thomas. *O Direito de Alimentos: doutrina, jurisprudência e processo.* 2ª ed. São Paulo: LEUD, 1986, p. 230).

Por outro lado, restando completamente provados no curso do procedimento "cautelar" a obrigação alimentar e o valor do pensionamento adequado para o caso concreto, seria razoável exigir a propositura de nova demanda? Parece que não, especialmente em virtude de que, havendo alteração posterior no binômio necessidade-possibilidade ou ocorrendo causa justificadora da exoneração, as portas do Judiciário estarão abertas para o sujeito interessado em modificar a obrigação imposta pela decisão anterior.

Diante de tudo que foi posto acima, conclui-se pela *inutilidade* do procedimento normatizado no art. 852 e seguintes do Diploma Processual, que pode ser substituído com enormes vantagens pela imediata propositura de demanda alimentar segundo o rito comum ordinário, podendo o autor valer-se da técnica antecipatória para atingir os mesmos objetivos que, antes da reforma processual de 1994, somente eram possíveis através de medidas disfarçadamente "cautelares".

6. Tutela cognitiva e tutela executiva

Distinguem-se com clareza duas espécies de atividade jurisdicional, geralmente (mas nem sempre) desempenhadas em fases diversas do litígio: de um lado a atividade *cognitiva*, destinada a superar uma crise de certeza a respeito do direito material controvertido, determinando *o que deve ser* e eventualmente também estipulando sanção para o caso de descumprimento; *executiva*, por sua vez, é a atividade que busca alterar a realidade existente através de atos concretos, assim realizando faticamente o direito. Corresponde esta à interferência no mundo sensível por meio de atos materiais.[200] Em outras palavras, visa a adequar o *ser* ao *dever ser*[201]. De acordo com Carnelutti, representa um meio de compor lide originada de *pretensão insatisfeita.*[202]

No que tange ao direito alimentar, as atividades *cognitiva* e *executiva* não perdem suas características habituais, embora com grande freqüência sejam desempenhadas de forma praticamente simultânea, ou com intervalo muito tênue entre o exercício de uma e outra.[203] Isso ocorre em função da já tantas vezes mencionada *urgência* de que sejam imediatamente prestados os alimentos, diante do risco de dano iminente a que o credor fica exposto pela simples demora no adimplemento. Os bens jurídicos ameaçados por

---

[200] ALVARO DE OLIVEIRA, Carlos Alberto. *Perfil Dogmático da Tutela de Urgência.* In: *Revista AJURIS*, Porto Alegre, n. 70, julho de 1997, p. 220.

[201] "La classificazione del processo sotto un socondo aspetto è fondata sulla differenza tra dichiarazione e attuazione dei rapporti giuridici: vi sono dei casi, in cui basta che un rapporto sia dichiarato affinché i fini del diritto siano raggiunti e altri, nei quali invece occorre che si attui cioè che si conformi alla situazione giuridica la situazione materiale; là il processo tende a dichiarare cioè che deve essere, qua a ottenere che sia ciò che deve essere". (CARNELUTTI, Francesco. *Istituzioni del Processo Civile Italiano,* v. I. 5ª ed. Roma: Soc. Ed. del Foro Italiano, 1956, p. 28).

[202] O autor italiano ressalta que a definição apresentada é aplicável apenas aos casos de jurisdição contenciosa (CARNELUTTI, Francesco. *Istituzioni del Processo Civile Italiano,* v. I. 5ª ed. Roma: Soc. Ed. del Foro Italiano, 1956, p. 28).

[203] Trata-se de "procedimento híbrido ou sincrético, no qual o juiz, prescindindo da instauração do processo de execução e formação de nova relação jurídico-processual, exercita, em processo único, as funções cognitiva e executiva, dizendo o direito e satisfazendo o autor no plano dos fatos". (RODRIGUES NETTO, Nelson. *Notas sobre as Tutelas Mandamental e Executiva Lato Sensu nas Leis 10.358/2001 e 10.444/2002.* In: *Revista de Processo*, São Paulo, n. 110, abril-junho de 2003, p. 198).

eventual descumprimento da obrigação (entre eles a vida do alimentando) merecem proteção efetiva e extremamente célere, impedindo, na grande maioria dos casos, que a atividade executiva somente tenha início depois de encerrada a fase de conhecimento.

Diante disso, seguidamente a atividade de execução começa tendo por base uma decisão ainda *provisória*, não se caracterizando, todavia, uma "execução provisória", tal como regulada no art. 475-O do Código de Processo Civil. Esta última pressupõe: a responsabilidade do exeqüente pela reparação dos prejuízos causados ao devedor; o oferecimento de caução idônea como condição para o levantamento de depósito em dinheiro ou para a alienação de bens pertencentes ao executado; os efeitos da execução provisória ficam sujeitos à sorte da decisão que a fundamenta, ainda passível de reforma ou anulação.

É bem verdade que o inciso I do § 2º do art. 475-O expressamente dispensa o alimentando de prestar caução até o limite de 60 salários mínimos, desde que se encontre ele em estado de necessidade. Quanto a este último aspecto, infere-se a carência do credor pelo simples fato de estar reconhecido seu direito a alimentos, obrigatoriamente condicionado à existência de necessidade por parte dele.[204] Apenas não estaria presumivelmente configurada a carência econômica nos casos em que o credor não mais assumisse a posição de alimentando, cobrando pensionamentos pretéritos, que não continuam se vencendo no curso do processo.

A despeito da norma em comento, verifica-se que a própria natureza do crédito alimentar torna irrepetíveis as prestações satisfeitas, razão pela qual a execução é sempre definitiva, irreversível.[205]

Note-se, porém, que a necessidade de execução não é uma conseqüência obrigatória de toda e qualquer sentença proferida acerca de alimentos. As demandas alimentares julgadas improcedentes obviamente independem de execução, pois possuem natureza meramente *declaratória*,[206] sendo,

---

[204] É o que sustenta Carlos Alberto Alvaro de Oliveira ao comentar o art. 475-O, § 2º, inciso I, do CPC, com a redação dada pela Lei 11.232/2005: "[...] em caso de crédito de natureza alimentar, a necessidade está in re ipsa, de modo que despicienda a demonstração da situação de necessidade exigida na regra ora comentada. [...]" (ALVARO DE OLIVEIRA, Carlos Alberto; [et al.]. *A Nova Execução: comentários à Lei nº 11.232, de 22 de dezembro de 2005*, coordenador Carlos Alberto Alvaro de Oliveira. Rio de Janeiro: Forense, 2006, p. 205).

[205] O art. 475-I, § 1º, do Código de Processo Civil, com a redação conferida pela Lei 11.232/2005, equivocadamente define: "É definitiva a execução da sentença transitada em julgado e provisória quando se tratar de sentença impugnada mediante recurso ao qual não foi atribuído efeito suspensivo". Certamente não atentou o legislador para as peculiaridades de situações como a dos alimentos, em que absolutamente nenhum fator justifica a classificação da execução como "provisória", esteja ela fundada em decisão transitada em julgado ou não, diante da irrepetibilidade que caracteriza a prestação alimentar. Bem destaca Ernane Fidélis dos Santos que "Tanto os alimentos provisionais quanto os provisórios da ação especial comportam execução em forma definitiva. [...]" (SANTOS, Ernane Fidélis dos. *Manual de Direito Processual Civil: execução e processo cautelar*, v. 2. 10ª ed. São Paulo: Saraiva, 2006, p. 373).

[206] Fala-se, aqui, da carga eficacial da sentença relativa ao pedido de prestação de alimentos, não das verbas sucumbenciais, as quais podem exigir um processo de execução por haver, nesse ponto, "condenação". A propósito da eficácia declaratória negativa da sentença de improcedência, e inclusive sobre

portanto, auto-suficientes.[207] Conseqüência idêntica ocorre em relação às demandas exoneratórias, cuja sentença terá como eficácia preponderante a *desconstituição* da obrigação (ou *constituição negativa*),[208] sem formação de um título executivo em favor do litigante vitorioso, salvo quanto aos ônus da sucumbência ou a demais pedidos que eventualmente sejam cumulados.

De outra parte, são condenatórias as sentenças que reconhecem e exortam ao pagamento de verba alimentar, sejam elas proferidas em simples ações de alimentos ou em ações destinadas à majoração do pensionamento.[209] Em ambos os casos, forma-se um título executivo idôneo à cobrança forçada em caso de descumprimento. Ou melhor, consolidou-se no ordenamento jurídico nacional a permissão para que o juiz utilize, de ofício, "meios executivos" destinados a satisfazer imediatamente o credor alimentar, dificultando o descumprimento da obrigação, independentemente de ser promovida a execução autônoma, *ex intervallo*.[210] Isso se deve à própria

---

maiores desdobramentos em relação à matéria, recomenda-se a leitura de: YARSHELL, Flávio Luiz. *Tutela Jurisdicional dos "Conviventes" em Matéria de Alimentos*. In: *Repertório de Jurisprudência e Doutrina sobre Direito de Família: aspectos constitucionais, civis e processuais*, v. 3, coordenadores Teresa Arruda Alvim Wambier e Alexandre Alves Lazzarini. São Paulo: Editora Revista dos Tribunais, 1996, p. 60-61.

[207] Aduz Luiz Guilherme Marinoni, sobre as sentenças auto-suficientes (declaratórias e constitutivas): "[...] Trata-se da sentença que é suficiente por si só, vale dizer, da sentença que satisfaz o jurisdicionado sem precisar interferir na esfera jurídica do réu ou modificar de maneira forçada a realidade dos fatos". (MARINONI, Luiz Guilherme. *Técnica Processual e Tutela dos Direitos*. São Paulo: Editora Revista dos Tribunais, 2004, p. 149).

[208] BARBOSA MOREIRA, José Carlos. *Conteúdo e Efeitos da Sentença – Variações sobre o Tema*. In: *Revista AJURIS*, Porto Alegre, n. 35, novembro de 1985, p. 208. Arnaldo Rizzardo, por outro lado, sustenta que decisão exoneratória possui carga preponderantemente *declaratória*. De qualquer forma, igualmente não se faria necessária a execução de sentença, porque tanto as *constitutivas* quanto as *declaratórias* são auto-suficientes (RIZZARDO, Arnaldo. *Direito de Família: Lei nº 10.406, de 10.01.2002*. 2ª ed. Rio de Janeiro: Forense, 2004, p. 820).

[209] Mais difícil é o enquadramento, nessa classificação, da sentença que *reduz* a pensão alimentícia: seria ela *constitutiva negativa* (desconstitutiva), embora apenas "parcialmente" (isto é, sem desconstituir em toda a sua extensão o título executivo antes criado), ou seria *condenatória*, caso em que o título executivo anterior ficaria completamente substituído por um novo, em que a condenação é menor? A conseqüência de optar por uma ou outra dessas alternativas consiste em que, na primeira hipótese, o título hábil a promover a execução continuaria sendo o mais antigo, apenas com a ressalva da minoração posteriormente imposta; no segundo caso, bastaria a invocação do último título (sentença) como elemento embasador da execução. Analisando a questão sob o aspecto prático, todavia, nota-se que o problema não assume grande relevância, podendo ser solucionado pela apresentação de ambas as sentenças, sempre que uma delas não seja suficientemente clara por si só. Exemplificativamente: supondo que ao julgar a demanda revisional o magistrado apenas determinasse "uma redução equivalente a 2 salários mínimos no pensionamento antes fixado", a aludida sentença seria insuficiente para alicerçar a execução, por não definir o valor a ser pago, exceto se conjuntamente oferecido o primeiro título. Em suma, o problema acaba sendo resolvido de acordo com o conteúdo explicitado em cada decisão concreta, ainda que teoricamente essa sentença que reduz o pensionamento melhor se amoldasse à espécie *desconstitutiva* (parcialmente).

[210] Em artigo escrito antes de ser promulgada a Lei 11.232/2005, José Maria Tesheiner distinguia as sentenças condenatória e executiva *lato sensu* da seguinte forma: "[...] A sentença predominantemente condenatória autoriza a execução, mas em outro processo. A sentença predominantemente executiva autoriza a execução no próprio processo em que foi proferida ou é, ela própria, entrega da prestação

natureza do direito substancial em questão, cuja imprescindibilidade salta aos olhos, exigindo providências céleres e eficazes para evitar o voluntário inadimplemento ou mesmo a simples mora, ambos com conseqüências terríveis para o alimentando que do pensionamento carece.[211] Prioriza-se, portanto, uma atividade jurisdicional preventiva também no plano executivo, provocando imediata realização fática do direito material, sem dar chance ao descumprimento. Nesses casos, a execução (entendida como atividade exercida pelo juízo, e não como processo autônomo)[212] não é posterior ao vencimento da obrigação, mas sim simultânea em relação a este último[213].

Perseguindo tal objetivo, viabiliza-se a imediata atuação do juízo através de *providências executivas*, ainda no *processo* tido como de *conhecimento*, com especial destaque para o desconto em folha de pagamento, determinado quando da sentença ou mesmo do deferimento de tutela antecipada. O desconto em folha, portanto, goza de preferência (ou precedência) em comparação aos demais "meios executivos" dispostos pela lei brasileira, porque é, de certa forma, parte integrante da decisão que se espera seja efetiva. Assim, a sentença ou a decisão interlocutória não se limitam a criar um título idôneo a permitir execução forçada, mas diretamente determinam providências executivas. Em outros termos, representam provimentos com eficácia preponderantemente executiva, sem excluir a carga condenatória

---

devida pelo réu". (TESHEINER, José Maria. *Execução Civil (Um Estudo Fundado nos Comentários de Araken de Assis)*. In: *Revista de Processo*, São Paulo, n. 102, abril-junho de 2001, p. 30). Um pouco mais adiante, comenta a possibilidade de o juiz determinar a medida executiva (*lato sensu*) sem que a mesma tivesse sido postulada pelo autor: "Nas ações executivas *lato sensu*, o fato de limitar-se o autor a pedir pronunciamento do juiz, por exemplo, a decretação do despejo, não impede que se proceda, depois, no próprio processo, a respectiva execução, porque tal decorre da lei". (p. 35).

[211] Como bem salienta Michele Taruffo, "Muito comumente, a conexão entre situações substanciais carentes de tutela e técnicas de atuação executiva se coloca essencialmente na base do princípio de adequação, segundo o qual cada direito deve atuar através de um trâmite executivo mais idôneo e eficaz em função das específicas necessidades do caso concreto". (TARUFFO, Michele. *A Atuação Executiva dos Direitos: perfis comparatísticos*, traduzido para o português por Teresa Celina de Arruda Alvim Pinto. In: *Revista de Processo*, São Paulo, n. 59, julho-setembro de 1990, p. 78).

[212] Parece também ser esse o enfoque escolhido por Teori A. Zavascki quando argumenta: "Preferível, portanto, considerar as atividades jurisdicionais de cognição e de execução, não como fases ou momentos distintos e sucessivos da prestação da tutela, e sim como classes de atividades – como acima se fez – que até poderão coincidir e confundir-se no tempo e no espaço, nas ações e nos procedimentos, tudo a demonstrar a relatividade da sua segmentação e da própria classificação que a elas tradicionalmente se confere". (ZAVASCKI, Teori Albino. *Antecipação da Tutela*. 2ª ed. São Paulo: Saraiva, 1999, p. 12).

[213] Em sentido contrário posiciona-se Araken de Assis, com esteio nas palavras de Fernando Amâncio Ferreira: "Seja como for, convém recordar que a execução 'por alimentos, quer provisórios quer definitivos, só pode ser instaurada depois de alguma prestação estar vencida'". (FERREIRA, Fernando Amâncio. *Curso de Processo de Execução*. Coimbra: Almedina, 1999, p. 301, *apud* ASSIS, Araken de. *Da Execução de Alimentos e Prisão do Devedor*. 6ª ed. São Paulo: Editora Revista dos Tribunais, 2004, p. 163). Discorda-se do ponto de vista manifestado no trecho reproduzido exatamente pelo fato de que o desconto em folha, em geral, independe de processo autônomo de execução, naturalmente posterior ao vencimento da obrigação. É providência indispensável para que a decisão seja efetiva e com urgência satisfeita, fazendo parte da própria decisão proferida essa *executividade*, como uma das cargas eficaciais inerentes àquela.

também presente na decisão,[214] essencial para que a mesma possa ser executada segundo os demais caminhos disponibilizados pela lei processual na eventualidade de o desconto em folha tornar-se impossível (*e. g.*, no caso de desemprego do alimentante).

Sempre que o desconto em folha de pagamento for determinado, será desnecessário e inútil o processo de execução autônomo, salvo em relação a pensões vencidas anteriormente.[215] Com isso não se está a dizer, todavia, que o desconto em folha seja meio inapropriado para executar tais créditos, conforme relevante alerta feito por Araken de Assis.[216] Apenas o que se pretende demonstrar é a *possibilidade* de o desconto em folha ser insuficiente,[217] fazendo-se necessária a utilização de "meios executivos" complementares.

É nesse contexto que se inserem os demais mecanismos (ou "procedimentos") disponibilizados pelo ordenamento jurídico brasileiro para a tutela "executiva" do direito material a alimentos, cada um deles destinado a remover obstáculos diversos que podem ser opostos ao adimplemento da obrigação.

Considerando a relevância e a imprescindibilidade do direito envolvido, os "meios executivos" aplicáveis em matéria alimentar ultrapassam os limites comuns, admitindo-se providências que não seriam aceitas em execuções de outra natureza. Nessa linha a expressa permissão constante do art. 5º, inciso LXVII, da Carta Maior.[218]

---

[214] Não se pode deixar de referir o que diz Pontes de Miranda: "2. ELEMENTOS COMPONENTES DA EFICÁCIA E PREPONDERÂNCIA. – Não há nenhuma ação, nenhuma sentença, que seja pura. Nenhuma é sòmente declarativa. Nenhuma é sòmente constitutiva. Nenhuma é sòmente condenatória. Nenhuma é sòmente mandamental. Nenhuma é sòmente executiva". Pouco depois, tratando especificamente da ação executiva, acrescenta: "A ação executiva é a ação preponderantemente executiva. Não há ação executiva pura. Ainda nos tempos da justiça de mão própria, todo ato de execução continha, implícito, o ato de declaração do próprio direito: apenas a condenação também estava implícita (4), em vez de haver a eficácia mandamental imediata (4), que foi introduzida pela justiça estatal. A execução de mão própria era do tipo 3,2,4,1,5". (PONTES DE MIRANDA, Francisco Cavalcanti. *Tratado das Ações*, tomo I. São Paulo: Editora Revista dos Tribunais, 1970, p. 124-125).

[215] Ou para buscar a satisfação de verbas sucumbenciais.

[216] "O desconto comporta perfeitamente a execução de alimentos pretéritos. O art. 734, parágrafo único, do CPC, dispõe que o ofício consignará 'a importância da prestação e o tempo de sua duração', obviamente com vistas a esta especial contingência. Em princípio, sendo o montante do salário dos vencimentos ou dos créditos suficientes à ablação, total ou parcial, e reservada parte dos mesmos à sobrevivência do alimentante, nenhum obstáculo prático ou jurídico se opõe ao desconto de alimentos já vencidos e há muito acumulados. Em outras palavras, não cabem descontos retroativos, mas o desconto futuro poderá se referir a alimentos pretéritos, conforme dispõe, expressamente, o art. 1.118-1, letra d, do CPC português [...]" (ASSIS, Araken de. *Da Execução de Alimentos e Prisão do Devedor*. 6ª ed. São Paulo: Editora Revista dos Tribunais, 2004, p. 167).

[217] Também pode ser *parcialmente inviável*, por comprometer a subsistência do alimentante, especialmente em se tratando de verbas pretéritas, que somadas às presentes poderiam provocar descontos exagerados.

[218] "Art. 5º. [...] LXVII – não haverá prisão civil por dívida, salvo a do responsável pelo inadimplemento voluntário e inescusável de obrigação alimentícia e a do depositário infiel; [...]"

Entretanto, antes de aprofundar o estudo desses "meios executivos" e dos procedimentos correspondentes, é oportuno analisar os ritos diferenciados relativos à *atividade jurisdicional de caráter cognitivo*, voltada à fixação, alteração ou exoneração dos alimentos.

7. Procedimentos diferenciados no âmbito cognitivo

Conforme já referido, a lei processual brasileira admite três ritos diversos para a discussão do direito a alimentos. São eles: a) o procedimento dito "cautelar", regulado pelo art. 852 e seguintes do Código de Processo Civil ("alimentos provisionais"); b) o rito comum ordinário, com possibilidade de antecipação de tutela e de cumulação com pedido de outra natureza; c) o procedimento especial versado na Lei 5.478/1968.

Muita confusão tem ocorrido na doutrina e na jurisprudência a respeito da caracterização de cada um desses ritos, principalmente por não serem contemporâneos os Diplomas Legais que os estabelecem.

Veja-se, primeiramente, que o chamado "procedimento cautelar de alimentos provisionais" foi regrado pelo CPC de 1973, sem qualquer modificação posterior no texto legal em questão (arts. 852 a 854). O rito comum ordinário, embora também normatizado em 1973, sofreu profundas alterações com o passar dos anos, seja pela natural evolução interpretativa, seja pela mudança de paradigmas decorrente da nova ordem constitucional, com especial destaque para a disciplina da antecipação de tutela inserida no Código de forma genérica pela Lei 8.952/1994, aperfeiçoada pela Lei 10.444/2002. No que tange ao direito alimentar, essa modificação legislativa causou relevantes conseqüências, tornando o procedimento comum ordinário uma via realmente apta a tutelar o direito material em pauta com a urgência e a efetividade que se exige. Em verdade, portanto, o cerne desse rito em demandas urgentes por natureza não é contemporâneo à criação dos arts. 852 a 854, e sim decorrente de legislação promulgada a partir de 1994. Por fim, tem-se o procedimento especial da Lei 5.478, que embora elaborada em 1968, sofreu modificações através da Lei 6.014/1973, esta sim contemporânea ao Código de Processo Civil.

Essas breves considerações apenas ressaltam a necessidade de compatibilização entre os Diplomas em apreço, principalmente tendo em vista, sob o prisma da tutela jurisdicional, a verificação de qual o procedimento mais adequado à proteção do direito material a alimentos em cada uma das situações possíveis. Dito de outro modo, já oferecendo um exemplo claro do que ora se sustenta, o progresso constatado em relação à tutela urgente no rito comum ordinário tornou tal procedimento também apropriado para resolver as demandas alimentares nos seus mais variados aspectos, ou seja, não apenas quanto à certificação definitiva do direito, mas ainda no que diz com a célere concessão de tutela provisória. Tal circunstância provoca um necessário redimensionamento dos limites em que cada rito mostra ser o mais adequado,[219] pois o comum ordinário ganhou muito em utilidade e idoneidade para satisfação do direito alimentar.

Seguindo esse raciocínio, verifica-se que o procedimento estabelecido pela Lei de Alimentos não perde espaço em razão desse avanço concernente ao rito comum ordinário. Considerando que se trata de um procedimento especial, destinado especificamente às demandas alimentares, sem dúvida o regulado na Lei 5.478 melhor se amolda às peculiaridades desse direito material carente de tutela, o que não significa dizer que tal procedimento não possa ser aperfeiçoado à luz dos novos mecanismos atualmente disponibilizados ao operador do direito, desenvolvidos após a criação do referido Diploma. Também inquestionável que a Lei 5.478 deve ser interpretada com base nos valores e normas constitucionais hoje em vigor.

Por conseguinte, não se justifica a diferenciação entre uma *liminar que concede alimentos provisórios* de acordo com o art. 4º da Lei 5.478 e uma *tutela antecipada*. A liminar em questão nada mais é do que a antecipação de uma tutela que, não fosse a urgência, seria prestada apenas ao final do procedimento. Em outras palavras, *liminar é a máxima antecipação dos efeitos da tutela*, independentemente do processo ou do rito em que seja concedida.

Para que haja antecipação de tutela, segundo o ordenamento jurídico hoje em vigor, é necessária a verossimilhança das alegações e o fundado receio de dano irreparável ou de difícil reparação. Melhor dizendo, a fim de não simplificar excessivamente a matéria: também é possível a concessão de tutela antecipada quando, ao invés de risco de dano, restar configurado o abuso do direito de defesa ou o manifesto propósito protelatório do réu (art. 273, II, do CPC), bem como no caso de um ou mais dos pedidos cumulados, ou parcela deles, mostrar-se incontroverso (§ 6º do art. 273). Estas últimas hipóteses, porém, são utilizadas muito remotamente.

---

[219] Arnaldo Marmitt expressamente reconhece a dificuldade em fixar os limites dentro dos quais cada um desses procedimentos deve ser utilizado, em especial no que concerne ao rito "cautelar", chegando a reproduzir lições de outros juristas no mesmo sentido (MARMITT, Arnaldo. *Pensão Alimentícia*. Rio de Janeiro: Aide, 1993, p. 110-111).

Não importa o procedimento em que pedida a tutela jurisdicional: a concessão de tutela antecipada depende da existência desses pressupostos.[220] Além disso, as hipóteses aventadas no inciso II e no § 6º são plenamente aplicáveis aos demais ritos, não servindo apenas ao comum ordinário. Um exemplo deixará claro o raciocínio aqui desenvolvido: a mãe/esposa e os dois filhos propõem demanda alimentar em face do pai/marido; havendo concordância do genitor em pensionar sua prole segundo o percentual postulado, discutindo somente o cabimento da verba pedida pela cônjuge, seria ou não o caso de antecipar os efeitos da tutela conforme disposto no § 6º do art. 273? Evidente que sim, e a conseqüência seria a mesma no procedimento comum ordinário, no "cautelar de alimentos provisionais" e no especial regulado pela Lei 5.478. De outra banda, o abuso do direito de defesa e o manifesto intuito protelatório merecem ser rechaçados em todo e qualquer rito, aplicando-se o art. 273, inciso II, também de forma subsidiária no que tange aos procedimentos especiais e cautelares, os quais em geral recebem normatização diferenciada exatamente em virtude da relevância dos direitos que objetivam preservar.

Quanto ao perigo de dano cumulado com a verossimilhança das alegações, inevitavelmente devem estar presentes para a concessão da tutela de urgência, seja qual for o procedimento. Mais do que mera decorrência de legislação infraconstitucional, de aplicação subsidiária aos demais ritos, é exigência imposta pela Carta Magna de 1988 que os valores da efetividade e da segurança sejam devidamente harmonizados, jamais suprimindo algum deles a partir do conflito que entre os mesmos possa surgir.[221]

Atualmente é fácil perceber que o pressuposto da verossimilhança se impõe como forma de legitimação da medida urgente, por induzir a idéia de que a tutela antecipada não afeta de maneira profunda e injustificada a segurança jurídica de quem sofre as conseqüências da providência jurisdicional. No que pertine ao receio de dano, é circunstância capaz de motivar (e também de legitimar) a antecipação dos efeitos da tutela, na medida em que denota a necessidade premente da medida, sob pena de não ser efetiva a proteção conferida pelos órgãos jurisdicionais aos consumidores da Justiça.

Por conseguinte, a argumentação exposta é no sentido de que a antecipação de tutela é inviável sem a verificação desses pressupostos, não

---

[220] Ao comentarem o art. 273 do Código de Processo Civil, Nelson Nery Junior e Rosa Maria de Andrade Nery salientam: "[...] Em toda ação de conhecimento, em tese, é admissível a antecipação de tutela, seja a ação declaratória, constitutiva (positiva ou negativa), condenatória, mandamental etc., inclusive na ação de despejo. A providência tem cabimento, quer a ação de conhecimento seja processada pelo rito comum (ordinário ou sumário) ou especial, desde que verificados os pressupostos da norma sob comentário. [...]" (NERY JUNIOR, Nelson; NERY, Rosa Maria de Andrade. *Código de Processo Civil Comentado e Legislação Extravagante*. 9ª ed. São Paulo: Editora Revista dos Tribunais, 2006, p. 455).

[221] ZAVASCKI, Teori Albino. *Antecipação da Tutela*. 2ª ed. São Paulo: Saraiva, 1999, p. 67.

apenas porque os mesmos constam da lei, mas principalmente por decorrerem de forma lógica do sopesamento de *valores* albergados na Constituição Federal e da obrigatoriedade de que nenhum deles resulte suprimido em razão da força conferida ao outro. A antecipação de tutela sem verossimilhança representa total desatenção ao valor *segurança jurídica*; por outro lado, inexistindo receio de dano irreparável ou de difícil reparação, não se sustenta a restrição à *segurança*, pela ausência de outro valor de idêntica estatura que a ele se contraponha. Verificado o perigo que ameaça a *efetividade* da tutela jurisdicional, aí sim é admissível a relativização da *segurança*, como única forma de harmonizar os valores constitucionais em conflito, sem exclusão de um ou de outro.

Dito isso, conclui-se que para o deferimento de medida liminar em procedimento regido pela Lei 5.478 é igualmente necessária a ocorrência desses pressupostos, embora o risco de dano seja inerente à natureza da demanda e a prova da obrigação alimentar seja requisito específico para a utilização do referido procedimento especial. Isto é: ao exigir prova pré-constituída a respeito da obrigação alimentar, o art. 2º da Lei 5.478 nada mais faz do que estabelecer a verossimilhança das alegações como condição para a utilização do rito simplificado e para a concessão de alimentos provisórios. Portanto, não é o procedimento escolhido pelo autor que limita a discricionariedade do juiz quanto à antecipação dos efeitos da tutela, mas sim a plena configuração dos pressupostos da verossimilhança e do perigo de dano irreparável ou de difícil reparação.[222]

Por outro lado, se a mesma prova pré-constituída relativa à obrigação alimentar for apresentada no início de um feito que tramite pelo rito comum ordinário, quiçá porque haja pedido cumulado, a inviabilizar o uso da via especial, idêntica decisão liminar deve ser proferida. Esse exemplo, aliás, demonstra que não é o procedimento adotado o fator determinante para deferir ou não a tutela antecipada.

Deve-se ainda ressaltar que as mesmas conclusões são aplicáveis aos alimentos ditos "provisionais". Conforme se tentou demonstrar em Capítulos anteriores, a *liminar* concedida no curso de tal procedimento é verdadeira *antecipação de tutela*, devendo ficar condicionada aos mesmos requisitos exigidos para qualquer medida antecipatória, especialmente porque a tutela antecipada do direito a alimentos não tem natureza *cautelar*, e

---

[222] É corrente na doutrina o posicionamento no sentido de que a simples propositura de demanda alimentar segundo o rito especial impõe ao juiz, de modo irrefutável, a concessão de alimentos provisórios em benefício do autor, salvo se este manifestar que deles não necessita: "50. – '...salvo se o credor expressamente declarar que dêles não necessita': – Nessa única hipótese, o juiz estará desobrigado de fixar, ab initio, alimentos provisórios". (CARNEIRO, Nelson. *A Nova Ação de Alimentos*. Rio de Janeiro: Freitas Bastos, 1969, p. 70). Ora, a escolha do procedimento não tem o condão de criar o direito à antecipação da tutela. O que limita a discricionariedade do juiz e efetivamente o compele à fixação de alimentos provisórios é a verossimilhança demonstrada através da prova concernente à obrigação alimentar, somada essa circunstância à urgência típica do direito substancial em tela.

sim *satisfativa*. Diante disso, a opção pelo rito previsto nos arts. 852 a 854 do CPC não exime o autor de comprovar a verossimilhança de suas alegações; quanto ao risco de dano, este é evidente, próprio do direito a alimentos, e apenas por essa circunstância sua prova é dispensada.[223]

Importante consignar, também, que a distinção quanto ao grau de verossimilhança exigido para a concessão de tutela antecipada em cada um dos procedimentos não tem sentido. É a mesma "antecipação de tutela satisfativa" que ocorrerá em todos eles, desde que preenchidos os requisitos legais. A única diferença consiste em que o rito especial exige a prova pré-constituída como condição para a sua utilização, motivo pelo qual uma vez verificada a adequação do rito, conseqüentemente já estaria atendido o requisito para a medida antecipatória.

Superada essa questão, passa-se a analisar as demais diferenças existentes entre os vários procedimentos destinados à tutela do direito material a alimentos, especialmente no que tange às implicações do uso de cada um desses ritos. Nessa linha, é fundamental abordar, desde logo, a distinção relativa à profundidade (no plano vertical) e à extensão (no plano horizontal) da cognição exercida pelo juízo, com a finalidade de comparar os procedimentos em pauta.

Quanto ao rito comum ordinário, é pacífico que permite uma cognição exauriente no sentido vertical, ao mesmo tempo em que viabiliza uma ampla cognição no plano horizontal,[224] isto é, possibilita seja trazida à discussão toda e qualquer matéria que de alguma forma influencie no reconhecimento da obrigação alimentar ou na sua quantificação. Aliás, o objeto do processo pode ultrapassar as questões ligadas ao direito alimentar, pois cabível a cumulação de pedidos no rito ora em comento.

Situação diversa se põe em relação ao procedimento da Lei 5.478/68. Neste caso, por se tratar de um rito especial destinado a atender as peculiaridades das demandas de caráter alimentar, é inviável a cumulação com pedidos de outra natureza, conforme dispõe o art. 292, § 1º, inciso III, e § 2º, do Código de Processo Civil.[225] Portanto, não sendo apropriado o procedi-

---

[223] Carlos Alberto Alvaro de Oliveira frisa, com acerto, que a circunstância de a satisfação retardada dos alimentos comportar *in re ipsa* prejuízo irreparável não é suficiente para afastar a valoração concreta da situação perigosa pelo juiz (ALVARO DE OLIVEIRA, Carlos Alberto; LACERDA, Galeno. *Comentários ao Código de Processo Civil*, v. VIII, tomo II (arts. 813 a 889). 7ª ed. Rio de Janeiro: Forense, 2005, p. 263).

[224] Por todos: WATANABE, Kazuo. *Da Cognição no Processo Civil*. 3ª ed. São Paulo: Perfil, 2005, p. 132.

[225] Tratando especificamente do reconhecimento de união estável, aduz Flávio Luiz Yarshell: "A cumulação do pedido de alimentos ao de declaração de existência da relação jurídica familiar – seja este segundo veiculado já na demanda inaugural, seja mesmo veiculado como demanda incidental (CPC, art. 325) – parece possível, tanto mais porque a ordinariedade permite a cognição adequada às duas ordens de provimento". E pouco mais adiante complementa: "De outra parte, o ato diferenciado, por assim dizer, da concessão inicial de alimentos provisórios, não altera a conclusão exposta, tanto mais porque o próprio sistema processual agora admite, de forma generalizada, a antecipação de tutela mesmo no pro-

mento às várias postulações, a opção pelo rito comum ordinário é imposta como condição para a admissibilidade da cumulação de pedidos. Desse modo, o litígio não pode ultrapassar os limites ínsitos à questão alimentar para que o procedimento especial se mostre adequado.

Sobre o grau de profundidade da cognição, ao contrário, não há limitações resultantes da utilização do rito especial. A despeito de voltado para uma célere prestação de tutela, o procedimento regulado pela Lei 5.478 não restringe o julgador à formação de um mero juízo de probabilidade ou de verossimilhança. Embora admitida a tutela antecipada e provisória (esta sim fruto de um juízo ainda incompleto sob o ponto de vista da sua profundidade), o feito não se extingue desde já, prosseguindo na busca de uma decisão definitiva. E essa sentença é tão definitiva quanto outra que viesse a ser proferida ao final do rito ordinário. Isso porque a "sumarização" do procedimento não se dá às custas da redução da certeza, da segurança jurídica. Decorre, isto sim, de mera simplificação formal do rito, com a supressão de atos cuja falta não compromete a finalidade e as garantias do processo, além do encurtamento de prazos e da concentração dos atos processuais em audiência, tudo visando à aceleração do julgamento, mas sem diminuir de modo significativo o grau de certeza que o juízo pode atingir.[226]

O problema surge quando se pensa nos chamados "alimentos provisionais". Tal como idealizado no Código de Processo Civil de 1973, dito procedimento não seria idôneo à prestação de uma tutela definitiva. Evidente, porém, que a leitura do Código (e não apenas dele, mas de toda a legislação) deve ser feita de forma sistemática, assim evitando lacunas, interpretações contraditórias e inócuas.

Seguindo essa linha, percebe-se que as razões justificadoras da existência e mesmo a utilidade de tal procedimento não mais se fazem presentes: nos dias atuais não mais se questiona a possibilidade de antecipação dos efeitos da tutela satisfativa; admite-se de forma pacífica que a efetividade da jurisdição, em muitos casos, só pode ser assegurada através de medidas urgentes, fundadas apenas na verossimilhança das alegações e no perigo de dano irreparável ou de difícil reparação; a própria disciplina legal da técnica antecipatória foi objeto de significativo avanço, reduzindo bastante seus inconvenientes. Com isso, em suma, o rito destinado à fixação de "alimentos provisionais" tornou-se despiciendo e até mesmo inadequado. Os fins a que servia podem hoje ser alcançados por caminhos menos tortuosos, privilegiando a economia processual, sem causar maior comprometimento

---

cedimento comum ordinário". (YARSHELL, Flávio Luiz. *Tutela Jurisdicional dos "Conviventes" em Matéria de Alimentos*. In: *Repertório de Jurisprudência e Doutrina sobre Direito de Família: aspectos constitucionais, civis e processuais*, v. 3, coordenadores Teresa Arruda Alvim Wambier e Alexandre Alves Lazzarini. São Paulo: Editora Revista dos Tribunais, 1996, p. 52).

[226] O tema relativo à sumariedade formal e material da cognição é analisado com precisão na obra: ALVARO DE OLIVEIRA, Carlos Alberto; LACERDA, Galeno. *Comentários ao Código de Processo Civil*, v. VIII, tomo II (arts. 813 a 889). 7ª ed. Rio de Janeiro: Forense, 2005, p. 18-20.

à segurança jurídica e inclusive sem dar ensejo à desnaturação da prestação alimentar (pois "cautelar" obviamente ela não é).

Registre-se, por oportuno, que o procedimento estabelecido para a fixação de "alimentos provisionais" foi arquitetado com o objetivo de proporcionar uma célere decisão quanto ao pensionamento devido ao alimentando, tudo com base numa cognição sumária sob o prisma vertical, exercida noutro processo que não o principal ("definitivo"), uma vez que, neste último, os provimentos antecipatórios não eram aceitos por falta de expressa previsão legal e por supostamente atentarem contra a segurança jurídica. Atualmente, contudo, o processo "cautelar de alimentos provisionais" não deveria ser visto como mero acessório do feito principal, exigindo a propositura dessa outra demanda paralela, visando a uma decisão definitiva.[227] Afinal, a tomar como acertadas as conclusões da corrente que defende a acessoriedade dos "alimentos provisionais",[228] esse processo dito "cautelar" seria completamente inócuo, por exigir a propositura de mais uma demanda sobre o mesmo objeto:[229] para que hoje tivesse alguma utilidade, deveria ser ampliada a cognição (tornando-se exauriente), a fim de não duplicar o trabalho a ser desenvolvido pelo Judiciário.[230]

---

[227] A propósito, ensina Carlos Alberto Alvaro de Oliveira: "Com a reforma legislativa introduzida com a Lei nº 8.952, de 1994, antes citada, coloca-se a questão dos falsos procedimentos cautelares, por implicarem, na realidade, antecipação dos efeitos da sentença, a exemplo dos alimentos ditos provisionais previstos no art. 852 do CPC. Haverá, em relação a estes, necessidade de dois processos autônomos e distintos? A resposta só pode ser inteiramente negativa, diante do permissivo legal contido no art. 273, *caput*". (ALVARO DE OLIVEIRA, Carlos Alberto; LACERDA, Galeno. *Comentários ao Código de Processo Civil*, v. VIII, tomo II (arts. 813 a 889). 7ª ed. Rio de Janeiro: Forense, 2005, p. 25).

[228] Sustentando o posicionamento ora criticado, especialmente no que tange à caracterização da "ação cautelar de alimentos provisionais" como acessória em relação a outro processo, por conseqüência exigindo a propositura de nova demanda no prazo de 30 dias: THEODORO JÚNIOR, Humberto. *Curso de Direito Processual Civil*, v. II. 26ª ed. Rio de Janeiro: Forense, 1999, p. 499-500.

[229] Constatou Donaldo Armelin: "[...] Assim é que, em lugar de se eliminarem conflitos através de procedimentos materialmente sumários, geradores de provimentos não imutáveis, poder-se-á propiciar a eclosão de novos processos em que se discutam, sob a égie [*sic*] de uma instrução probatória plena, as matérias já apreciadas sob o signo de cognição superficial. [...]" (ARMELIN, Donaldo. *Tutela Jurisdicional Diferenciada*. In: *Revista de Processo*, São Paulo, n. 65, janeiro-março de 1992, p. 48).

[230] A decisão a seguir reproduzida parece admitir essa mudança de entendimento, na medida em que dispensa a propositura da ação principal no prazo estabelecido pelo art. 806 do CPC, indiretamente reconhecendo que a duplicação de demandas é absolutamente desnecessária: "AGRAVO DE INSTRUMENTO – ALIMENTOS PROVISIONAIS – FIXAÇÃO – FUNDAMENTAÇÃO SUCINTA – POSSIBILIDADE – IMPOSSIBILIDADE DO ALIMENTANTE COMPROVADA – REDUÇÃO DO PENSIONAMENTO – CAUTELAR – NÃO AJUIZAMENTO DA AÇÃO PRINCIPAL – CADUCIDADE – INOCORRÊNCIA – ENTENDIMENTO JURISPRUDENCIAL DE VANGUARDA – RECURSO PROVIDO PARCIALMENTE. Por se tratar de cognição incompleta, a decisão que concede alimentos provisórios pode ser sucinta. A redução da verba alimentícia fixada é medida imperiosa quando comprovada a impossibilidade do alimentante de contribuir com o valor estipulado liminarmente. Nos termos do entendimento jurisprudencial de vanguarda, nas questões atinentes ao direito de família, no amparo de menor e ao incapaz, não ocorre a caducidade da medida liminar se a ação principal não for proposta no prazo de 30 dias, não sendo submetido, portanto, à égide do art. 806 do Código de Processo Civil". (Agravo nº 1.0223.04.149906-0/001, 6ª Câmara Cível do TJMG, Divinópolis, Rel. Edilson Fernandes, j. 26.04.2005, unânime, publ. 20.05.2005. In: *Revista Jurisplenum*, Caxias do Sul, ed. 85, v. 1, 2 CD-ROM, Editora Plenum, novembro de 2005, Ementa 053657).

Note-se, também, que, sob o ponto de vista da cognição horizontal (isto é: da amplitude da matéria a ser discutida), impossível restringir o exame das questões além dos limites próprios a qualquer outra demanda alimentar, pois a matéria relevante para a concessão de alimentos (sejam eles definitivos, provisórios ou "provisionais") é a mesma. Inadmissível supor que determinada pessoa tenha direito a alimentos "provisionais" ou aos provisórios, por exemplo, mas não aos definitivos. Só é fixada verba "provisional" ou provisória porque verossímil a afirmação de que o postulante tem direito a alimentos, assim entendidos os definitivos.

Finalizando, cumpre formular uma proposta com o intuito de resolver as tantas questões problemáticas apontadas. Tal sugestão, aliás, é bastante simples, e tem como objetivo privilegiar a economia processual, sem desprestígio aos demais valores e normas constitucionais ou infraconstitucionais. Consiste essa solução em o juiz adotar o procedimento que se mostrar mais adequado ao caso concreto, se necessário determinando que o autor emende a inicial, de forma que o rito seguido passe a ser o *comum ordinário* ou o *especial da Lei 5.478*, dependendo das características da relação *sub judice*: havendo prova pré-constituída da relação de parentesco ou da obrigação de prestar alimentos, utiliza-se a via especial; não dispondo dessa prova inicialmente, ou havendo cumulação de pedidos, a opção deve recair sobre a via ordinária. Seja qual for o procedimento escolhido dentre estes dois últimos, em ambas as hipóteses será viável a prestação tanto de uma tutela de urgência, com base em cognição não exauriente, como de uma tutela final e também definitiva, após aprofundada cognição.[231]

---

[231] Observa Ana Paula K. Oliveira, em trecho pertinente ao assunto ora em comento: "Mediante a combinação das diferentes espécies de cognição, é possível buscar o procedimento adequado, que torne eficaz o direito à adequada tutela jurisdicional. No direito à adequada tutela jurisdicional está ínsito o direito à cognição adequada da lide". (OLIVEIRA, Ana Paula Kanan. *Espécies de Tutela Jurisdicional.* In: *Elementos para uma Nova Teoria Geral do Processo*, organizador Carlos Alberto Alvaro de Oliveira. Porto Alegre: Livraria do Advogado, 1997, p. 285).

8. Meios "executivos" para tornar efetivo o direito aos alimentos

Convém desde logo justificar a utilização do termo *"executivos"* entre aspas, para espancar toda e qualquer dúvida que daí pudesse surgir. O presente Capítulo e suas subdivisões não abrangem apenas *meios executivos* na acepção (mais restrita) decorrente da teoria quinária, idealizada por Pontes de Miranda, ou seja, medidas de *execução direta*.[232] Além delas serão examinadas as técnicas que, de acordo com a mesma classificação quinária das sentenças (ou ainda: da tutela jurisdicional), melhor se enquadram na espécie *mandamental*, também conhecidas como medidas de *execução indireta*, ou *meios coercitivos*, que atuam sobre a vontade do obrigado, buscando intimidá-lo a ponto de cumprir a prestação que dele se espera.[233]

Sendo mais claro: a linha de raciocínio desenvolvida no presente trabalho admite a possibilidade de classificação da tutela jurisdicional nas cinco espécies consagradas pelo pensamento de Pontes de Miranda, isto é, percebe a viabilidade e a utilidade de traçar as diferenças entre as medidas *executivas* e as *mandamentais*; entretanto, algumas semelhanças são inegáveis entre as aludidas espécies de tutela jurisdicional, facultando que, segundo um critério mais abrangente, sejam ambas compreendidas em um mesmo gênero.[234] Nesse sentido amplo é que a palavra *"executivos"* vem

---

[232] O mesmo ocorreu no Capítulo que versa sobre a diferenciação entre as tutelas *cognitiva* e *executiva*, em que a denominação "meios executivos" foi utilizada com o objetivo de abarcar também as técnicas de natureza *mandamental*, e não apenas as medidas *executivas diretas*.

[233] "O emprego desses meios de coerção não constitui atividade propriamente executiva. A execução forçada, em sentido técnico, tem como característica a virtude de atuar praticamente a norma jurídica concreta, satisfazendo o credor, independentemente da colaboração do devedor, e mesmo contra a sua vontade, que se despe de qualquer relevância. Aqui, bem ao contrário, em vez de prescindir-se da atividade do devedor, o que se procura é influenciá-lo psicologicamente, para que se disponha a realizá-la, ele próprio". (BARBOSA MOREIRA, José Carlos. *O Novo Processo Civil Brasileiro: exposição sistemática do procedimento*. 24ª ed. Rio de Janeiro: Forense, 2006, p. 218).

[234] Marcelo Lima Guerra, que sabidamente não se filia à corrente quinária, com precisão define esse sentido mais largo em que pode ser compreendida a tutela executiva: "Para a obtenção desse resultado prático equivalente à satisfação do direito do credor, a que está orientada a tutela executiva, o ordenamento pode colocar à disposição do órgão jurisdicional o emprego de meios e medidas (processuais) diferentes, que se distribuem em duas grandes modalidades, a saber: as medidas sub-rogatórias e as

empregada no título, utilizando-se o recurso das aspas para esclarecer que o significado aqui atribuído ao termo é diverso daquele mais restrito decorrente da classificação quinária, segundo a qual apenas as técnicas *executivas diretas* mereceriam tal denominação.

Logo, independentemente da nomenclatura utilizada, que sempre é passível de críticas, fica evidenciado o sentido em que se emprega a palavra *executivos,*[235] ora para designar os meios hábeis à realização fática e *direta* dos interesses juridicamente tutelados (sem aspas), ora com significado mais largo, envolvendo, além dos meios recém aludidos, também aqueles que agem sobre a vontade do obrigado, influenciando-o a cumprir a prestação que lhe é exigível (neste caso entre aspas). Destaque-se, aliás, que o agrupamento dessas duas espécies de tutela sob um mesmo gênero (*"executivo"*) não é providência adotada unicamente pelos autores que negam a classificação quinária elaborada por Pontes de Miranda, mas também por aqueles que, não obstante notem significativas distinções entre a técnica *mandamental* e a *executiva*, de outro lado percebem os pontos de contato entre uma e outra. É o caso de Luiz Guilherme Marinoni, cujos ensinamentos bem demonstram o que foi dito:

> A coerção indireta pode ser pessoal (prisão civil) ou patrimonial (multa). É indireta porque não conduz diretamente à tutela do direito, limitando-se a incidir sobre a vontade do réu para que a tutela do direito seja prestada.
>
> [...]
>
> Ao lado da execução indireta ou da coerção indireta se coloca a execução direta, que é aquela que permite que o direito seja realizado independentemente da vontade do demandado. [...][236]

Nesse sentido, ainda, a lição de Carlos Alberto Alvaro de Oliveira, que no trecho abaixo reproduzido nitidamente adota a classificação quinária, sem prejuízo de poder agrupar algumas das espécies dela decorrentes num mesmo gênero, desde que utilizando um critério mais amplo:

> Cumpre ainda sublinhar que as cinco espécies de tutela (declaratória, condenatória, constitutiva, mandamental e executiva *lato sensu*) constituem todas fenômenos jurídicos, mas é preciso considerar que as sentenças declaratórias e constitutivas satisfazem por si mesmas a pretensão processual, sem necessidade de qualquer ato material futuro; a condenatória fica a

---

medidas coercitivas". (GUERRA, Marcelo Lima. *Execução Indireta*. São Paulo: Editora Revista dos Tribunais, 1998, p. 23).

[235] Um exame mais profundo sobre a noção de "atividade executiva" pode ser encontrado na obra: GIAQUINTO, Adolfo di Majo. *L'Esecuzione del Contratto*. Milão: Dott. A. Giuffrè, 1967, p. 9 e seguintes.

[236] MARINONI, Luiz Guilherme. *Técnica Processual e Tutela dos Direitos*. São Paulo: Editora Revista dos Tribunais, 2004, p. 132. Na mesma obra, especialmente a partir da p. 113, o autor paranaense sustenta com firmeza o "esgotamento do conceito de sentença condenatória", invocando para isso o surgimento de novas sentenças decorrentes das próprias exigências de direito material (*mandamentais* e *executivas*), o que não o impede de visualizar semelhanças entre elas, tanto que faz referência a ambas como técnicas de "execução", porém qualificando uma como *direta* e a outra como *indireta*.

meio caminho, criando apenas as condições jurídicas, com a constituição do título executivo, para que tal possa ocorrer em processo autônomo e independente, dito de execução; as duas últimas satisfazem no mesmo processo, por meio de atos materiais, realizados depois da sentença, aptos a produzir alterações no mundo fático.[237]

Por derradeiro, não se pode deixar de mencionar que a própria lei processual civil brasileira trata, no caso específico dos alimentos, de vários procedimentos ditos *"executivos"*, incluindo entre eles o do art. 733 do CPC, cuja natureza é claramente *mandamental*, intimidativa. Mais uma razão, portanto, a corroborar o emprego da palavra já tantas vezes referida com o significado que o próprio texto legal lhe atribui, utilizando-se as aspas única e exclusivamente para evidenciar a maior abrangência conferida ao termo em comparação ao sentido que em outro momento lhe será imposto.

8.1. Desconto em folha de pagamento

O desconto da pensão alimentícia em folha de pagamento é determinado através de uma ordem do juízo, dirigida à fonte pagadora da qual o alimentante aufere seus rendimentos. O fato de decorrer de uma *ordem judicial*, porém, não deve ser confundido com prestação de *tutela mandamental*.[238]

Primeiramente, cumpre referir que a *ordem* em pauta tem como destinatário um terceiro que não é parte no processo, ou seja, a fonte pagadora. Portanto, esse *mandamento* não corresponde, nem poderia corresponder, à

---

[237] ALVARO DE OLIVEIRA, Carlos Alberto. *O Problema da Eficácia da Sentença*. In: *Eficácia e Coisa Julgada*, organizador Carlos Alberto Alvaro de Oliveira. Rio de Janeiro: Forense, 2006, p. 48. Sobre o assunto, recomenda-se também: ZAVASCKI, Teori Albino. *Título Executivo e Liquidação*. 1ª ed., 2ª tir. São Paulo: Editora Revista dos Tribunais, 1999, p. 74-76.

[238] Araken de Assis posiciona-se no sentido de reconhecer *eficácia mandamental* ao desconto em folha de pagamento: "[...] Realmente, o art. 734, *caput*, utiliza o verbo 'mandar', salientando, por tudo que se expôs anteriormente, a eficácia de mandamento. Constrangendo a vontade do obrigado, o efeito mandamental imediato realiza a obrigação pecuniária do título superando, no contexto versado, a própria força do efeito executivo; a demanda nasce e continua executiva, porém". (ASSIS, Araken de. *Da Execução de Alimentos e Prisão do Devedor*. 6ª ed. São Paulo: Editora Revista dos Tribunais, 2004, p. 163). O mesmo entendimento pode ser observado em outra obra do mesmo autor: ASSIS, Araken de. *Sobre a Execução Civil (Réplica a Tesheiner)*. In: *Revista de Processo*, São Paulo, n. 102, abril-junho de 2001, p. 13. A lição transcrita não é acolhida no presente texto basicamente por três fundamentos: primeiro, porque na parte final do trecho reproduzido expressamente é admitido que a natureza da demanda é executiva; segundo, em razão de que não é o mandamento que "realiza a obrigação pecuniária", e sim o cumprimento da ordem (o desconto em folha), que com ela (ordem) não se confunde; terceiro, porque no caso do desconto em folha não há o alegado constrangimento incidindo sobre a vontade do obrigado, e sim uma atuação sobre seu patrimônio, como adiante será melhor analisado. Afora todas essas razões de natureza lógica, some-se ainda a disposição expressa da Lei 5.478/68, referindo-se ao desconto em folha como providência de caráter executivo: "Art. 17. Quando não for possível a efetivação executiva da sentença ou do acordo mediante desconto em folha, poderão ser as prestações cobradas de alugueres de prédios ou de quaisquer outros rendimentos do devedor, que serão recebidos diretamente pelo alimentado ou por depositário nomeado pelo juiz".

proteção pleiteada pelo suposto credor de alimentos, caso contrário estaria o autor postulando a concessão de tutela contra a fonte pagadora, que é "terceira" no que tange à obrigação alimentar. É contra o alimentante que o credor age buscando a concessão de tutela jurisdicional: é do devedor, e não de quem paga o seu salário, a obrigação de prestar alimentos. Assim, desviar o foco da tutela para o "terceiro pagador" implicaria reconhecer que a proteção jurisdicional seria invocada contra alguém que não participa do litígio, não se defende, nem exerce o contraditório.

Hipótese análoga ao desconto em folha é a do despejo, espécie clássica de tutela executiva *lato sensu*. A atividade desempenhada pelo juiz ao determinar o despejo limita-se a uma *ordem*, dirigida ao Oficial de Justiça, para que proceda à desocupação do imóvel, devolvendo-o ao locador. O mesmo ocorre em se tratando de desconto alimentar realizado em folha de pagamento, em que o juiz determina à fonte pagadora que retire dos rendimentos do alimentante os valores devidos a título de alimentos e os repasse ao credor. Em outras palavras, ordena que o empregador execute na prática a satisfação do crédito.

É bem verdade que a ordem emitida à fonte pagadora não é absolutamente idêntica àquela dirigida ao Oficial de Justiça. Nesta última, existe uma relação hierárquica/funcional impondo a obediência por parte do serventuário às ordens do juízo, ao passo que, na primeira, a fonte pagadora não está sujeita ao mandamento em virtude de subordinação, mas sim pela necessidade de obediência à jurisdição, devido à coercitividade que lhe viabiliza ser efetiva. De qualquer sorte, a classificação da tutela jurisdicional em *mandamental, executiva, condenatória, declaratória ou constitutiva* decorre da aplicação de critério consubstanciado na *eficácia do provimento*, não sendo relevante, sob esse prisma, averiguar quem torna efetiva, na prática, a medida. O que importa, nesse momento, é analisar a conseqüência do ato jurisdicional, e o desconto em folha *não* é medida coercitiva que atua sobre a *vontade do demandado*, compelindo-o a cumprir a obrigação, mas sim providência que desde logo subtrai bens do patrimônio do devedor, pela atuação de um terceiro, para transferi-los ao alimentando.[239] A propósito da distinção entre a *tutela executiva lato sensu* e a *tutela mandamental*, cumpre transcrever as palavras de Carlos Alberto Alvaro de Oliveira:

> A tutela mandamental, embora atue como a executiva *lato sensu*, por meio de emissão de ordens do juiz, desta se diferencia porque age sobre a vontade da parte e não sobre o seu pa-

---

[239] Nelson Rodrigues Netto ressalta que "a ação executiva *lato sensu* define-se pela possibilidade de obtenção da prestação específica ou do resultado prático equivalente ao adimplemento da obrigação, por intermédio de medidas necessárias determinadas pelo juiz e realizadas por auxiliares da Justiça ou terceiros, independentemente de qualquer atividade do demandado". (RODRIGUES NETTO, Nelson. *Notas sobre as Tutelas Mandamental e Executiva Lato Sensu nas Leis 10.358/2001 e 10.444/2002*. In: *Revista de Processo*, São Paulo, n. 110, abril-junho de 2003, p. 198).

trimônio. Assim o exige a situação jurídica substancial porque a natureza da obrigação não recomenda, dentro da idéia da maior efetividade possível, o emprego da tutela condenatória.[240]

Complementando seu raciocínio, Carlos Alberto Alvaro de Oliveira salienta que, no caso do mandamento, "não se trata de verdadeira execução, porque a satisfação do credor é obtida com a colaboração do devedor, constrangido a cumprir sua obrigação para evitar maiores males".[241] Não é isso que ocorre, todavia, no desconto em folha de pagamento, segundo o qual a vontade do obrigado é irrelevante, uma vez que a satisfação do crédito se dá sem a sua interferência.[242]

Colocando lado a lado o desconto em folha e medidas coercitivas que atuam sobre a vontade do alimentante, as diferenças podem se tornar ainda mais claras. No caso do desconto em folha de pagamento, o meio utilizado possui natureza *sub-rogatória*, atuando independentemente da vontade do devedor[243], tanto que o mesmo nem sequer precisa ser intimado pessoalmente da medida. Já quando cominada uma multa periódica para o caso de descumprimento, é necessária a intimação pessoal do alimentante, como forma de compeli-lo a cumprir a obrigação, pois o provimento jurisdicional visa a influenciar a vontade do devedor, não atingindo *diretamente* o seu patrimônio.

A importância de reconhecer a eficácia preponderantemente *executiva (lato sensu)* da decisão que determina o desconto em folha reflete-se

---

[240] ALVARO DE OLIVEIRA, Carlos Alberto. *O Problema da Eficácia da Sentença*. In: *Eficácia e Coisa Julgada*, organizador Carlos Alberto Alvaro de Oliveira. Rio de Janeiro: Forense, 2006, p. 47. Vale ainda reproduzir os ensinamentos de Pontes de Miranda e de Ronaldo Albuquerque, adotando postura similar: "[...] Na ação executiva, quer-se mais: quer-se o ato do juiz, fazendo, não o que devia ser feito pelo juiz como juiz, sim o que a parte deveria ter feito. No mandado, o ato é ato que só o juiz pode praticar, por sua estatalidade. Na execução, há mandados – no correr do processo; mas a solução final é ato da parte (solver o débito). Ou do juiz, forçando". (PONTES DE MIRANDA, Francisco Cavalcanti. *Tratado das Ações*, tomo I. São Paulo: Editora Revista dos Tribunais, 1970, p. 211); "A exemplo da mandamental, na sentença executiva o juízo também expede uma ordem. Todavia, tais ordens não se confundem. Enquanto na primeira a ordem é uma manifestação de império, atuando na vontade do réu, para que ele realize a determinação judicial, na segunda o que há é a substitutividade da ação do demandado pela atividade do juízo. A execução, portanto, é ato privado". (ALBUQUERQUE, Ronaldo Gatti de. *Sentença Executiva Lato Sensu*. In: *Eficácia e Coisa Julgada*, organizador Carlos Alberto Alvaro de Oliveira. Rio de Janeiro: Forense, 2006, p. 176-177).

[241] ALVARO DE OLIVEIRA, Carlos Alberto. *O Problema da Eficácia da Sentença*. In: *Eficácia e Coisa Julgada*, organizador Carlos Alberto Alvaro de Oliveira. Rio de Janeiro: Forense, 2006, p. 48.

[242] Distinguindo as tutelas mandamental e executiva *lato sensu*, argumenta Eduardo Melo de Mesquita que "esta última, como as condenatórias, não veicula ordem ao réu, mas efetiva uma sanção. Assim, concretizam-se independentemente da participação volitiva do sancionado". (MESQUITA, Eduardo Melo de. *As Tutelas Cautelar e Antecipada*. São Paulo: Editora Revista dos Tribunais, 2002, p. 420). Não vem ao caso, no momento, questionar a correção da afirmativa lançada pelo autor quanto às características da tutela condenatória ("efetiva uma sanção"), pois o trecho acima reproduzido e também o presente Capítulo têm como foco a comparação entre as tutelas mandamental e executiva *lato sensu*, apenas.

[243] "O desconto em folha de pagamento é meio de sub-rogação, uma vez que proporciona a satisfação do credor sem a colaboração do devedor, sendo aplicável aos alimentos definitivos, aos provisionais e aos provisórios". (GUERRA, Marcelo Lima. *Execução Indireta*. São Paulo: Editora Revista dos Tribunais, 1998, p. 215).

no procedimento a ser seguido para realizar faticamente o direito. Sendo a carga *executiva* inerente à sentença (ou à decisão interlocutória que antecipa tutela), dispensa-se o processo de execução *ex intervallo*, com todas as conseqüências daí resultantes:[244] ausência de nova citação, desnecessidade de penhora, impossibilidade de oposição de embargos do executado,[245] inexistência de ônus sucumbenciais próprios, etc. Além disso, se futuramente o devedor trocar de emprego, bastará ao alimentando requerer ao juízo, através de simples petição, que determine a expedição de novo ofício, dirigido à atual fonte pagadora do alimentante, para que comece a efetuar os descontos[246]. Essa agilidade da execução sob todos os aspectos mostra-se compatível e apropriada à natureza do direito material em comento.[247]

Entretanto, como ressaltado em outro momento da presente obra, a eficácia *executiva lato sensu* da decisão não exclui a co-existência das demais cargas possíveis a todo e qualquer provimento jurisdicional.[248] Fundamental destacar, especialmente, a presença de eficácia *condenatória*,

---

[244] Note-se que o posicionamento aqui adotado diz respeito à efetivação de *decisão judicial*, não se aplicando aos títulos executivos extrajudiciais. Nos próximos Capítulos será examinada a possibilidade de execução de alimentos com base em título executivo extrajudicial, sendo que também nesses casos o desconto em folha de pagamento goza de preferência em relação aos demais procedimentos executivos. Por ora, apenas convém salientar que a dispensa de citação e a impossibilidade de oposição de embargos não se aplicam ao desconto em folha de pagamento embasado em título executivo extrajudicial, sob pena de inviabilizar por completo a defesa do executado, negando-lhe o próprio direito de ver suas razões apreciadas pelo Poder Judiciário, uma vez que não teve oportunidade anterior ("processo" ou "fase" de conhecimento) para exercer o contraditório, garantia constitucional inafastável.

[245] "A decisão executiva *lato sensu* prescinde de novo processo, não se instaura nova relação jurídica processual. Cumpre-se a ordem a partir do mandado, i. e., da ordem do juiz. Por isso, não se abre oportunidade para embargos do devedor". (MESQUITA, Eduardo Melo de. *As Tutelas Cautelar e Antecipada*. São Paulo: Editora Revista dos Tribunais, 2002, p. 421). José Roberto dos Santos Bedaque também adota esse entendimento: BEDAQUE, José Roberto dos Santos. *Tutela Cautelar e Tutela Antecipada: tutelas sumárias e de urgência (tentativa de sistematização)*. São Paulo: Malheiros, 1998, p. 102.

[246] Sobre o tema manifesta-se Arnaldo Rizzardo: "Na opção por esta maneira, não precisa a parte ingressar com um processo específico de execução. Basta um mero pedido em autos onde se firmou a obrigação, ordenando o juiz que se oficie à fonte pagadora, ou que se intime o responsável que efetua o pagamento. Se arquivado já o processo, a parte credora requererá o desarquivamento, e solicitará a determinação do desconto". E prossegue: "Tanto se procede desta forma que as leis processuais não delineiam um caminho específico. Desenvolvem unicamente o procedimento da execução de quantia certa ou através da coação por meio de prisão". (RIZZARDO, Arnaldo. *Direito de Família: Lei nº 10.406, de 10.01.2002*. 2ª ed. Rio de Janeiro: Forense, 2004, p. 828).

[247] De todo pertinente o asseverado por José Roberto dos Santos Bedaque: "Daí a simpatia pela chamada tutela executiva *lato sensu*, que possibilita a solução da crise de adimplemento no próprio processo cognitivo, sem necessidade da execução *ex intervallo*. Em conseqüência, eliminam-se todos os óbices normalmente utilizados pelo devedor inadimplente para evitar o cumprimento da sentença condenatória (dificuldade para realização da citação, empecilhos injustificáveis à penhora, embargos meramente protelatórios)". (BEDAQUE, José Roberto dos Santos. *Tutela Cautelar e Tutela Antecipada: tutelas sumárias e de urgência (tentativa de sistematização)*. São Paulo: Malheiros, 1998, p. 103).

[248] Conforme asseverado por Ronaldo Gatti de Albuquerque, com base nos ensinamentos de Araken de Assis e José Carlos Barbosa Moreira, as dúvidas e as imprecisões da teoria da "constante quinze", elaborada por Pontes de Miranda, não afetam a observação acertada de que "uma sentença pode conter elementos diversos e produzir, por via de conseqüência, efeitos também diversos" (ALBUQUERQUE, Ronaldo Gatti de. *Sentença Executiva Lato Sensu*. In: *Eficácia e Coisa Julgada*, organizador Carlos Alberto Alvaro de Oliveira. Rio de Janeiro: Forense, 2006, p. 165).

o que permite, no futuro, a execução forçada, baseada no título executivo constituído através da decisão que, além de fixar os alimentos, determinou o desconto. Não fosse assim, uma vez tornado impossível o desconto em folha, o alimentando precisaria aforar nova demanda para que o devedor fosse *condenado* a prestar-lhe pensionamento, somente depois podendo se valer do processo de execução, em evidente desprestígio à efetividade da jurisdição e à economia processual.

O alto grau de efetividade característico do desconto em folha, somado à circunstância de ser meio executivo menos gravoso para o devedor, justifica sua *precedência* em relação às demais formas de execução da verba alimentícia, conforme reconhecido pelos arts. 16 a 18 da Lei 5.478/68.[249]

Além disso, por estar contida na própria eficácia da sentença de alimentos essa *carga executiva*, sequer é necessário esperar o inadimplemento da prestação para promover a execução: o desconto em folha é meio executivo hábil inclusive para impedir o descumprimento da obrigação,[250] pois a ordem dirigida à fonte pagadora gera efeitos para o futuro, de forma contínua e periódica, em perfeita compatibilidade com a natureza dos alimentos. A efetivação do direito material, portanto, acontece simultaneamente ao próprio instante de surgimento da sua exigibilidade, de modo que o crédito é satisfeito tão logo ocorre o vencimento da obrigação.[251]

Considerando, todavia, que o desconto em folha atinge os rendimentos produzidos pelo trabalho do alimentante, labor que em geral é exercido exatamente com o intuito de prover o próprio sustento, o meio executivo em pauta sofre limitações, não podendo afetar a parte da renda que se mostre necessária ao custeio das despesas mais elementares do devedor.

---

[249] Essa necessária antecedência, aliás, é defendida com precisão por Marcelo Lima Guerra: "Com efeito, percebe-se que na Lei 5.478/68 o desconto em folha é o meio executivo a ser empregado em primeiro lugar. Isso não apenas por ser o primeiro a ser referido pela mesma Lei 5.478, mas principalmente porque, ao serem indicados os outros meios, o são como alternativas à impossibilidade ou inutilidade na utilização do desconto em folha. [...]" (GUERRA, Marcelo Lima. *Execução Indireta*. São Paulo: Editora Revista dos Tribunais, 1998, p. 217).

[250] Araken de Assis, abordando a precedência do desconto em folha, afirma que a mesma "se baseia nas usanças do tráfico jurídico, em que o desconto – modalidade de expropriação caracterizada pela ablação direta de dinheiro integrante do patrimônio do executado na fonte pagadora – se revelou prodigiosamente eficiente. Na experiência pretoriana, a implantação do desconto, no comando da sentença condenatória ou no acordo da separação consensual, previne execuções futuras. Assim, timbrou o legislador por elegê-lo prioritário. [...]" (ASSIS, Araken de. *Da Execução de Alimentos e Prisão do Devedor*. 6ª ed. São Paulo: Editora Revista dos Tribunais, 2004, p. 148).

[251] "Se a decretação da forma executiva de desconto em folha é anterior ao inadimplemento, não é certo que sua atuação dependa do não-pagamento. Entretanto, também não é correto pensar que o desconto em folha objetiva pressionar o devedor para não inadimplir o pagamento. O desconto em folha não é condenação para a hipótese de inadimplemento, nem forma processual destinada a atuar sobre a pessoa do devedor. Trata-se de técnica processual que, sem atuar sobre a vontade do devedor, objetiva assegurar o recebimento da prestação, sem que importe o inadimplemento ou sequer fato que indique a sua tentativa". (MARINONI, Luiz Guilherme. *Técnica Processual e Tutela dos Direitos*. São Paulo: Editora Revista dos Tribunais, 2004, p. 658).

Essa observação não tem maior relevância quando se fala em alimentos futuros, pois a fixação dos alimentos já é feita levando em conta as condições econômicas do alimentante. Por outro lado, é assaz importante evitar a utilização desmedida do desconto em folha para satisfação de alimentos pretéritos, posteriores à citação e anteriores à decisão que os concedeu, ou mesmo vencidos sem que tenham sido oportunamente pagos. Nesses casos, o acúmulo de prestações alimentícias a serem pagas poderia comprometer a subsistência do devedor, uma vez que seria necessário efetuar o desconto em folha de todo o seu salário, talvez durante vários meses. Diante dessas circunstâncias, mais adequada se mostra a execução mediante penhora no que tange aos alimentos já vencidos, como forma de não colocar em risco a mantença do alimentante e de seus outros dependentes, salvo quando o desconto dos atrasados não afetar de forma substancial a mantença do devedor.

Destaque-se, ainda que rapidamente, a semelhança entre o desconto em folha e os demais *meios executivos* mencionados na parte final do art. 17 da Lei 5.478/68: "[...] poderão ser as prestações cobradas de alugueres de prédios ou de quaisquer outros rendimentos do devedor, que serão recebidos diretamente pelo alimentando ou por depositário nomeado pelo juiz". Também nesses casos prepondera a eficácia executiva *lato sensu* da decisão concessiva de verba alimentar, pois é retirado do patrimônio do devedor, independentemente de sua vontade, o valor correspondente ao crédito do alimentando. A medida judicial não age de modo a influenciar a vontade do obrigado, a coagi-lo, mas sim proporciona o resultado desejado através da ação de um terceiro. Assim como todos os demais "meios executivos", porém, nem sempre é o mais indicado para realizar faticamente o direito material em estudo.

Em suma, a escolha do *meio* pelo qual será perseguida a satisfação do direito a alimentos depende basicamente das peculiaridades de cada caso concreto, devendo-se analisar a adequação das modalidades executivas disponíveis, considerando o grau de efetividade que proporcionam e os riscos de sua aplicação,[252] aí abrangidas a ameaça à subsistência do alimentante, a excessiva onerosidade decorrente de determinada espécie de execução, etc.

---

[252] Nesse ponto, discorda-se do posicionamento adotado por Carlos Alberto Alvaro de Oliveira, que sugere seja sempre *condenatória* a tutela jurisdicional do direito a alimentos, ainda que estejam previstos "meios executórios" especiais para a proteção desses interesses: "Por outro lado, a adoção de meios executórios especiais em relação à tutela condenatória de alimentos (desconto em folha ou ameaça de prisão) não lhe retira essa condição. Tanto é assim que, não havendo possibilidade de desconto em folha ou depois de cumprida a prisão civil, a única forma de o credor extrair o valor a que tem direito é a execução forçada, por sub-rogação nos bens do devedor". (ALVARO DE OLIVEIRA, Carlos Alberto. *Formas de Tutela Jurisdicional no Chamado Processo de Conhecimento*. In: *Revista AJURIS*, Porto Alegre, n. 100, dezembro de 2005, p. 67-68). Para melhor expor as idéias do referido processualista, e depois poder dele divergir fundamentadamente, é essencial, antes de mais nada, identificar o ponto do qual parte seu raciocínio a respeito do tema. Carlos Alberto Alvaro de Oliveira entende que "O princípio da segurança impede, além disso, o emprego da tutela executiva *lato sensu* em se tratando de obriga-

8.2. Prisão civil do alimentante inadimplente

Considerando a relevância e a imprescindibilidade típicas do direito a alimentos, a Carta Maior de 1988 expressamente admitiu ficasse o alimentante sujeito à coerção pessoal, mais especificamente à prisão civil, sempre que incidisse em inadimplemento voluntário e inescusável de obrigação alimentícia.[253]

Diante da evidente excepcionalidade do meio coercitivo[254] que age sobre a pessoa do devedor, pela gravidade que representa, seu cabimento está condicionado a uma ameaça que diga respeito a valores de estatura no mínimo similar àquela gozada pela liberdade, de modo a justificar uma relativização desta última.[255] Em relação aos valores em jogo, que exigem

---

ção pecuniária, pois, por hipótese, a execução atingirá bens não pertencentes ao exeqüente, passando o processo em conseqüência a exigir maiores formalidades em prol do direito de defesa do executado [...]" (Op. cit., p. 68). Partindo dessa lógica, segundo a qual a tutela *executiva lato sensu* apenas poderia ser conferida para atuar sobre o patrimônio do próprio autor (jamais sobre o do devedor), efetivamente chegar-se-ia à mesma conclusão exposta pelo professor gaúcho, já que no desconto em folha de pagamento inegavelmente o patrimônio atingido será o do alimentante. Contudo, salvo melhor juízo, não há embasamento legal para essa restrição, e a referência ao princípio da segurança é incapaz de soterrar outro de mesma estatura, qual seja, o princípio da efetividade, cuja importância especialmente em matéria alimentar é inegável. Afora isso, propor que a tutela alimentar seja predominantemente condenatória *apesar* de "meios executórios" serem imediatamente agregados à decisão judicial significaria reduzir a classificação da tutela às três categorias clássicas (declaratória, constitutiva e condenatória), desprezando a tutela mandamental e a executiva como espécies autônomas, já que nada mais seriam do que "meios executórios" acessórios compreendidos no âmbito da tutela condenatória, como se dela fizessem parte. Pergunta-se: sendo viável a determinação de desconto em folha no curso de processo autônomo de execução baseado em título extrajudicial (e como se viu, o desconto em folha de pagamento goza de precedência em relação aos demais meios executivos), qual a espécie de tutela que estaria sendo prestada ao alimentando? Condenatória ou executiva? Neste trabalho sustenta-se que o desconto em folha é medida de execução direta, e pouco importa o tipo de processo ou a fase do procedimento em que for determinado. Além disso, "condenação" não pode haver nesse caso, pois sua conseqüência seria constituir um título executivo, o qual já existe. O que se pretende demonstrar através desse exemplo é que o desconto em folha nem sempre será determinado através de uma sentença, fator que inviabiliza sua classificação como "tutela condenatória", pois não se pode admitir a existência de tutela condenatória num processo autônomo de execução, exceto quanto aos pontos que não são propriamente objeto da atividade executiva (por exemplo, condenação por litigância de má-fé). Quando o termo "tutela" é utilizado na presente obra, não o é no mesmo sentido de "sentença", o que permite ver tutela onde sentença não há, fundamentalmente no que diz respeito a processos de execução.

[253] Constituição Federal, art. 5º, inciso LXVII.

[254] Sobre a caracterização da prisão civil como meio coercitivo, vale reproduzir o ensinamento de Pontes de Miranda: "O direito processual civil concebeu a prisão, em tal caso, não como medida penal, nem como ato de execução pessoal, e sim como meio de coerção" (PONTES DE MIRANDA, Francisco Cavalcanti. *Comentários ao Código de Processo Civil*, tomo X (arts. 612-735). Rio de Janeiro: Forense, 1976, p. 483). Também Rolf Madaleno adota esse entendimento: "[...] a prisão civil não tem o escopo punitivo, pois de pena não se trata, tendo o propósito de buscar coagir o executado a pagar a sua dívida alimentar, servindo a possibilidade de execução alimentar pela prisão civil, como um forte e valioso instrumento de constrangimento pessoal, de incontestável eficácia processual para tentar remover a resistência e teimosia do inadimplente devedor de alimentos". (MADALENO, Rolf Hanssen. *Direito de Família em Pauta*. Porto Alegre: Livraria do Advogado, 2004, p. 169).

[255] Francisco Carlos Duarte, criticando o ordenamento jurídico brasileiro, sustenta que a prisão civil se choca com o "princípio civilizado do absoluto respeito pela liberdade individual" (DUARTE, Francisco Carlos. *Medidas Coercitivas Civis e Efetividade da Tutela Jurisdicional*. In: *Revista de Processo*, São

harmonização, já foram exaustivamente examinados ao longo do texto, sendo suficiente apenas lembrar que dentre eles estão o direito à vida, à saúde, ao lazer, etc. do alimentando, além da própria efetividade da jurisdição, todos assegurados inclusive constitucionalmente, de forma explícita ou implícita.[256]

Resta agora analisar as hipóteses em que a utilização desse meio coercitivo se mostra adequada, assim impedindo que a liberdade do alimentante seja tolhida sem proveito algum para o respectivo credor, fazendo com que a grave coerção pessoal sirva apenas como punição ao devedor, não se destinando a proporcionar a realização de direitos fundamentais efetivamente carentes de tutela. Afinal, o ressentimento do alimentando é insuficiente para motivar a restrição à liberdade do alimentante.

Num primeiro momento, importante reiterar a posição de *precedência* do desconto em folha de pagamento como "meio executivo" do direito a alimentos.[257] Essa preferência se impõe, dentre outros motivos, por ser extremamente *efetivo* o desconto em folha quando o alimentante é funcionário público, militar, diretor ou gerente de empresa, bem como empregado sujeito à legislação do trabalho, além do que sem dúvida é "meio executivo" *menos gravoso* para o devedor do que a prisão civil.[258] De outra parte, como já analisado, o desconto em folha de pagamento é medida que obviamente precede a execução autônoma, inclusive dispensando esta quando suficiente o meio empregado para realizar faticamente, e por inteiro, o direito material. O referido meio executivo é determinado na própria decisão concessiva do pensionamento, sem que o alimentando precise promover a execução *ex intervallo*, pois a carga *executiva* está presente, ao lado da *condenatória*, no próprio conteúdo da sentença (ou

---

Paulo, n. 70, abril-junho de 1993, p. 224). Contudo, são da essência dos princípios a flexibilidade e a possibilidade de relativização, especialmente quando a restrição à aplicação de um princípio decorre de incompatibilidade em relação a valores de igual ou maior importância, também protegidos pelo direito, o que certamente se aplica aos casos de ameaça à subsistência, à saúde, entre outras hipóteses. Diante de tais fundamentos, não se admite que o princípio da liberdade individual seja visto como algo "absoluto". Como diz Cristiano Chaves de Farias, "justifica-se, facilmente, a prisão do devedor alimentar, com o escopo de garantir a dignidade do alimentando, bem como com base na própria solidariedade social" (FARIAS, Cristiano Chaves de. *Prisão Civil por Alimentos e a Questão da Atualidade da Dívida à Luz da Técnica de Ponderação de Interesses (Uma Leitura Constitucional da Súmula n° 309 do STJ): o tempo é o senhor da razão.* In: *Revista Brasileira de Direito de Família*, Porto Alegre, v. 8, n. 35, abril-maio de 2006, p. 145).

[256] Afirma Sérgio Gischkow Pereira: "[...] a prisão por alimentos não se refere a uma dívida comum, de Direito das Obrigações, mas, sim, tutela interesses sociais e individuais de indiscutível essencialidade. É a própria sobrevivência, valor, obviamente, em escala altíssima no tocante às conveniências dos devedores". (PEREIRA, Sérgio Gischkow Pereira. *Alimentos e Prisão Civil.* In: *Revista AJURIS*, Porto Alegre, n. 10, julho de 1977, p. 38).

[257] Sobre a *precedência* do desconto em folha: ASSIS, Araken de. *Da Execução de Alimentos e Prisão do Devedor.* 6ª ed. São Paulo: Editora Revista dos Tribunais, 2004, p. 163-164; RIZZARDO, Arnaldo. *Direito de Família: Lei n° 10.406, de 10.01.2002.* 2ª ed. Rio de Janeiro: Forense, 2004, p. 828.

[258] Dispõe o art. 620 do CPC: "Quando por vários meios o credor puder promover a execução, o juiz mandará que se faça pelo modo menos gravoso para o devedor".

da decisão interlocutória que fixa alimentos provisórios). Aliás, o art. 18 da Lei 5.478/68, referindo-se ao desconto em folha, dispõe que "Se, ainda assim, não for possível a satisfação do débito, poderá o credor requerer a execução da sentença, na forma dos arts. 732, 733 e 735 do Código de Processo Civil".

Fica claro, portanto, que o meio expropriatório que tem por base a penhora, assim como os meios coercitivos que agem sobre a vontade do devedor, somente podem ser exercidos quando o desconto em folha de pagamento não for adequado ou suficiente, caso contrário este deverá ser o caminho adotado para a efetiva satisfação do direito a alimentos.

Uma vez demonstrada a inadequação ou a insuficiência do desconto em folha (ou das providências similares constantes da parte final do art. 17 da Lei 5.478), terão lugar as medidas coercitivas ou a penhora (seguida de atos de natureza sub-rogatória), restando analisar as hipóteses em que uma ou outra se mostra mais oportuna.

É inquestionável que a ameaça de prisão civil atinge altos níveis de eficiência, devido ao forte impacto causado sobre a pessoa obrigada. Contudo, por não ser propriamente uma medida de caráter executivo, e sim *mandamental*, fica sujeita à vontade do devedor em cumprir a obrigação, não produzindo os resultados desejados quando a resistência do alimentante persistir.[259] Isto é: determinado o pagamento sob pena de prisão, deve-se aguardar pelo cumprimento voluntário da obrigação por parte do devedor, restringindo-se a sua liberdade na hipótese de desobediência à ordem do juízo.[260] A prisão civil em si, no entanto, de forma alguma proporciona a satisfação do direito a alimentos, exceto quando consegue dissuadir o alimentante e levá-lo ao adimplemento da obrigação. Aliás, exatamente por ser medida coercitiva, que atua sobre a vontade, não diretamente sobre o patrimônio do devedor, seu cabimento fica condicionado à injustificada resistência do alimentante em prestar os alimentos, não tendo sentido coagir (sob pena de prisão) a cumprir a obrigação quem deixou de adimpli-la

---

[259] "[...] Quando a sentença ordena, visando compelir o réu a cumpri-la, a execução é dita 'indireta', já que o direito declarado pela sentença só vai ser efetivamente realizado se a sentença convencer o réu a observá-la". (MARINONI, Luiz Guilherme; ARENHART, Sérgio Cruz. *Manual do Processo de Conhecimento*. 3ª ed. São Paulo: Editora Revista dos Tribunais, 2004, p. 470-471). Apesar de a lição versar sobre a *sentença mandamental*, toma-se o ensinamento como válido igualmente para a *tutela mandamental*, uma vez que o posicionamento adotado no presente trabalho não restringe a tutela jurisdicional apenas aos resultados do processo, ou seja, à conseqüência prevista nas próprias normas de direito material. Ao contrário, a idéia de tutela jurisdicional abrange também os "meios", as "técnicas" que o processo fornece para efetivação desse resultado. Nessa linha, a técnica mandamental é aqui entendida como *forma de tutela*, ponto sobre o qual diverge Luiz Guilherme Marinoni, conforme visto anteriormente.

[260] "A mandamental exaure-se na ordem ou mandado, dependendo sua efetivação somente do cumprimento pelo destinatário, sob pena de serem adotadas medidas coercitivas, *e.g.*, multa e prisão civil, ou mesmo de caracterizar-se o crime de desobediência. [...]" (MESQUITA, Eduardo Melo de. *As Tutelas Cautelar e Antecipada*. São Paulo: Editora Revista dos Tribunais, 2002, p. 421).

involuntariamente, por completa impossibilidade econômica. A propósito, o art. 5º, inciso LXVII, da Constituição Federal, restringe o cabimento da prisão civil por dívida de natureza alimentar aos casos em que o inadimplemento for voluntário e inescusável.

Por outro lado, esgota-se o fundamento da prisão quando satisfeitas as prestações em atraso (CPC, art. 733, § 3º), uma vez que o alimentante não mais precisaria continuar sofrendo a desnecessária coerção pessoal: o curto período preso foi suficiente para compeli-lo ao pagamento, atingindo-se o objetivo do processo de execução.

Convém destacar, ainda, que o cumprimento da prisão civil pelo devedor não o exime do pagamento da verba alimentar a que está obrigado (art. 19, § 1º, da Lei de Alimentos, e art. 733, § 2º, do CPC), fazendo com que tenham de ser empregados outros mecanismos para de fato chegar ao adimplemento da obrigação. E para isso é possível o manejo de técnica propriamente *executiva,*[261] que independa da (boa) vontade do alimentante, valendo-se da *execução por quantia certa* ou do *desconto a ser efetuado diretamente sobre rendimentos do alimentante* (caso somente agora tenha sido descoberta a origem dessas rendas, pois na hipótese contrária sequer a prisão deveria ter sido decretada, em função da necessária precedência do *desconto* como meio executivo).

Apenas não se admite que por mais de uma vez o alimentante seja privado da liberdade em função das mesmas prestações inadimplidas,[262] até porque a lei estabelece um prazo máximo para a prisão civil, que poderia ser burlado pela soma de várias restrições à liberdade, cada uma por tempo inferior a esse limite permitido. Sobre tal ponto, inclusive, grande controvérsia instalou-se na doutrina e na jurisprudência pátrias, em virtude da in-

---

[261] Em tese, poder-se-ia pensar, também, na utilização sucessiva de outro *meio coercitivo*, qual seja, a *ameaça de multa* para o caso de descumprimento. Contudo, uma reflexão mais detida sobre o assunto mostra a inviabilidade de tal solução. O primeiro problema, este sim superável, reside na intensa controvérsia quanto à aceitação do emprego da multa como meio coercitivo em se tratando de obrigação de pagar quantia. As objeções tornam-se intransponíveis, porém, quando se observa que, a admitir a utilização de um segundo meio coercitivo, poderia haver uma cumulação de sanções impostas em virtude do descumprimento de uma única obrigação. Além disso, a própria inadequação da multa como forma de coerção em tais hipóteses parece evidente: o devedor que se submeteu à *prisão* para não pagar a dívida alimentar muito dificilmente sentir-se-á compelido ou intimidado pela fixação de uma simples *multa* para o caso de persistir o inadimplemento. E como ensina Marcelo Lima Guerra: "De outra parte, o caráter coercitivo da *astreinte* impõe um limite à sua concessão. É que para concedê-la ou não o juiz deve examinar a possibilidade real da medida levar ao cumprimento da respectiva decisão. [...]" (GUERRA, Marcelo Lima. *Execução Indireta*. São Paulo: Editora Revista dos Tribunais, 1998, p. 117). Sobre a ameaça de multa como meio coercitivo para levar ao adimplemento da obrigação alimentar, especialmente no que diz com a sugestão de utilizá-la nas hipóteses em que vedada a prisão civil, recomenda-se a seguinte leitura: MADALENO, Rolf Hanssen. *Direito de Família em Pauta*. Porto Alegre: Livraria do Advogado, 2004, p. 51-52.

[262] Habeas Corpus nº 39902/MG (2004/0168400-1), 3ª Turma do STJ, Relª. Minª. Fátima Nancy Andrighi, j. 18.04.2006, DJ 29.05.2006, p. 226, disponível em http://www.stj.gov.br, acessado em 22.06.2006.

compatibilidade entre o art. 733, § 1º, do Código de Processo Civil, e o art. 19, *caput*, da Lei 5.478/68, o primeiro dispositivo estabelecendo um prazo de duração de 1 a 3 meses e o segundo fixando o limite máximo de 60 dias. Grande parte das decisões vem adotando este último entendimento, conclusão calcada em argumentos bastante questionáveis. Em verdade, apesar dos esforços de significativos setores da doutrina em sentido oposto, é flagrante a derrogação da parte final do art. 19, *caput*, da Lei de Alimentos, pelo dispositivo do CPC antes mencionado, este posterior àquele,[263] ambos tratando de tema absolutamente idêntico, qual seja, a duração possível da prisão civil do alimentante inadimplente. Esse, aliás, o posicionamento de Arnaldo Rizzardo,[264] de José Carlos Barbosa Moreira,[265] de Paulo Dourado de Gusmão[266] e de Marco Antonio Botto Muscari,[267] que aqui se adota. Não convence, ao contrário, a idéia exposta por Yussef Cahali, no sentido de que a derrogação esbarraria no art. 2º, § 2º, da Lei de Introdução ao Código Civil:[268] as duas normas em conflito tratam exatamente da mesma matéria, não havendo, entre elas, qualquer diferenciação quanto à generalidade ou especialidade; ambas limitam-se a estabelecer a duração da prisão civil do devedor de alimentos.

Assim, com base em tudo o que foi dito acima, acolhe-se o entendimento de que o prazo máximo da prisão civil do alimentante inadimplente é de 3 meses, tal qual regulado pelo Código de Processo Civil, não se configurando como ilegal a prisão por prazo superior a 60 dias, uma vez que em

---

[263] Tal entendimento, todavia, é diverso do que prega Adroaldo Furtado Fabrício, ao afirmar que "a prisão do alimentante, quanto à sua duração, segue regulada pela lei especial, podendo ser decretada 'até sessenta dias'. Impõe essa conclusão o fato de tratar-se, como se viu, de lei posterior, à parte a circunstância de conter regra mais favorável ao paciente da medida excepcional (odiosa restringenda)". (FABRÍCIO, Adroaldo Furtado. *A Legislação Processual Extravagante em Face do Novo Código de Processo Civil.* In: *Revista AJURIS*, Porto Alegre, n. 3, março de 1975, p. 95). O referido processualista sustenta, como se vê do trecho reproduzido, que a Lei de Alimentos seria posterior ao Código de Processo Civil. Entretanto, indiscutivelmente a Lei 5.478 é do ano de 1968, enquanto o CPC data de 1973. É verdade que a Lei 6.014, de 1973, alterou alguns dispositivos da Lei de Alimentos para compatibilizá-la ao Código, mas não realizou qualquer modificação relativamente ao *caput* do art. 19, cuja parte final fora derrogada com a entrada em vigor do CPC.

[264] "[...] Embora autores de peso sustentem a aplicação de pena no máximo de sessenta dias, por ser mais favorável ao paciente da medida excepcional, ou por ter a Lei nº 5.478 sofrido modificações mediante a Lei nº 6.014, posteriormente ao Código de Processo Civil, parece que a melhor interpretação é a que endossa a medida de coação de até três meses. Se o legislador efetivamente quisesse a incidência da coação mais branda, não teria mantido o quantitativo do art. 733. Adaptaria a regra à redação do art. 19, como o fez com outros dispositivos, através da Lei nº 6.014". (RIZZARDO, Arnaldo. *Direito de Família: Lei nº 10.406, de 10.01.2002.* 2ª ed. Rio de Janeiro: Forense, 2004, p. 833).

[265] BARBOSA MOREIRA, José Carlos. *O Novo Processo Civil Brasileiro: exposição sistemática do procedimento.* 24ª ed. Rio de Janeiro: Forense, 2006, p. 261.

[266] GUSMÃO, Paulo Dourado de. *Dicionário de Direito de Família.* 2ª ed. Rio de Janeiro: Forense, 1987, p. 100.

[267] MUSCARI, Marco Antonio Botto. *Aspectos Controvertidos da Ação de Alimentos.* In: *Revista de Processo*, São Paulo, n. 103, julho-setembro de 2001, p. 141.

[268] CAHALI, Yussef Said. *Dos Alimentos.* 4ª ed. São Paulo: Editora Revista dos Tribunais, 2002, p. 1033.

parte derrogado o art. 19 da Lei 5.478/68. Importante registrar, contudo, que a controvérsia continua acesa na doutrina e também na jurisprudência.[269]

Retomando, agora, as observações já lançadas a respeito dos alimentos "provisórios, provisionais e definitivos", também não se pode admitir como correta a interpretação literal e restrita do art. 733 e seus parágrafos, do Diploma Processual: é absolutamente ilógico sustentar que, pela referência feita a "alimentos provisionais" no *caput* da aludida regra, somente seria possível o uso da prisão civil como mecanismo de coerção pessoal quando não se tratasse de alimentos provisórios ou definitivos.[270] Mesmo desconsiderando a posição adotada neste livro, assumidamente favorável à ampliação dos mecanismos disponibilizados para tutela do direito a alimentos, independentemente da respectiva duração, pois a satisfação da verba alimentar deve ser sempre célere (diante da urgência *in re ipsa*), ainda assim seria contrário à lógica do sistema viabilizar que a "execução" se desse com o auxílio do mais forte e penoso instrumento de coerção *somente* nos

---

[269] Interpretando que o prazo máximo de segregação é de 90 dias: "RECURSO DE 'HABEAS CORPUS'. PRISÃO CIVIL. ALIMENTOS. MAIORIDADE. PRAZO MÁXIMO DA PRISÃO. SESSENTA OU NOVENTA DIAS. PRECEDENTE DA TERCEIRA TURMA. 1. A maioridade de filha credora de alimentos, por si só, não afasta a obrigação alimentar, devendo ser discutida nas instâncias cíveis a sua real necessidade. 2. Na linha da jurisprudência da Corte, o 'habeas corpus' não é via adequada para o exame aprofundado de provas e a verificação da necessidade, ou não, da credora dos alimentos. 3. A prisão civil, cuidando-se de execução fundada no art. 733 do Código de Processo Civil, pode ser fixada de um a três meses, nos termos do § 1º do referido dispositivo. 4. Recurso ordinário desprovido". (Recurso Ordinário em Habeas Corpus nº 16005/SC (2004/0056616-3), 3ª Turma do STJ, Rel. Min. Carlos Alberto Menezes Direito, j. 01.06.2004, unânime, DJ 30.08.2004. In: *Revista Jurisplenum*, Caxias do Sul, ed. 85, v. 1, 2 CD-ROM, Editora Plenum, novembro de 2005, Ementa 164272). Em sentido contrário: "HABEAS CORPUS. PRISÃO CIVIL. REGIME FECHADO E PRAZO DE NOVENTA DIAS. ILEGALIDADE. 1. O prazo máximo de prisão civil por dívida de alimentos continua sendo regulado pela Lei 5.478/68, que contém regra mais favorável ao paciente da medida excepcional. 2. É ilegal a prisão civil por dívida alimentar por prazo superior a sessenta dias. 3. Cuidando-se de prisão civil, o regime deve ser aberto, de forma a permitir a saída do devedor do estabelecimento prisional para trabalhar. Ordem concedida em parte". (Habeas Corpus nº 70011381068, 7ª Câmara Cível do TJRS, Gravataí, Rel. Des. Sérgio Fernando de Vasconcellos Chaves, j. 04.05.2005, unânime. In: *Revista Jurisplenum*, Caxias do Sul, ed. 85, v. 1, 2 CD-ROM, Editora Plenum, novembro de 2005, Ementa 276679).

[270] O entendimento ora contestado é defendido por juristas de peso, dentre eles Pontes de Miranda: "Os arts. 732 e 734 são concernentes à prestação alimentícia em geral. Os arts. 733 e 735 são relativos às prestações de alimentos provisionais. Assim, hoje, a prisão somente ocorre se há sentença ou decisão que fixe os alimentos provisionais. Nas ações de alimentos, se não são provisionais, não há prisão, porque só aos alimentos provisionais se referem os textos dos arts. 733 e 735". (PONTES DE MIRANDA, Francisco Cavalcanti. *Comentários ao Código de Processo Civil*, tomo X (arts. 612-735). Rio de Janeiro: Forense, 1976, p. 492). A jurisprudência, contudo, vem consolidando o mesmo posicionamento adotado na presente obra, divergente em relação ao de Pontes de Miranda: "PRISÃO CIVIL DO INADIMPLENTE DE OBRIGAÇÃO ALIMENTAR. O S.T.F. JÁ FIRMOU ENTENDIMENTO DE QUE A PRISÃO CIVIL É CABÍVEL, QUER SE TRATE ALIMENTOS PROVISIONAIS, QUER SE TRATE DE ALIMENTOS DEFINITIVOS. RHC IMPRÓVIDO" (Recurso em Habeas Corpus nº 62901/MA, 2ª Turma do STF, Rel. Min. Cordeiro Guerra, j. 21.05.1985, disponível em http://www.stf.gov.br, acessado em 22.06.2006). Também nessa esteira: Habeas Corpus nº 70010619021, 8ª Câmara Cível do TJRS, Santa Maria, Rel. Des. Antônio Carlos Stangler Pereira, j. 24.02.2005, unânime. In: *Revista Jurisplenum*, Caxias do Sul, ed. 85, v. 1, 2 CD-ROM, Editora Plenum, novembro de 2005, Ementa 272780.

casos em que, segundo sustenta a doutrina dominante, menor seria o grau de cognição exercido pelo juízo ao fixar os alimentos.[271] Fosse assim, encerrar o procedimento comum ordinário ou o previsto pela Lei 5.478 significaria sensível desvantagem ao alimentando, que não mais poderia se valer da ameaça de prisão para exigir o pagamento das prestações que lhe são devidas (agora em caráter definitivo), meio coercitivo que antes lhe era facultado pela circunstância de estar amparado por uma decisão tomada com base em cognição sumária, no processo dito "cautelar". Mais do que isso: seria também uma enorme desvantagem ao credor oferecer, com a inicial, a prova da obrigação alimentar ou do parentesco, que ensejariam a concessão de alimentos "provisórios"; melhor seria omitir essa prova e pleitear a concessão de meros "alimentos provisionais", pois neste caso poderia manejar "execução" sob ameaça de prisão civil se houvesse inadimplemento.

Repita-se, porém, para que não pareça contraditório: defende-se, ao longo do presente estudo, a idéia de que grande parte das diferenças apontadas pela doutrina a respeito dos alimentos "provisórios" e dos "provisionais" não se sustenta, entre elas a posição que agora se combate, no sentido de que o tipo de "execução" poderia ser diferenciado em razão da espécie de alimentos que a fundamentasse; portanto, quando se utiliza o argumento da visão contrária (isto é: partindo de uma suposta diferença fundamental entre as várias espécies de alimentos classificadas segundo sua duração), isso é feito com o único objetivo de demonstrar que o posicionamento ora questionado é incoerente ou, no mínimo, leva a conseqüências profundamente inadequadas.

De outra banda, ao contrário do que se dá em relação às medidas executivas *lato sensu*,[272] que gozam de precedência, a lei não indica qualquer ordem de preferência entre o manejo do procedimento caracterizado pela penhora e a utilização dos instrumentos de coerção disponíveis. E corretamente agiu o legislador nesse ponto, ampliando a gama de mecanismos dos quais o juiz pode se valer para conferir efetividade às suas decisões e viabilizar a adequada tutela do direito material violado, sempre atentando para as particularidades do caso concreto, optando pelas medidas que levem ao resultado mais próximo do ideal, com o menor sacrifício possível.

---

[271] Extremamente didática, a propósito do tema ora versado, a Ementa a seguir transcrita: "HABEAS CORPUS. ALIMENTOS. PRISÃO CIVIL. 1. A prisão civil cabe em relação aos alimentos definitivos e não só aos provisórios. Prevalência da exegese lógica, sistemática, teleológica, axiológica e sociológica sobre a meramente literal. [...]". Durante seu voto, o relator destacou: "Desde há muito está superada a tese, aliás despropositada, de que a prisão só caiba nos alimentos provisórios, mas não nos definitivos. Desde logo se percebe a falta de sentido em sustentar caiba a prisão no meramente provisório, mas seja vedada no mais relevante, que é o definitivo. A interpretação apenas literal não é aceitável quando conduz a resultados incoerentes". (Habeas Corpus nº 588030312, 3ª Câmara Cível do TJRS, Rel. Des. Sérgio Gischkow Pereira, j. 25.08.1988. In: *Revista de Jurisprudência do Tribunal de Justiça do Estado do Rio Grande do Sul*, Porto Alegre, n. 136, outubro de 1989, p. 105-107).

[272] Engloba-se sob essa denominação tanto o desconto em folha de pagamento quanto o desconto em alugueres devidos ao alimentante, bem como os abatimentos realizados sobre quaisquer outras rendas do devedor.

Essencial frisar, contudo, que o rito centrado na penhora e o que tem por base medida coercitiva somente passam a ser aplicáveis após o descumprimento da obrigação, diferentemente do que ocorre, por exemplo, com o desconto em folha de pagamento, mecanismo hábil a proporcionar a vantagem pretendida pelo alimentando de forma simultânea em relação ao próprio vencimento da obrigação.

Diante da ausência de disposição legal que estabeleça alguma precedência entre a execução por meio de penhora e a execução aparelhada pelos instrumentos de coerção que agem sobre a vontade do devedor, consolidou-se a orientação de admitir somente a cobrança das 3 últimas prestações vencidas até o ajuizamento da execução (além das que se vencerem no curso do feito) através do procedimento em que ocorre a ameaça de prisão. A despeito de ser absolutamente discricionária a fixação de tal limite, a criação jurisprudencial não deixa de ter fundamento, na medida em que evita a utilização de meio extremamente gravoso para o executado quando a sobrevivência do credor de alimentos não está em risco,[273] pois bastaria o pagamento das pensões atuais para garantir sua mantença.[274] Além disso, o acúmulo de prestações inadimplidas muito provavelmente inviabilizaria o pagamento integral do valor exeqüendo, circunstância que poderia levar a duas conseqüências distintas: desestímulo ao pagamento de quantia inferior, quando o devedor não dispusesse do numerário suficiente para quitar integralmente a dívida, visto que de qualquer forma seria preso, embora a satisfação parcial dos alimentos já fosse de grande importância para o exeqüente, ou; interpretação judicial no sentido de que, comprovada a impossibilidade de pagamento do valor total, deveria ser aceita a escusa do alimentante, apresentada no prazo de 3 dias a contar da citação (art. 733, *caput*, do CPC), livrando-se por completo do risco de prisão.

Com base nesses fundamentos, razoável a limitação imposta à *escolha* do procedimento "executivo", convindo também mencionar a observação, feita por Yussef Said Cahali e aqui acolhida integralmente, de que as prestações anteriores ao prazo supramencionado não perdem o caráter

---

[273] Cristiano Chaves de Farias insurge-se contra a orientação jurisprudencial em comento, entendendo que a solução dos casos concretos depende de um exame particularizado da situação que causou a dívida, motivo pelo qual apenas casuisticamente é possível ponderar os valores em conflito, de forma a sempre conferir maior latitude à dignidade da pessoa humana (FARIAS, Cristiano Chaves de. *Prisão Civil por Alimentos e a Questão da Atualidade da Dívida à Luz da Técnica de Ponderação de Interesses (Uma Leitura Constitucional da Súmula nº 309 do STJ): o tempo é o senhor da razão*. In: *Revista Brasileira de Direito de Família*, Porto Alegre, v. 8, n. 35, abril-maio de 2006, p. 152).

[274] "HABEAS CORPUS. EFEITO SUSPENSIVO EM AGRAVO DE INSTRUMENTO: NÃO-CABIMENTO. PENSÃO ALIMENTÍCIA: INADIMPLÊNCIA. PRISÃO CIVIL: DECRETAÇÃO. [...] 2. Alimentando que deixa acumular por largo espaço de tempo a cobrança das prestações alimentícias a que tem direito, e só ajuíza a execução quando ultrapassa a dívida a mais de um ano, faz presumir que a verba mensal de alimentos não se tornara tão indispensável para a manutenção do que dela depende. [...]" (Habeas Corpus nº 74663/RJ, 2ª Turma do STF, Rel. Min. Maurício Corrêa, j. 08.04.1997, DJ 06.06.1997, p. 24869, disponível em http://www.stf.gov.br, acessado em 22.06.2006).

alimentar, apesar de ficarem mais restritas as opções quanto às vias executórias.[275] O único fator de alteração com o passar do tempo não diz respeito à natureza (ou origem) da dívida, e sim com a perda da característica da urgência presumida, *in re ipsa*.

Sedimentou-se, portanto, a orientação de que, abrangendo períodos mais afastados e mais próximos em relação à propositura da execução, dever-se-ia tutelar parte do crédito através do procedimento em tese mais gravoso para o devedor, caracterizado pela coerção pessoal, com o objetivo de garantir com maior rapidez a satisfação das verbas mais fundamentais à subsistência do alimentando, ao passo que as pensões mais antigas ficariam sujeitas à propositura de outra "execução", segundo procedimento diverso, tendo por base a penhora de tantos bens quantos bastem à satisfação do crédito alimentar. Nada impede, todavia, que esses dois procedimentos sejam iniciados e tenham curso simultaneamente; só o que não se pode admitir é a realização de ambos por meio de um único processo, diante da óbvia incompatibilidade entre os ritos, pois tal medida causaria verdadeira desordem processual.[276]

---

[275] CAHALI, Yussef Said. *Dos Alimentos*. 4ª ed. São Paulo: Editora Revista dos Tribunais, 2002, p. 1024. Adotando idêntico posicionamento: DIAS, Maria Berenice. *Súmula 309: um equívoco que urge ser corrigido!* In: *Jornal Síntese*, Porto Alegre, n. 100, junho de 2005, p. 1-2. Oportuno, ainda, transcrever os seguintes julgados a respeito do tema: "HABEAS CORPUS. PRISÃO CIVIL. DEVEDOR DE ALIMENTOS. EXECUÇÃO FUNDADA NO ART. 733 DO CÓDIGO DE PROCESSO CIVIL. [...] A natureza do débito não se altera em virtude do inadimplemento do devedor. A dívida de alimentos continua sendo de alimentos. O decurso do tempo não retira o caráter alimentar da prestação que, não satisfeita oportunamente, repercute no padrão de subsistência do alimentando. [...]" (Habeas Corpus nº 11.163, 4ª Turma do STJ, Rel. Min. Cesar Asfor Rocha, j. 11.04.2000. In: WALD, Arnoldo. *O Novo Direito de Família*. 14ª ed., revista, atualizada e ampliada pelo autor, com a colaboração de Luiz Murillo Fábregas e Priscila M. P. Corrêa da Fonseca. São Paulo: Saraiva, 2002, p. 346); "PROCESSUAL CIVIL – EXECUÇÃO DE ALIMENTOS – PROCEDIMENTO DO ART. 733 DO CÓDIGO DE PROCESSO CIVIL – INCLUSÃO DAS PRESTAÇÕES VENCIDAS DURANTE O TRÂMITE DO PROCESSO NO CÁLCULO DA DÍVIDA – POSSIBILIDADE – DECISÃO MANTIDA – RECURSO DESPROVIDO. 1. 'Não mais faz sentido dizer que a verba alimentar pretérita se transfigura com o passar dos meses para assumir uma silhueta exclusivamente indenizatória, cuja cobrança executiva só poderá ser feita nos moldes do art. 732 do CPC. Na verdade, a verba destinada à alimentação do dependente nunca perde seu caráter alimentar e a cobrança das pretéritas pelo procedimento do art. 732 do CPC não passa de mera posição política, cujo escopo é tornar difícil ou mesmo impossível a cobrança dos alimentos na via expressa do art. 733, onde se comina pena de prisão civil' (HC nº 2001.025369-0, Des. Carlos Prudêncio). 2. Mesmo depois de cumprido o prazo de prisão civil por inadimplência alimentar, o débito perdura nos moldes do cálculo realizado (com inclusão das prestações vencidas no trâmite do processo), pois 'o cumprimento da pena não exime o devedor do pagamento das prestações vencidas e vincendas' (CPC, art. 733, § 2º)". (Agravo de Instrumento nº 2004.031686-4, 3ª Câmara de Direito Civil do TJSC, São Bento do Sul, Rel. Des. Marcus Tulio Sartorato, unânime, DJ 11.04.2005. In: *Revista Jurisplenum*, Caxias do Sul, ed. 85, v. 1, 2 CD-ROM, Editora Plenum, novembro de 2005, Ementa 082277).

[276] "Mas, conquanto se admita a cindibilidade do pedido, não se recomenda que os dois procedimentos executórios sejam instaurados nos mesmos autos, sob pena, aliás, de tumulto processual: deve o requerente, no caso, optar por qual execução prefere o prosseguimento do feito, nos autos da execução principal, obtendo nos pedidos cumulados na inicial, e em peça apartada promover a execução do outro, que será distribuída por dependência, pois não é possível a cumulação de pedidos que demandam formas procedimentais diversas". (CAHALI, Yussef Said. *Dos Alimentos*. 4ª ed. São Paulo: Editora Revista dos Tribunais, 2002, p. 1029).

Ademais, como conseqüência de tudo o que foi escrito acima, confere-se ao juiz o poder de determinar, *ex officio*, seja cindida a execução promovida segundo o rito do art. 733, para o efeito de estabelecer que as prestações antigas sejam cobradas através do procedimento executório de penhora e expropriação.[277]

Ocorre que, após estar consolidada a jurisprudência no sentido de que a execução sob ameaça de prisão civil poderia abranger as três últimas prestações alimentícias vencidas antes da propositura do feito e as que se vencessem no curso do procedimento, o Superior Tribunal de Justiça recentemente sumulou a matéria de forma um tanto quanto diversa. Trata-se da Súmula 309, que inicialmente estabelecia: "O débito alimentar que autoriza a prisão do alimentante é o que compreende as três prestações anteriores à citação e as que se vencerem no curso do processo".

O posicionamento adotado na Súmula, contudo, criou um problema de difícil (para não dizer *impossível*) solução: desejando receber todas as pensões que não lhe foram pagas durante os últimos 12 meses, por exemplo, o alimentando pode promover duas "execuções", uma com fulcro no art. 733 do CPC e a outra segundo o rito da execução por quantia certa contra devedor solvente; em regra, ajuizaria ambas as "execuções" simultaneamente, no momento em que não mais suportasse a situação de inadimplência; entretanto, qual seria a última prestação cobrada através do procedimento que tem como cerne a penhora e a expropriação de bens cujo preço atinja o montante necessário para a quitação da dívida? Seria a quarta prestação anterior à propositura das execuções, já que as três mais recentes poderiam ser objeto de rito "executivo" mais contundente e, em tese, mais eficaz? Segundo uma interpretação literal do texto sumulado, a resposta a esta pergunta seria negativa, pois somente seria viável estabelecer a prestação mais antiga que poderia dar ensejo à prisão civil quando da *citação* do alimentante. Dito de outro modo, além de o alimentando não dispor do meio coercitivo da prisão civil para exigir o cumprimento integral da obrigação vencida, teria ainda que aguardar pela citação do demandado na "execução" movida segundo o art. 733 para somente depois dar início ao sempre demorado procedimento executivo de natureza sub-rogatória.

O mais grave, todavia, era o estímulo a que o devedor dos alimentos procrastinasse a sua citação, envidando esforços para retardá-la ao máximo[278] sem ficar sujeito à prisão civil quando satisfizesse apenas o equivalen-

---

[277] Nessa linha: "EXECUÇÃO DE ALIMENTOS (ART. 733, § 1º, DO CPC) – A cisão das parcelas devidas que o juiz realiza, de ofício, busca modelar o procedimento ao sentido da jurisprudência dominante que não permite prisão civil (art. 5º, LXVII, da CF) sem perquirir a atualidade da prestação (as três últimas parcelas, mais as que se vencerem). Legalidade. Não-provimento". (Agravo de Instrumento nº 386.523-4/8, 4ª Câmara de Direito Privado do TJSP, Rel. Des. Ênio Santarelli Zuliani, j. 28.07.2005. In: *Revista Brasileira de Direito de Família*, Porto Alegre, v. 7, n. 32, out.-nov. 2005, Ementa 3049, p. 121).

[278] Recurso Ordinário em Habeas Corpus nº 14698/RS (2003/0118370-4), 3ª Turma do STJ, Rel. Min. Ari Pargendler, j. 07.08.2003, unânime, DJU 06.10.2003, p. 267, disponível em http://www.stj.gov.br, acessado em 24.06.2006.

te a três meses de pensionamento, muito embora tivesse se ocultado durante longo período do Oficial de Justiça. É bem verdade que, em determinados casos, a solução apresentada na Súmula até se mostrava razoável, principalmente quando a culpa pela demora na citação fosse imputável ao credor, que formulou inicial inepta, ocasionando perda de tempo com sua emenda, depois forneceu endereço incompleto do executado, etc. Entretanto, considerando que na imensa maioria dos casos a demora da citação somente podia ser atribuída à lentidão da Justiça ou às dificuldades impostas pelo devedor ardiloso, a Súmula 309, em sua redação original, não refletia a melhor orientação para proporcionar efetiva tutela do direito a alimentos, conforme oportunamente frisou Maria Berenice Dias:

> Urge, portanto, que a súmula seja retificada, pois baseada em jurisprudência que não serve para referendar a normatização levada a efeito. A mudança, frise-se, se faz urgente, sob pena de se incentivar que o devedor se esquive da citação, esconda-se do Oficial de Justiça e, de todas as formas, busque retardar o início da execução, pois, enquanto não for citado, não se sujeita a ser preso. Claro que o devedor vai tornar-se um fugitivo! Quanto mais tempo levar para ser citado, mais parcelas serão relegadas à modalidade executória cuja efetividade é consabidamente ineficaz em se tratando de obrigação de alimentos. Significa que as mensalidades pretéritas somente poderão ser cobradas pelo rito da penhora, sujeitando-se o credor a esperar pela venda em hasta pública de algum bem de que o devedor eventualmente seja proprietário (CPC, art. 732).[279]

O clamor da doutrina produziu os efeitos almejados, fazendo com que o Superior Tribunal de Justiça alterasse a Súmula 309,[280] deixando sua redação da maneira como pretendiam os críticos: "O débito alimentar que autoriza a prisão civil do alimentante é o que compreende as três prestações anteriores ao ajuizamento da execução e as que se vencerem no curso do processo". Solucionado restou o problema.

Um último registro merece ser realizado ainda neste Capítulo. Diz respeito à impossibilidade de utilização do rito previsto no art. 733 do CPC quando o título executivo for extrajudicial. Embora o art. 5º, inciso LXVII, da Constituição Federal, faça uma alusão genérica à obrigação alimentícia, sem limitar a prisão aos casos em que o alimentando disponha de determinado título em específico, a lei processual impõe restrições. Isto é: embora permitida pela Carta Maior a prisão como meio coercitivo a ser exercido contra o devedor alimentar, o Código de Processo Civil limita essa possibilidade às hipóteses em que o procedimento esteja calcado em "sentença ou decisão";[281] não se admite, então, o uso de tal modalidade "executiva"

---

[279] DIAS, Maria Berenice. *Súmula 309: um equívoco que urge ser corrigido!* In: *Jornal Síntese*, Porto Alegre, n. 100, junho de 2005, p. 2.

[280] O equívoco de redação no enunciado da Súmula foi reconhecido no julgamento do Habeas Corpus nº 53068/MS (2006/0013323-4), 2ª Seção do STJ, Relª. Minª. Fátima Nancy Andrighi, j. 22.03.2006, disponível em http://www.stj.gov.br, acessado em 22.06.2006.

[281] Art. 733, *caput*, do Código de Processo Civil. A redação do dispositivo, contudo, não segue a melhor técnica, dando a entender que *sentença* não é espécie *decisão*, o que obviamente não condiz com o significado de tais palavras.

com base em acordo extrajudicial celebrado mediante documento público, ou particular firmado pelas partes na presença de testemunhas, transação referendada pelo Ministério Público, pela Defensoria Pública ou pelos advogados dos transatores[282].

É bem verdade que a utilização de escritura pública para regrar pensionamento alimentício acaba de receber forte incentivo, com a promulgação da Lei 11.441/2007, que acrescentou o art. 1.124-A ao Código de Processo Civil, autorizando separação e divórcio consensuais por simples instrumento público, sem a necessidade de chancela judicial, desde que o casal não possua filhos menores ou incapazes. O legislador inclusive explicitamente referiu que a pensão alimentícia deveria ser objeto de regulação na própria escritura pública, razão pela qual sem sentido ficou a discussão acerca da imprescindibilidade de submeter ao crivo judicial matéria dessa natureza. Todavia, o novo dispositivo nenhuma alteração produziu no que diz com o art. 733 do CPC, o qual continua a exigir título judicial para que só então seja admitido o uso do mecanismo intimidador caracterizado pela ameaça de segregação.

Não será examinada, neste momento, a possibilidade de execução do título extrajudicial segundo algum outro dos ritos previstos em lei, especialmente através da penhora seguida da expropriação de bens, o que fica relegado para o próximo Capítulo.

---

[282] "ALIMENTOS. EXECUÇÃO BASEADA EM TÍTULO EXTRAJUDICIAL. ARTIGO 733 DO CÓDIGO DE PROCESSO CIVIL. É inviável a cobrança dos alimentos em atraso através da execução fundada no artigo 733 do Código de Processo Civil com base em título executivo extrajudicial. Apelo parcialmente provido". (Apelação Cível nº 70005111562, 7ª Câmara Cível do TJRS, Rel. Des. José Carlos Teixeira Giorgis, j. 18.12.2002, disponível em http://www.tj.rs.gov.br, acessado em 20.01.2006). No mesmo sentido: Apelação Cível nº 70007532021, 8ª Câmara Cível do TJRS, Rel. Des. Rui Portanova, j. 18.12.2003, disponível em http://www.tj.rs.gov.br, acessado em 20.01.2006; Apelação Cível nº 70007749385, 8ª Câmara Cível do TJRS, decisão monocrática do Rel. Des. José Ataídes Siqueira Trindade, j. 03.02.2004, disponível em http://www.tj.rs.gov.br, acessado em 27.01.2006; Apelação Cível nº 70008231375, 7ª Câmara Cível do TJRS, Rel. Des. Luiz Felipe Brasil Santos, j. 19.05.2004, disponível em http://www.tj.rs.gov.br, acessado em 27.01.2006; Apelação Cível nº 70006575104, 7ª Câmara Cível do TJRS, Rel. Des. Sérgio Fernando de Vasconcellos Chaves, j. 13.08.2003, disponível em http://www.tj.rs.gov.br, acessado em 27.01.2006. Decisão contrária foi tomada no julgamento da Apelação Cível nº 70005545611, da 7ª Câmara Cível do TJRS, Relª. Desª. Maria Berenice Dias, j. 19.02.2003, disponível em http://www.tj.rs.gov.br, acessado em 20.01.2006: "ALIMENTOS. TÍTULO EXECUTIVO. HOMOLOGAÇÃO JUDICIAL. Alimentos acordados em documento de dissolução de união estável, firmado pelos conviventes e duas testemunhas, configuram título executivo extrajudicial, independentemente da homologação judicial. Igualmente, o art. 16 da Lei de Alimentos autoriza a execução de sentença ou acordo, sem fazer qualquer referência à chancela judicial. Desimporta a natureza do débito alimentar, espécie ou sede em que foi fixado: sejam alimentos provisórios, provisionais ou definitivos, tenham sido definidos por sentença definitiva, por decisão interlocutória, ou estipulados em acordo, podem ser cobrados por qualquer das modalidades legais (arts. 732, 733 ou 734 do CPC). Apelo provido". Em seu voto, contudo, o Des. Sérgio Fernando de Vasconcellos Chaves, discordando da Desembargadora Relatora, afirmou: "Estamos lidando com os valores liberdade e vida. Então, que se observe a formalidade legal, sob pena de eventualmente termos um acordo leonino, que possa eventualmente privar alguém da liberdade. Por isso o controle judicial. Empresto, sem dúvida nenhuma, e não poderia ser diferente, eficácia executiva ao título, mas não reconheço esse título como hábil para, em função dele, decretar a prisão civil de alguém".

8.3. A execução por quantia certa mediante penhora e expropriação

A despeito de todos os demais meios e procedimentos analisados acima, destinados à "execução" das prestações alimentares, existem casos em que nenhum deles é suficiente para satisfazer faticamente o direito do alimentando, seja porque o devedor encontra-se desempregado e não tem outras rendas sobre as quais poderia ser efetuado o desconto de uma parte para atendimento da pensão, seja porque a espécie de título executivo não permite ao credor se valer do meio coercitivo da ameaça de confinamento, ou ainda porque a circunstância de serem prestações antigas (não correspondentes aos últimos 3 meses) também inviabiliza a utilização do rito que prevê a prisão civil para a hipótese de persistência do inadimplemento sem que seja convenientemente justificada a impossibilidade de pagamento. Enfim, há hipóteses em que os meios em tese mais fortes, céleres e eficientes são inadequados diante das circunstâncias que se apresentam de fato.

Existe, por isso, a possibilidade de execução através de *meios subrogatórios* comuns, isto é, a chamada *execução mediante penhora, seguida de expropriação*. Durante tal procedimento, embora por um lado a atuação do devedor sem dúvida possa facilitar a satisfação do crédito, por outro sua contrariedade e resistência ao pagamento podem ser superadas por técnicas expropriatórias forçadas,[283] desde que o alimentante tenha patrimônio.

Esse caminho executivo é facultado ao credor porque a sentença que fixa os alimentos e determina o desconto em folha de pagamento, por exemplo, não goza *somente* de eficácia *executiva lato sensu*, trazendo também em seu conteúdo *carga condenatória*, hábil a constituir um título que embase futuro processo de execução, se o desconto em folha passar a ser impossível ou ineficiente. Podem co-existir na sentença alimentar, então, as cargas *executiva* e *condenatória*, sem prejuízo de outras cuja pequena relevância (em razão do menor *peso* que apresentam) não justifica uma abordagem mais minuciosa neste momento.

De outra parte, o procedimento que visa à expropriação de bens do devedor pode surgir em razão de terem se mostrado inócuas as medidas *coercitivas* adotadas em "execução" que siga outro rito (*v.g.*, da prisão). Como se vê do art. 733 do Código de Processo Civil, tal procedimento fica limitado apenas a coagir o alimentante a cumprir a obrigação, acreditando que a pressão imposta pela ameaça de restrição à liberdade levará ao pagamento dos valores devidos. Em várias situações, porém, a relutância do executado chega

---

[283] "Vera e propria invasione della sfera giuridica del debitore si ha invece con l'espropriazione forzata, ove il debitore non solamente subisce la sostituzione nell'esercizio di sue proprie facoltà, ma viene addirittura privato del diritto di proprietà sulle cose espropriate". (MANDRIOLI, Crisanto. *L'Esecuzione Forzata in Forma Specifica: premesse e nozioni generali*. Milão: Dott. A. Giuffrè, 1953, p. 22).

ao ponto de expor-se à prisão civil para não satisfazer o crédito alimentar. Ou ainda, pode ser acolhida a escusa motivadora do inadimplemento, o que não extingue a obrigação, mas impede o confinamento do devedor, com o que o rito torna-se absolutamente inócuo, pois nele não estão previstas medidas de natureza *expropriatória*, e a coação também inexistirá. O procedimento da execução por quantia certa, tal como regulado no art. 646 e seguintes do CPC, portanto, surge como a única solução possível.

Em tais circunstâncias, como forma de respeito ao princípio da economia processual, mais lógica a conversão do rito com o aproveitamento dos atos já praticados,[284] e não a simples extinção do feito,[285] gerando a necessidade de que seja proposta outra execução referente ao mesmo crédito.

Importante analisar, então, quais os atos que, em regra, podem ser aproveitados após dita conversão. A primeira pergunta que vem à mente diz respeito à necessidade de realizar nova citação. Perceba-se que a citação disciplinada pelo art. 733 do CPC concede o prazo de 3 dias para que o devedor pague ou apresente escusa pelo inadimplemento, caso contrário ficará sujeito à prisão. Já a do art. 652, *caput*, do mesmo Diploma Legal, destina-se a que o executado, em idêntico prazo de 3 dias,[286] efetue o pagamento das prestações vencidas, sob pena de penhora.

Destaque-se que com a anterior citação (realizada em obediência ao art. 733 do CPC) já foi dada ciência, ao executado, acerca da propositura do feito. Também lhe foi concedida a oportunidade de pagar o que devia. Inútil, portanto, citá-lo novamente. Contudo, em decorrência da mudança de rito, surge a necessidade de nomeação de bens à penhora, e essa indicação, segundo dispunham os arts. 652 e 657 do Código de Processo Civil antes das modificações impostas pela Lei 11.382/2006, competia primeiramente ao devedor. Assim, como forma de não subverter essa ordem, era necessário proporcionar ao executado a chance de realizar a nomeação de bens suficientes à garantia do juízo. Para tanto bastaria *intimar* o devedor, pois a *citação* já teria sido realizada anteriormente e não deveria ser repetida.

Quem sustentasse que desde antes da Lei 11.382/2006 era despicienda a intimação do alimentante para a indicação dos bens a serem penhorados precisaria defender a idéia de que o devedor poderia ter feito tal nomeação

---

[284] "Agravo – conversão do rito da execução de alimentos, do art. 733 Do cpc, para o 732 – conhecimento da conversão desde o ato citatório. Agravo intempestivo". (Agravo nº 1.0145.01.006893-3/001, 2ª Câmara Cível do TJMG, Juiz de Fora, Rel. Jarbas Ladeira, j. 09.08.2005, unânime, publ. 19.08.2005. In: *Revista Jurisplenum*, Caxias do Sul, ed. 85, v. 1, 2 CD-ROM, Editora Plenum, novembro de 2005, Ementa 056649).

[285] Em sentido contrário sustenta Ernane Fidélis dos Santos, defendendo a idéia de que, julgada procedente a justificação concernente à impossibilidade de pagamento, o processo deve ser extinto, inclusive fazendo coisa julgada (SANTOS, Ernane Fidélis dos. *Manual de Direito Processual Civil: processo de conhecimento*, v. 1. 11ª ed. São Paulo: Saraiva, 2006, p. 294).

[286] O prazo em comento, que era de 24 horas, foi recentemente ampliado para 3 dias pela Lei 11.382/2006.

logo após citado com ameaça de prisão. Deve-se ressaltar, no entanto, que a penhora não teria sentido no curso desse procedimento,[287] sendo completamente descabido exigir do alimentante que realizasse a nomeação de bens antes que houvesse a conversão do rito. Somente depois disso é que assumiria relevância a garantia do juízo.

Quanto à nova oportunidade para pagamento, ela inevitavelmente se abriria para o devedor, já que, ao invés de indicar bens penhoráveis, poderia ele, no mesmo prazo (que era de 24 horas), quitar integralmente a dívida. Entretanto, nenhuma irregularidade haveria se a possibilidade de pagamento da dívida não constasse da intimação. O indispensável seria oferecer ao executado a chance de indicar bens à penhora antes que o credor o fizesse, por exigência legal então vigente. Depois, o procedimento seguiria a tramitação normal da execução por quantia certa contra devedor solvente.

Convém apenas ressaltar que o posicionamento adotado nos últimos parágrafos supra leva em conta a disposição constante do art. 732 do CPC, que trata especificamente da execução de alimentos, cuja redação não foi alterada pelas recentes e profundas reformas da lei processual. Por isso, destacando a *especialidade* como critério hermenêutico preponderante no caso, ao que tudo indica a execução de alimentos por meio de penhora e expropriação continua regrada pelo Capítulo IV do Título II do Livro II do Código de Processo Civil,[288] e não pelas normas atinentes ao *cumprimento de sentença*. Somente por essa razão se justificava a prioridade concedida ao alimentante na indicação de bens à penhora mesmo depois de iniciada a vigência da Lei 11.232/2005, uma vez que o diploma legal em pauta suprimiu essa preferência do devedor para todos os casos que estivessem sujeitos ao *cumprimento de sentença*.

Ocorre que, embora a Lei 11.232/2005 não tenha afetado a ordem relativa a qual das partes pode primeiramente indicar bens à penhora em se tratando de execução de alimentos, a verdade é que a partir da Lei 11.382/2006 essa prioridade na nomeação à penhora restou subtraída do alimentante, podendo o alimentando antecipar-se ao devedor no que tange à indicação de bens penhoráveis. Desse modo, torna-se desnecessária a prévia intimação do executado para que realize a nomeação, bastando que seja intimado da penhora efetuada com base nos bens indicados pelo credor.

É possível discutir, todavia, se a interpretação feita acima se mostra mais adequada em comparação a posicionamento que atribua menor peso ao disposto no art. 732 do CPC, entendendo que a falta de explícita referência à revogação desse artigo pela Lei 11.232/2005 não passou de uma desaten-

---

[287] RIZZARDO, Arnaldo. *Direito de Família: Lei nº 10.406, de 10.01.2002.* 2ª ed. Rio de Janeiro: Forense, 2004, p. 838-839.

[288] Nesse sentido: ALVARO DE OLIVEIRA, Carlos Alberto; [et al.]. *A Nova Execução: comentários à Lei nº 11.232, de 22 de dezembro de 2005,* coordenador Carlos Alberto Alvaro de Oliveira. Rio de Janeiro: Forense, 2006, p. 194.

ção do legislador. Não se pode negar, a aplicação das normas recentemente introduzidas sobre *cumprimento da sentença* em relação às dívidas de alimentos parece ser uma tendência, pois a diferença quanto ao procedimento, nesse ponto, não se justifica.[289] O possível lapso do legislador, contudo, não é suficiente para permitir ao intérprete ignorar a existência do art. 732, que remete a execução de alimentos por meio de penhora e expropriação ao procedimento regulado a partir do art. 646 do CPC, principalmente porque a observância ao disposto nesses artigos não viola direito de qualquer das partes, mas apenas cria exceções que dificultam a compreensão do sistema processual como um todo. Em razão disso e também da simplificação que a execução dos alimentos merece, sustenta-se que, *de lege ferenda*, devem ser estendidas a ela as regras atinentes ao *cumprimento da sentença*, tomando-se o cuidado de paralelamente disciplinar a forma pela qual se dará a "execução indireta" da sentença (procedimento alusivo à ameaça de prisão). Mas enquanto não houver alteração no texto legal, o *cumprimento de sentença* é inaplicável às execuções de verbas alimentares.

De qualquer sorte, fundamental consignar que, mesmo se for editada lei nos termos propostos, nem toda a execução de alimentos mediante penhora e expropriação será regrada pelas normas pertinentes ao *cumprimento de sentença*, pois não se pode inviabilizar a execução das obrigações alimentares representadas por títulos executivos extrajudiciais, títulos esses que obviamente não são constituídos através de *sentença*.

Abordadas essas questões preliminares, necessário agora averiguar as características peculiares ao rito expropriatório especificamente destinado aos créditos alimentares, a maioria delas ditada pela própria natureza do direito material em tela.

A principal peculiaridade da execução de alimentos através do rito expropriatório, em comparação com a execução de obrigações de outra espécie, diz respeito à ampliação dos bens do alimentante sujeitos a penhora. Conforme analisado no Capítulo 7 da Primeira Parte, a Lei 8.009/90 afasta expressamente a impenhorabilidade do bem de família quanto aos créditos alimentares. Afora isso, o art. 649, § 2º, do CPC, determina que os vencimentos, subsídios, soldos, salários, etc. do alimentante fiquem sujeitos à penhora para garantia da execução de alimentos, excetuando a regra geral de que esses rendimentos não podem ser penhorados.[290]

---

[289] Ernane Fidélis dos Santos, por exemplo, entende tenha havido derrogação do art. 732 do Código de Processo Civil, motivo pelo qual o credor de alimentos que dispõe de título executivo judicial deve buscar o cumprimento da sentença com base no art. 475-J desse mesmo Diploma (SANTOS, Ernane Fidélis dos. *Manual de Direito Processual Civil: execução e processo cautelar*, v. 2. 10ª ed. São Paulo: Saraiva, 2006, p. 223).

[290] Conforme decidido pelo Superior Tribunal de Justiça, os bens de família igualmente ficam sujeitos a penhora quando em jogo a satisfação de créditos alimentares decorrentes de atos ilícitos: Recurso Especial nº 437144 (2002/0060024-7), 3ª Turma do STJ, Rel. Min. Castro Filho, j. 07.10.2003, DJ 10.11.2003, p. 186, disponível em http://www.stj.gov.br, acessado em 23.06.2006.

Ainda que a execução mediante expropriação de bens normalmente fique relegada às hipóteses em que todos os demais procedimentos executivos mais fortes não possam ser utilizados, convém salientar que as peculiaridades acima elencadas tendem a aumentar bastante a efetividade desse rito, prestigiando justificadamente os valores ameaçados pelo descumprimento da obrigação alimentar. Isso porque não há fundamento em priorizar a proteção ao patrimônio do alimentante, inviabilizando a penhora necessária para a satisfação do crédito, quando em risco a vida, a saúde, a educação do alimentando.

Cumpre também abordar a possibilidade de execução de obrigação alimentar acordada extrajudicialmente pelas partes, sem homologação pelo Poder Judiciário. Trata-se dos vários títulos executivos arrolados no inciso II do art. 585 do CPC. Aliás, o assunto adquiriu especial relevância a partir da promulgação da Lei 11. 441/2007, que permitiu a realização de separações e divórcios extrajudiciais, incluindo, como matéria da escritura, disposições atinentes a pensionamento alimentar, com significativo barateamento das despesas e conseqüente incentivo à utilização dessa via notarial quando existente consenso entre os separandos/divorciandos.[291]

Já se viu que o meio de coerção pessoal (prisão civil) não está disponível para ser utilizado durante a execução de alimentos embasada em título executivo extrajudicial, devido à restrição imposta pelo art. 733, *caput*, do Código de Processo Civil. Deve-se agora examinar a possibilidade de promover a execução dos alimentos com base em tais títulos por outro caminho que não o estabelecido pelo art. 733.

Entendendo inviável a execução de alimentos fundada em título extrajudicial, aduz Rolf Madaleno que a intervenção de um Juiz de Direito e também do Ministério Público é obrigatória em matéria alimentar (seja através de procedimentos contenciosos, seja naqueles em que se busca a simples homologação de acordos), em virtude do que nulo seria o título que não passasse pelo crivo judicial.[292]

Em sentido contrário, porém, vem se posicionando a jurisprudência, sustentando que a "ausência de homologação judicial do acordo não retira ao documento o caráter de título executivo".[293]

---

[291] A lei em pauta acrescentou ao Código de Processo Civil dispositivo cujo *caput* tem a seguinte redação: "Art. 1.124-A. A separação consensual e o divórcio consensual, não havendo filhos menores ou incapazes do casal e observados os requisitos legais quanto aos prazos, poderão ser realizados por escritura pública, da qual constarão as disposições relativas à descrição e à partilha dos bens comuns e à pensão alimentícia e, ainda, ao acordo quanto à retomada pelo cônjuge de seu nome de solteiro ou à manutenção do nome adotado quando se deu o casamento".

[292] MADALENO, Rolf Hanssen. *Repensando o Direito de Família*. Porto Alegre: Livraria do Advogado, 2007, p. 222.

[293] Recurso Especial nº 593714/RS (2003/0167418-6), 3ª Turma do STJ, Relª. Minª. Fátima Nancy Andrighi, j. 04.08.2005, disponível em http://www.stj.gov.br, acessado em 23.06.2006. Seguindo a mesma orientação: Apelação Cível nº 70007532021, 8ª Câmara Cível do TJRS, Rel. Des. Rui Portanova,

Dentre os posicionamentos apresentados, mais adequado parece o entendimento jurisprudencial, uma vez que o art. 585, inciso II, do Código de Processo Civil, não faz qualquer objeção relativamente à natureza do crédito representado pelo título executivo extrajudicial. Precisariam as partes envolvidas ocultar o caráter da obrigação que deu ensejo ao título, não fazendo alusão ao acordo alimentar no documento, mas simplesmente emitindo o devedor, por exemplo, notas promissórias em favor do credor, com vencimentos estipulados para o início de cada mês? Passaria com isso a ser admitida a execução (com base nas notas promissórias)? Por que não admitir que também o acordo de alimentos no qual estejam presentes os requisitos exigidos pelo art. 585 do CPC seja título executivo, principalmente levando em consideração a relevância do crédito admitido pelo devedor para o alimentando? As perguntas acima já evidenciam o posicionamento defendido no presente trabalho, deixando claros os fundamentos que levam à conclusão no sentido de ser viável a execução de alimentos embasada em título executivo extrajudicial, apenas sendo conveniente de novo salientar que o rito previsto no art. 733 do Diploma Processual não se presta a esse tipo de execução.

Registre-se que também a doutrina vem, cada vez mais, concordando com o posicionamento jurisprudencial acima exposto, do que é exemplo a obra de Ernane Fidélis dos Santos, que expressamente admite tanto títulos judiciais como extrajudiciais para embasar a execução de alimentos, enfatizando que nem mesmo na segunda hipótese a possibilidade de defesa do alimentante é suprimida, já que dispõe dos embargos para exercê-la, se assim desejar.[294]

Por fim, deve-se salientar que, em razão da novidade introduzida pela Lei 11.441/2007, a interpretação aqui sustentada ganha maior força, na medida em que a necessidade de atuação do Judiciário e do próprio Ministério Público no momento de fixação da verba alimentar restou expressamente afastada, ao menos nos casos em que é viável a escritura pública, segundo os termos da recente legislação. Não haveria motivo para exigir essa interferência judicial quando o casal não desejasse formalizar desde logo a ruptura da sociedade conjugal, mas simplesmente estabelecer o pensionamento a ser prestado durante a separação fática, por exemplo. Se é possível cumular na escritura disposições atinentes a separação/divórcio e a alimentos, por conseqüência também pode o instrumento público ficar restrito exclusivamente à regulação de pensionamento alimentício.

---

j. 18.12.2003, disponível em http://www.tj.rs.gov.br, acessado em 20.01.2006; Apelação Cível nº 70007749385, 8ª Câmara Cível do TJRS, decisão monocrática do Rel. Des. José Ataídes Siqueira Trindade, j. 03.02.2004, disponível em http://www.tj.rs.gov.br, acessado em 20.01.2006.

[294] SANTOS, Ernane Fidélis dos. *Manual de Direito Processual Civil: execução e processo cautelar*, v. 2. 10ª ed. São Paulo: Saraiva, 2006, p. 223.

Conclusões

Ao final do estudo, cumpre reunir as principais conclusões que do mesmo resultam. Com esse objetivo, deve-se começar reiterando a importância das relações entre direito material e processo no que tange ao exame da *tutela jurisdicional*, espécie própria e peculiar de *tutela dos direitos*, que se diferencia das demais exatamente em razão da autoridade que a exerce e do meio pelo qual atua. Ainda que esse meio (o processo) não seja unicamente *técnico*, mas também um instrumento *ético*, vinculado aos valores que influenciam a vida social, cultural e econômica, é inegável que as técnicas são elementos fundamentais para que a finalidade visada seja atingida da melhor forma possível.

Diante da obrigatória ligação entre os *meios* e os *fins*, quando se fala em tutela jurisdicional dos direitos necessariamente ambos esses aspectos vêm à tona. A desconsiderar os *meios* (e aqui se incluem as técnicas) como elementos integrantes da tutela jurisdicional, sequer haveria sentido em distinguir esta última em relação às demais modalidades de tutela dos direitos. Com efeito, se tomada exclusivamente a conseqüência prevista na norma de direito material como critério para definir a espécie de tutela a ser prestada, pouco importaria o caminho seguido até alcançar o reconhecimento ou a realização desse interesse juridicamente protegido, e então não seria necessário fazer alusão à jurisdição, à arbitragem, à Administração, etc. como viabilizadoras da tutela.

Na medida em que se admite uma maior influência do direito material como fator legitimante para o exercício da jurisdição, pois esta tem por objetivo a proteção daquele, resta evidenciado que a tutela jurisdicional apropriada ao caso deve ter por base as necessidades verificadas no plano do direito material. A isso se somam, logo adiante, meios processuais adequados para suprimento dessas carências e perfeita proteção do direito material ameaçado ou já violado.

A tutela jurisdicional, portanto, merece ser enfocada em sentido amplo, como tendo em seu conteúdo elementos de direito material e outros de natureza processual, desse modo ressaltando a estreita vinculação entre os meios e os fins, que, respectivamente, permitem seja exercida a jurisdição e legitimam essa atuação. O exame do tema sem abranger essas duas facetas seria incompleto, impedindo a perfeita visualização do fenômeno de interação entre o direito material e o processo, já que, conforme aqui sustentado, a tutela jurisdicional é exatamente o ponto em que tais planos se cruzam, se encontram.

Com base em tudo o quanto foi dito, o estudo concernente à tutela jurisdicional deve partir das situações materiais carentes de proteção. Por isso, antes de identificar os meios processuais a serem utilizados em defesa do direito a alimentos, é indispensável averiguar as características da obrigação alimentar, "substrato" escolhido para o desenvolvimento do estudo.

Da própria definição de "alimentos" surge a indiscutível imprescindibilidade da verba alimentar para o respectivo credor, uma vez que sua *necessidade* é condição obrigatória para que tal direito lhe seja reconhecido. De outra banda, levando em consideração que as *possibilidades* do alimentante também são analisadas com o objetivo de fixar o pensionamento devido, a própria execução do crédito parte do pressuposto de que o pagamento das pensões devidas é possível, embora muitas vezes (na grande maioria delas, talvez) não desejado pelo devedor. Essas circunstâncias são relevantes para justificar a maior intensidade dos meios empregados na busca da realização do direito material em pauta, porém não são as únicas.

Cumpre destacar, por outro lado, algumas das demais características da obrigação alimentar, dentre elas a irrepetibilidade dos alimentos prestados, a retroatividade limitada (à data de citação) e a periodicidade do pagamento. Isso porque igualmente ajudam a definir o modo pelo qual o Estado-Juiz deve exercer a tarefa de proteção que constitucionalmente lhe é imposta, em decorrência de ter assumido o monopólio da jurisdição. Juntando *periodicidade* e *imprescindibilidade dos alimentos*, por exemplo, tem-se que a resposta jurisdicional deve, dentro do possível, ser apta a oferecer tutela "permanente", sob pena de privar o alimentando da satisfação imediata das necessidades vitais que possui. Nada melhor para o atendimento de direito dessa natureza do que a ordem para desconto em folha de pagamento, providência de natureza executiva expressamente assegurada ao credor de alimentos.

Contudo, se eventualmente alterado o binômio necessidade-possibilidade, as justificativas acima apresentadas em parte desmoronam, desde que se trate de diminuição da necessidade ou da possibilidade. Nesse caso, a urgência se inverte: considerando que os alimentos em regra são irrepetíveis, o ordenamento processual precisa estar igualmente aparelhado para, de modo célere e efetivo, re-equacionar o binômio que sustenta a obrigação alimentar, assim evitando prejuízo irreparável ao alimentante.

Ainda sobre a mutabilidade e a revogabilidade atinente ao pensionamento, urge enfatizar que a coisa julgada em matéria de alimentos de nenhuma maneira resta obstaculizada, pois as obrigações continuativas caracterizam-se pela constante possibilidade de alteração das circunstâncias fáticas, a ensejar nova resposta jurisdicional, mas com base em *causa de pedir* diversa. Portanto, não se repetindo integralmente os elementos identificadores da ação, a possibilidade de apreciação da matéria pelo Poder Judiciário não decorre da *ausência* de coisa julgada quanto à fixação dos alimentos, e sim do fato de que a nova relação processual tem contornos distintos da primeira.

Essa permanente possibilidade de modificação dos elementos que norteiam o direito alimentar gera, também, uma conseqüência que inicialmente pode parecer estranha. Trata-se da viabilidade de, através de decisão proferida à luz de cognição não-exauriente, alterar-se a regra concreta estabelecida anteriormente, embasada em ampla e profunda cognição. Tal peculiaridade, contudo, tem seus motivos, uma vez que a carência de sustento a todo instante se manifesta, não podendo o credor aguardar todo o desenrolar do procedimento para, só depois, ver suas necessidades satisfeitas. O perigo é iminente, pois sua subsistência está em jogo. E quando esse risco inexistir, muito provavelmente a urgência estará do lado do alimentante, para que não mais seja compelido a pagar alimentos a quem deles não carece, especialmente porque o devedor não terá condições de reaver os valores a esse título satisfeitos.

A despeito da intensa controvérsia doutrinária a respeito das espécies de alimentos, que são classificados em "provisórios", "provisionais", "temporários" ou "definitivos", a discussão em parte é infundada, principalmente no que diz com a suposta diferença entre os alimentos "provisórios" e os "provisionais". "Provisionais", em sentido largo, todos os alimentos são; já uma definição mais estrita desse termo corresponde exatamente a "provisórios". Enfim, o nome utilizado pelo legislador para designar os alimentos é de pouca importância, sendo fundamental, isto sim, analisar a natureza de cada uma dessas espécies. Nessa linha, absolutamente nenhuma distinção pode ser feita entre os alimentos concedidos com fulcro na urgência, sem profunda cognição, independentemente do procedimento em que sejam reconhecidos. Afinal, não é o rito que cria o direito material a alimentos, nem que estabelece o *quantum* a ser fixado, muito pelo contrário: o procedimento não deve ser um entrave à concessão dos alimentos, nem fator determinante para quantificar a verba alimentar devida, mas sim um caminho para proporcionar o atendimento desse direito que já existe.

Se a Lei 5.478/68 prevê a concessão de alimentos em caráter liminar como regra geral, isso decorre da exigência que o mesmo Diploma faz no sentido de que seja oferecida prova pré-constituída da obrigação alimentar ou do parentesco para que a ação possa ser exercida por meio desse procedimento especial. Todavia, se idênticos elementos probatórios fossem apresentados quando da propositura do feito segundo outro rito, a concessão de alimentos também se imporia. Sintetizando, em ambos os casos não haveria diferença quanto à *antecipação da tutela*.

Essencial frisar que o raciocínio acima desenvolvido não ignora o perigo de dano irreparável ou de difícil reparação como um dos pressupostos para a antecipação da tutela. Apenas o que se reconhece é a urgência *in re ipsa* quando em pauta o direito a alimentos. Dito de outra maneira: tendo em vista a finalidade do pensionamento, desnecessária a prova relativa ao perigo iminente, bastando a demonstração de que a obrigação alimentar de fato existe (ou ao menos por ora "parece existir").

Nesse contexto, sem qualquer desprestígio à segurança jurídica, inevitavelmente a efetividade da jurisdição merece realce, devido aos valores fundamentais em risco, incompatíveis com a eventual (mas costumeira, como bem se sabe) demora na prestação da tutela jurisdicional.

Assim, o processo civil deve disponibilizar meios adequados para *prevenir* a ocorrência de danos ao alimentando ou ao alimentante, pois em ambos os casos há, no mínimo, forte tendência de que os prejuízos sejam irreparáveis ou de difícil reparação. Esse desiderato é atingido, normalmente, pela antecipação dos efeitos da tutela, técnica indispensável em matéria alimentar. É óbvio, contudo, que a decisão tomada a partir de cognição não-exauriente é insuficiente para regular de modo duradouro a relação obrigacional *sub judice*, prosseguindo o feito até julgamento final e definitivo.

De qualquer maneira, seja antecipadamente, seja ao final, a concessão de alimentos jamais poderá ter natureza *cautelar*, visto que somente a *satisfação* da verba estabelecida é capaz de proteger efetivamente o direito do alimentando.

Saliente-se, ainda, a imensa gama de procedimentos (cognitivos e executivos) que se prestam ao reconhecimento ou à realização do direito a alimentos. Ademais, devido à urgência no cumprimento da obrigação, medidas de natureza executiva devem ser adotadas ainda na fase tida como "de conhecimento", do que é exemplo a ordem para desconto em folha de pagamento.

Por derradeiro, necessário enfatizar a impossibilidade de prévia determinação da tutela mais adequada para todas as demandas que versem sobre alimentos. Exatamente por isso se justifica a variedade de meios, especialmente executivos (diretos e indiretos), previstos no ordenamento jurídico nacional, a exaltar a importância da efetividade sempre que direitos fundamentais como a vida estiverem ameaçados.

Referências Bibliográficas

ALBUQUERQUE, Ronaldo Gatti de. *Sentença Executiva Lato Sensu.* In: *Eficácia e Coisa Julgada*, organizador Carlos Alberto Alvaro de Oliveira. Rio de Janeiro: Forense, 2006, p. 155-184.

ALVARO DE OLIVEIRA, Carlos Alberto. *A Tutela Cautelar Antecipatória e os Alimentos 'Initio Litis'.* In: *Revista AJURIS*, Porto Alegre, n. 41, novembro de 1987, p. 229-248.

——. *A Tutela de Urgência e o Direito de Família.* São Paulo: Saraiva, 1998.

——. *Direito Material, Processo e Tutela Jurisdicional.* In: *Polêmica sobre a Ação: a tutela jurisdicional na perspectiva das relações entre direito e processo*, organizadores Fábio Cardoso Machado e Guilherme Rizzo Amaral. Porto Alegre: Livraria do Advogado, 2006, p. 285-319.

——. *Do Formalismo no Processo Civil.* 2ª ed. São Paulo: Saraiva, 2003.

——. *Efetividade e Processo de Conhecimento.* In: *Do Formalismo no Processo Civil.* 2ª ed. São Paulo: Saraiva, 2003, p. 244-259.

——. *Formas de Tutela Jurisdicional no Chamado Processo de Conhecimento.* In: *Revista AJURIS*, Porto Alegre, n. 100, dezembro de 2005, p. 59-72.

——. *O Problema da Eficácia da Sentença.* In: *Eficácia e Coisa Julgada*, organizador Carlos Alberto Alvaro de Oliveira. Rio de Janeiro: Forense, 2006, p. 33-48.

——. *O Processo Civil na Perspectiva dos Direitos Fundamentais.* In: *Processo e Constituição*, organizador Carlos Alberto Alvaro de Oliveira. Rio de Janeiro: Forense, 2004, p. 1-15.

——. *Perfil Dogmático da Tutela de Urgência.* In: *Revista AJURIS*, Porto Alegre, n. 70, julho de 1997, p. 214-239.

ALVARO DE OLIVEIRA, Carlos Alberto; [et al.]. *A Nova Execução: comentários à Lei nº 11.232, de 22 de dezembro de 2005*, coordenador Carlos Alberto Alvaro de Oliveira. Rio de Janeiro: Forense, 2006.

ALVARO DE OLIVEIRA, Carlos Alberto; LACERDA, Galeno. *Comentários ao Código de Processo Civil*, v. VIII, tomo II (arts. 813 a 889). 7ª ed. Rio de Janeiro: Forense, 2005.

ANDRIGHI, Fátima Nancy. *Juizado Especial de Família.* In: *Afeto, Ética, Família e o Novo Código Civil*, coordenador Rodrigo da Cunha Pereira. Belo Horizonte: Del Rey, 2004, p. 181-185.

ARAÚJO, Francisco Fernandes de. *Algumas Questões sobre Alimentos Provisionais, Provisórios e Definitivos.* In: *Revista dos Tribunais*, São Paulo, n. 634, agosto de 1988, p. 21-35.

ARMELIN, Donaldo. *Tutela Jurisdicional Diferenciada.* In: *Revista de Processo*, São Paulo, n. 65, janeiro-março de 1992, p. 45-55.

ARRUDA, Roberto Thomas. *O Direito de Alimentos: doutrina, jurisprudência e processo.* 2ª ed. São Paulo: LEUD, 1986.

ASSIS, Araken de. *Breve Contribuição ao Estudo da Coisa Julgada nas Ações de Alimentos.* In: *Revista AJURIS*, Porto Alegre, n. 46, julho de 1989, p. 77-96.

——. *Da Execução de Alimentos e Prisão do Devedor.* 6ª ed. São Paulo: Editora Revista dos Tribunais, 2004.

——. *Sobre a Execução Civil (Réplica a Tesheiner).* In: *Revista de Processo*, São Paulo, n. 102, abril-junho de 2001, p. 9-23.

BANNURA, Jamil Andraus Hanna. *Pela Extinção dos Alimentos entre Cônjuges.* In: *Direitos Fundamentais do Direito de Família*, coordenadores Belmiro Pedro Welter e Rolf Hanssen Madaleno. Porto Alegre: Livraria do Advogado, 2004, p. 121-138.

BARBOSA, Águida Arruda. *Mediação Familiar: instrumento para a reforma do Judiciário.* In: *Afeto, Ética, Família e o Novo Código Civil*, coordenador Rodrigo da Cunha Pereira. Belo Horizonte: Del Rey, 2004, p. 29-39.

BARBOSA MOREIRA, José Carlos. *Conteúdo e Efeitos da Sentença – Variações sobre o Tema.* In: *Revista AJURIS*, Porto Alegre, n. 35, novembro de 1985, p. 204-212.

——. *Eficácia da Sentença e Autoridade da Coisa Julgada.* In: *Revista AJURIS*, Porto Alegre, n. 28, julho de 1983, p. 15-31.

——. *Notas sobre o Problema da "Efetividade" do Processo.* In: *Revista AJURIS*, Porto Alegre, n. 29, novembro de 1983, p. 77-94.

——. *O Novo Processo Civil Brasileiro: exposição sistemática do procedimento.* 24ª ed. Rio de Janeiro: Forense, 2006.

——. *Tutela Sancionatória e Tutela Preventiva.* In: *Revista Brasileira de Direito Processual*, São Paulo, v. 18, 1979, p. 123-132.

BEDAQUE, José Roberto dos Santos. *Efetividade do Processo e Técnica Processual.* São Paulo: Malheiros, 2006.

——. *Tutela Cautelar e Tutela Antecipada: tutelas sumárias e de urgência (tentativa de sistematização).* São Paulo: Malheiros, 1998.

BEVILÁQUA, Clóvis. *Direito da Família.* 8ª ed., atualizada por Isaías Beviláqua. Rio de Janeiro: Freitas Bastos, 1956.

BOECKEL, Fabrício Dani de. *Espécies de Tutela Jurisdicional.* In: *Genesis – Revista de Direito Processual Civil*, Curitiba, n. 37, julho-setembro de 2005, p. 432-469.

CAHALI, Francisco José. *Dos Alimentos.* In: *Direito de Família e o Novo Código Civil*, coordenadores Maria Berenice Dias e Rodrigo da Cunha Pereira. 3ª ed. Belo Horizonte: Del Rey, 2003, p. 225-237.

CAHALI, Yussef Said. *Dos Alimentos.* 4ª ed. São Paulo: Editora Revista dos Tribunais, 2002.

CARNEIRO, Nelson. *A Nova Ação de Alimentos.* Rio de Janeiro: Freitas Bastos, 1969.

CARNELUTTI, Francesco. *Istituzioni del Processo Civile Italiano*, v. I. 5ª ed. Roma: Soc. Ed. del Foro Italiano, 1956.

——. *Profilo dei Rapporti tra Diritto e Processo.* In: *Rivista di Diritto Processuale*, Padova, v. XV, 1960, p. 539-550.

CHIOVENDA, Giuseppe. *Instituições de Direito Processual Civil*, v. I, traduzido para o português a partir da 2ª ed. italiana por J. Guimarães Menegale. São Paulo: Saraiva, 1969.

CINTRA, Antonio Carlos de Araújo; GRINOVER, Ada Pellegrini, e; DINAMARCO, Cândido Rangel. *Teoria Geral do Processo.* 19ª ed. São Paulo: Malheiros, 2003.

DENTI, Vittorio. *Valori Costituzionali e Cultura Processuale.* In: *Rivista di Diritto Processuale*, Padova, ano XXXIX – Segunda Série, n. 3, julho-setembro de 1984, p. 443-464.

DESTEFENNI, Marcos. *Natureza Constitucional da Tutela de Urgência.* Porto Alegre: Sergio Antonio Fabris Editor, 2002.

DIAS, Maria Berenice. *Alimentos Provisórios e Provisionais, Desde e Até Quando?* In: *Revista AJURIS*, Porto Alegre, n. 96, dezembro de 2004, p. 187-204.

——. *Súmula 309: um equívoco que urge ser corrigido!* In: *Jornal Síntese*, Porto Alegre, n. 100, junho de 2005, p. 1-2.

DI MAJO, Adolfo. *La Tutela Civile dei Diritti.* Milão: Dott. A. Giuffrè, 1987.

DINAMARCO, Cândido Rangel. *Instituições de Direito Processual Civil*, v. 1. São Paulo: Malheiros, 2001.

——. *Tutela Jurisdicional.* In: *Revista de Processo*, São Paulo, n. 81, janeiro-março de 1996, p. 54-81.

DUARTE, Francisco Carlos. *Medidas Coercitivas Civis e Efetividade da Tutela Jurisdicional.* In: *Revista de Processo*, São Paulo, n. 70, abril-junho de 1993, p. 214-225.

FABRÍCIO, Adroaldo Furtado. *A Coisa Julgada nas Ações de Alimentos.* In: *Revista AJURIS*, Porto Alegre, n. 52, julho de 1991, p. 5-33.

——. *A Legislação Processual Extravagante em Face do Novo Código de Processo Civil.* In: *Revista AJURIS*, Porto Alegre, n. 3, março de 1975, p. 85-95.

——. *Breves Notas sobre Provimentos Antecipatórios, Cautelares e Liminares.* In: *Revista AJURIS*, Porto Alegre, n. 66, março de 1996, p. 05-18.

FACHIN, Luiz Edson. *Elementos Críticos do Direito de Família: curso de direito civil.* Rio de Janeiro: Renovar, 1999.

FARIAS, Cristiano Chaves de. *Prisão Civil por Alimentos e a Questão da Atualidade da Dívida à Luz da Técnica de Ponderação de Interesses (Uma Leitura Constitucional da Súmula nº 309 do STJ): o tempo é o senhor da razão.* In: *Revista Brasileira de Direito de Família*, Porto Alegre, v. 8, n. 35, abril-maio de 2006, p. 134-158.

——. *Reconhecer a Obrigação Alimentar nas Uniões Homoafetivas: uma questão de respeito à Constituição da República.* In: *Revista Brasileira de Direito de Família*, Porto Alegre, v. 6, n. 28, fevereiro-março de 2005, p. 26-44.

GÁLVEZ, Juan Monroy; PALACIOS, Juan Monroy. *Del Mito del Proceso Ordinario a la Tutela Diferenciada: apuntes iniciales.* In: *Revista de Processo*, São Paulo, n. 109, janeiro-março de 2003, p. 187-220.

GIAQUINTO, Adolfo di Majo. *L'Esecuzione del Contratto.* Milão: Dott. A. Giuffrè, 1967.

GOMES, Orlando. *Direito de Família.* 10ª ed., revista e atualizada por Humberto Theodoro Júnior. Rio de Janeiro: Forense, 1998.

GONÇALVES, Carlos Roberto. *Direito Civil Brasileiro (Direito de Família)*, v. VI. São Paulo: Saraiva, 2005.

GRINOVER, Ada Pellegrini. *A Tutela Preventiva das Liberdades: "habeas corpus" e mandado de segurança.* In: *Revista de Processo*, São Paulo, n. 22, abril-junho de 1981, p. 26-37.

GUERRA, Marcelo Lima. *As Liminares na Reforma do CPC.* In: *Repertório de Jurisprudência e Doutrina sobre Liminares*, coordenadora Tereza Arruda Alvim Wambier. São Paulo: Editora Revista dos Tribunais, 1995, p. 186-196.

——. *Execução Indireta.* São Paulo: Editora Revista dos Tribunais, 1998.

GUSMÃO, Paulo Dourado de. *Dicionário de Direito de Família.* 2ª ed. Rio de Janeiro: Forense, 1987.

JOSSERAND, Louis. *Derecho Civil (La Familia)*, tomo I, v. II, revisado e completado por André Brun, traduzido para o espanhol por Santiago Cunchillos y Manterola. Buenos Aires: Ediciones Jurídicas Europa-America, 1952.

LACERDA, Galeno. *Limites ao Poder Cautelar Geral e à Concessão de Liminares.* In: *Revista AJURIS*, Porto Alegre, n. 58, julho de 1993, p. 95-104.

LANFRANCHI, Lucio. *Profili Sistematici dei Procedimenti Decisori Sommari.* In: *Rivista Trimestrale di Diritto e Procedura Civile*, Milão, ano XLI, n. 1, março de 1987, p. 88-172.

LARA, Betina Rizzato. *Liminares no Processo Civil.* 2ª ed. São Paulo: Editora Revista dos Tribunais, 1994.

LOPES, João Batista. *Medidas Liminares no Direito de Família.* In: *Repertório de Jurisprudência e Doutrina sobre Liminares*, coordenadora Tereza Arruda Alvim Wambier. São Paulo: Editora Revista dos Tribunais, 1995, p. 57-67.

MADALENO, Rolf Hanssen. *Direito de Família: aspectos polêmicos.* Porto Alegre: Livraria do Advogado, 1998.

——. *Direito de Família em Pauta.* Porto Alegre: Livraria do Advogado, 2004.

——. *Renúncia a Alimentos.* In: *Revista Brasileira de Direito de Família*, Porto Alegre, v. 6, n. 27, dezembro de 2004 – janeiro de 2005, p. 146-160.

——. *Repensando o Direito de Família.* Porto Alegre: Livraria do Advogado, 2007.

MAFFINI, Rafael da Cás. *Direito e Processo.* In: *Eficácia e Coisa Julgada*, organizador Carlos Alberto Alvaro de Oliveira. Rio de Janeiro: Forense, 2006, p. 3-32.

——. *Embargos do Executado e Tutela Jurisdicional.* Dissertação de Mestrado. Faculdade de Direito da Universidade Federal do Rio Grande do Sul. Porto Alegre, 2001.

——. *Tutela Jurisdicional: um ponto de convergência entre o direito e o processo.* In: *Revista AJURIS*, Porto Alegre, n. 76, dezembro de 1999, p. 263-288.

MANDRIOLI, Crisanto. *L'Azione Esecutiva: contributo alla teoria unitaria dell'azione e del processo.* Milão: Dott. A. Giuffrè, 1955.

——. *L'Esecuzione Forzata in Forma Specifica: premesse e nozioni generali.* Milão: Dott. A. Giuffrè, 1953.

MARINONI, Luiz Guilherme. *Da Ação Abstrata e Uniforme à Ação Adequada à Tutela dos Direitos.* In: *Polêmica sobre a Ação: a tutela jurisdicional na perspectiva das relações entre direito e processo*, organizadores Fábio Cardoso Machado e Guilherme Rizzo Amaral. Porto Alegre: Livraria do Advogado, 2006, p. 197-252.

——. *Técnica Processual e Tutela dos Direitos.* São Paulo: Editora Revista dos Tribunais, 2004.

——. *Tutela Antecipatória, Julgamento Antecipado e Execução Imediata da Sentença.* 3ª ed. São Paulo: Editora Revista dos Tribunais, 1999.

——. *Tutela Cautelar e Tutela Antecipatória.* 1ª ed., 2ª tiragem. São Paulo: Editora Revista dos Tribunais, 1994.

——. *Tutela Cautelar, Tutela Antecipatória Urgente e Tutela Antecipatória.* In: *Revista AJURIS*, Porto Alegre, n. 61, julho de 1994, p. 63-74.

——. *Tutela Inibitória.* 3ª ed. São Paulo: Editora Revista dos Tribunais, 2003.

MARINONI, Luiz Guilherme; ARENHART, Sérgio Cruz. *Manual do Processo de Conhecimento.* 3ª ed. São Paulo: Editora Revista dos Tribunais, 2004.

MARMITT, Arnaldo. *Pensão Alimentícia*. Rio de Janeiro: Aide, 1993.

MARQUES, José Frederico. *Instituições de Direito Processual Civil*, v. I. 2ª ed. Rio de Janeiro: Forense, 1962.

MATSCHER, Franz. *La Tutela Giurisdizionale dei Diritti dell'Uomo a Livello Nazionale ed Internazionale*. In: *Rivista Trimestrale di Diritto e Procedura Civile*, Milão, ano XLIII, n. 3, setembro de 1989, p. 661-684.

MESQUITA, Eduardo Melo de. *As Tutelas Cautelar e Antecipada*. São Paulo: Editora Revista dos Tribunais, 2002.

MUSCARI, Marco Antonio Botto. *Aspectos Controvertidos da Ação de Alimentos*. In: *Revista de Processo*, São Paulo, n. 103, julho-setembro de 2001, p. 123-145.

NAZARETH, Eliana Riberti; SANTOS, Lia Justiniano dos. *A Importância da Co-Mediação nas Questões que Chegam ao Direito de Família*. In: *Afeto, Ética, Família e o Novo Código Civil*, coordenador Rodrigo da Cunha Pereira. Belo Horizonte: Del Rey, 2004, p. 127-139.

NERY JUNIOR, Nelson; NERY, Rosa Maria de Andrade. *Código de Processo Civil Comentado e Legislação Extravagante*. 9ª ed. São Paulo: Editora Revista dos Tribunais, 2006.

OLIVEIRA, Ana Paula Kanan. *Espécies de Tutela Jurisdicional*. In: *Elementos para uma Nova Teoria Geral do Processo*, organizador Carlos Alberto Alvaro de Oliveira. Porto Alegre: Livraria do Advogado, 1997, p. 279-300.

OLIVEIRA E CRUZ, João Claudino de. *Dos Alimentos no Direito de Família*. 2ª ed. Rio de Janeiro: Forense, 1961.

OLIVEIRA SANTOS, Frederico Augusto de. *Alimentos Decorrentes da União Estável*. Belo Horizonte: Del Rey, 2001.

PASETTI, Babyton. *A Tempestividade da Tutela Jurisdicional e a Função Social do Processo*. Porto Alegre: Sergio Antonio Fabris Editor, 2002.

PEREIRA, Áurea Pimentel. *Alimentos no Direito de Família e no Direito dos Companheiros*. Rio de Janeiro: Renovar, 1998.

PEREIRA, Caio Mário da Silva. *Instituições de Direito Civil (Direito de Família)*, v. V. 11ª ed. Rio de Janeiro: Forense, 1998.

PEREIRA, Sérgio Gischkow. *Ação de Alimentos*. 3ª ed. Porto Alegre: Sergio Antonio Fabris Editor, 1983.

——. *Alimentos e Prisão Civil*. In: *Revista AJURIS*, Porto Alegre, n. 10, julho de 1977, p. 35-40.

PINTAÚDE, Gabriel. *Tutela Jurisdicional (no confronto doutrinário entre Carlos Alberto Alvaro de Oliveira e Ovídio Baptista da Silva e no pensamento de Flávio Luiz Yarshell)*. In: *Polêmica sobre a Ação: a tutela jurisdicional na perspectiva das relações entre direito e processo*, organizadores Fábio Cardoso Machado e Guilherme Rizzo Amaral. Porto Alegre: Livraria do Advogado, 2006, p. 253-284.

PISANI, Andrea Proto. *La Tutela Sommaria in Generale e il Procedimento per Ingiunzione nell'Ordinamento Italiano*. In: *Revista de Processo*, São Paulo, n. 90, abril-junho de 1998, p. 22-35.

——. *Sulla Tutela Giurisdizionale Differenziata*. In: *Rivista di Diritto Processuale*, Padova, n. 34, 1979, p. 536-591.

PONTES DE MIRANDA, Francisco Cavalcanti. *Comentários ao Código de Processo Civil*, tomo X (arts. 612-735). Rio de Janeiro: Forense, 1976.

——. *Tratado das Ações*, tomo I. São Paulo: Editora Revista dos Tribunais, 1970.

——. *Tratado de Direito de Família*, v. III. 3ª ed. São Paulo: Max Limonad, 1947.

——. *Tratado de Direito Privado*, tomo VIII. 4ª ed. São Paulo: Editora Revista dos Tribunais, 1983.

PORTO, Sérgio Gilberto. *Ação Revisional de Alimentos – Conteúdo e Eficácia Temporal das Sentenças*. In: *Direitos Fundamentais do Direito de Família*, coordenadores Belmiro Pedro Welter e Rolf Hanssen Madaleno. Porto Alegre: Livraria do Advogado, 2004, p. 403-424.

RICCI, Edoardo F. *A Tutela Antecipatória no Direito Italiano*, traduzido para o português por Clayton Maranhão. In: *Genesis – Revista de Direito Processual Civil*, Curitiba, n. 04, janeiro-abril de 1997, p. 125-141.

RIZZARDO, Arnaldo. *Direito de Família: Lei nº 10.406, de 10.01.2002*. 2ª ed. Rio de Janeiro: Forense, 2004.

RODRIGUES, Sílvio. *Direito Civil (Direito de Família)*, v. 6. 28ª ed., revista e atualizada por Francisco José Cahali. São Paulo: Saraiva, 2004.

RODRIGUES NETTO, Nelson. *Notas sobre as Tutelas Mandamental e Executiva Lato Sensu nas Leis 10.358/2001 e 10.444/2002*. In: *Revista de Processo*, São Paulo, n. 110, abril-junho de 2003, p. 196-224.

SANSEVERINO, Paulo de Tarso Vieira. *Contratos Nominados II*. São Paulo: Editora Revista dos Tribunais, 2005.

SANTOS, Ernane Fidélis dos. *Antecipação da Tutela Satisfativa na Doutrina e na Jurisprudência*. In: *Revista de Processo*, São Paulo, n. 97, janeiro-março de 2000, p. 195-211.

——. *Manual de Direito Processual Civil: execução e processo cautelar*, v. 2. 10ª ed. São Paulo: Saraiva, 2006.

——. *Manual de Direito Processual Civil: processo de conhecimento*, v. 1. 11ª ed. São Paulo: Saraiva, 2006.

SANTOS, Nilton Ramos Dantas. *Alimentos: técnica e teoria*. Rio de Janeiro: Forense, 1997.

SILVA, Eduardo Silva da. *Constituição, Jurisdição e Arbitragem*. In: *Processo e Constituição*, organizador Carlos Alberto Alvaro de Oliveira. Rio de Janeiro: Forense, 2004, p. 387-416.

SILVA, Ilza Andrade Campos. *Arbitragem e Alimentos, Uma Conexão Possível*. In: *Revista Brasileira de Direito de Família*, Porto Alegre, v. 8, n. 35, abril-maio de 2006, p. 159-171.

SILVA, Ovídio A. Baptista da. *Curso de Processo Civil: processo cautelar (tutela de urgência)*, v. 3. 3ª ed. São Paulo: Editora Revista dos Tribunais, 2000.

——. *Direito Material e Processo*. In: *Polêmica sobre a Ação: a tutela jurisdicional na perspectiva das relações entre direito e processo*, organizadores Fábio Cardoso Machado e Guilherme Rizzo Amaral. Porto Alegre: Livraria do Advogado, 2006, p. 55-81.

——. *Do Processo Cautelar*. 2ª ed. Rio de Janeiro: Forense, 1999.

SOUZA, Ivone M. C. Coelho de. *Mediação em Direito de Família – Um Recurso Além da Semântica*. In: *Revista Brasileira de Direito de Família*, Porto Alegre, v. 6, n. 27, dezembro de 2004 – janeiro de 2005, p. 29-39.

TALAMINI, Eduardo. *Tutela Relativa aos Deveres de Fazer e Não Fazer: CPC, art. 461; CDC, art. 84*. São Paulo: Editora Revista dos Tribunais, 2001.

TARTUCE, Flávio. *O Princípio da Boa-fé Objetiva no Direito de Família*. In: *Revista Brasileira de Direito de Família*, Porto Alegre, v. 8, n. 35, abril-maio de 2006, p. 5-32.

TARUFFO, Michele. *A Atuação Executiva dos Direitos: perfis comparatísticos*, traduzido para o português por Teresa Celina de Arruda Alvim Pinto. In: *Revista de Processo*, São Paulo, n. 59, julho-setembro de 1990, p. 72-97.

TESHEINER, José Maria. *Execução Civil (Um Estudo Fundado nos Comentários de Araken de Assis)*. In: *Revista de Processo*, São Paulo, n. 102, abril-junho de 2001, p. 24-54.

THEODORO JÚNIOR, Humberto. *Curso de Direito Processual Civil*, v. II. 26ª ed. Rio de Janeiro: Forense, 1999.

VALADARES, Maria Goreth Macedo. *Famílias Homoafetivas: vencendo a barreira do preconceito*. In: *Revista Brasileira de Direito de Família*, Porto Alegre, v. 8, n. 35, abril-maio de 2006, p. 33-52.

VENOSA, Sílvio de Salvo. *Direito Civil (Direito de Família)*, v. 6. 3ª ed. São Paulo: Atlas, 2003.

WACH, Adolf. *Manual de Derecho Procesal Civil*, v. I, traduzido para o espanhol por Tomás A. Banzhaf. Buenos Aires: Ediciones Jurídicas Europa-America, 1977.

WALD, Arnoldo. *O Novo Direito de Família*. 14ª ed., revista, atualizada e ampliada pelo autor, com a colaboração de Luiz Murillo Fábregas e Priscila M. P. Corrêa da Fonseca. São Paulo: Saraiva, 2002.

WATANABE, Kazuo. *Da Cognição no Processo Civil*. 3ª ed. São Paulo: Perfil, 2005.

WELTER, Belmiro Pedro. *Alimentos no Código Civil*. 2ª ed. São Paulo: IOB-Thomson, 2004.

YARSHELL, Flávio Luiz. *Tutela Jurisdicional*. São Paulo: Atlas, 1998.

——. *Tutela Jurisdicional dos "Conviventes" em Matéria de Alimentos*. In: *Repertório de Jurisprudência e Doutrina sobre Direito de Família: aspectos constitucionais, civis e processuais*, v. 3, coordenadores Teresa Arruda Alvim Wambier e Alexandre Alves Lazzarini. São Paulo: Editora Revista dos Tribunais, 1996, p. 45-65.

ZAVASCKI, Teori Albino. *Antecipação da Tutela*. 2ª ed. São Paulo: Saraiva, 1999.

——. *Reforma do Sistema Processual Civil Brasileiro e Reclassificação da Tutela Jurisdicional*. In: *Revista de Processo*, São Paulo, n. 88, outubro-dezembro de 1997, p. 173-178.

——. *Título Executivo e Liquidação*. 1ª ed., 2ª tir. São Paulo: Editora Revista dos Tribunais, 1999.

Impressão:

Evangraf

Rua Waldomiro Schapke, 77 - P. Alegre, RS
Fone: (51) 3336.2466 - Fax: (51) 3336.0422
E-mail: evangraf.adm@terra.com.br